언어와 정치

언어와 정치

이종은 홍원표 이승현 박동천 이완종 조현수 이향만 지음

인간사랑

이 연구는 2005년도 정부재원(교육인적자원부 학술연구조성사업비)으로
한국학술진흥재단의 지원을 받아 연구되었음(KRF-2005-079-BS0010).

Contents

서문

이종은 | 국민대학교

I. 언어의 의미

인간은 어떠한 사회에 태어나서 먹고 자고 걷는 법만을 배우는 것이 아니라 말하는 방법도 배운다. 이렇게 하여 행태만이 아니라 문화도 전달이 된다. 행태에는 문화가 스며들어 있으며, 언어는 인간이 태어나서 배우게 되고 공유하게 되는 하나의 행태라고 볼 수 있겠다.

인간의 생활에 언어는 어떠한 역할을 하는가? 어떻게 보면 언어는 단순히 표현의 체계라고 볼 수 있다. 단어(word)는 물리적인 대상물, 감정 혹은 사상과 같은 것들을 표현한다. 이렇게 되면 언어는 수동적인 역할을 하는 것으로 비친다. 거울이 사물을 영상으로 반영하듯이 언어는 실체를 정확하게 반영하는 역할을 한다. 그러나 언어에는 적극적인 역할도 있다. 언어는 상상을 야기시키고 감정을 자극하는 역할을 한다. 뿐만 아니라 언어는 우리가 세상을 보는 바를 형성하고 보는 바에 대한 우리의 태도를 구조화하는 역할을 한다. 요컨대 언어는 세계 자체를 창조하는 데에 도움을 준다(이종은 외 2007, 14).

우리가 세계상을 창조하는 데에 언어가 어떻게 해서 도움이 되는가? 언어가 사유의 도구가 되기 때문이다. 사유의 도구가 된다는 것은 언어가 개념을 표상하는 능력이 있기 때문이다. 개념이란 무엇인가? 복순이라는 이름의 애완견을 칭하는 것과 개라는 동물의 일반을 칭하는 것은 별개의 것이다. 개에 대한 개념은 복순이라는 이름을 가진 특정한 동물이 아니라 관념(idea)이다. 우리는 대통령직, 권력, 자유 혹은 평등이라는 개념을 통하여 정치에 대해 사고하고, 비판하고, 논쟁하고, 설명하고, 분석한다. 말하자면 실제로 인간이 경험하는 것은 정치적 사건과 그 전개되는 바에 대한 언어이다. 언어가 표상하는 개념으로 정치적인 실재를 구성하며, 개념을 통하여 정치세계에 대한 지식을 얻게 된다. 그래서 정치적 언어는 정치적 실재인 것이다(Edelman 1985, 10). 개념이라는 도구를 통하여 정치에 대하여 사고하고 행동하기 때문에 언어가 표상하는 개념을 통하여 세계상을 구축하는 것이다.

이상과 같은 이유에서 다음과 같이 말할 수 있다. 일반적으로 인간이 언어를 만든다고 생각한다. 그러나 푸코가 주장한 것처럼 언어가 언어를 사용하는 사람을 만들기도 한다(Foucault 1971). 언어는 객관적인 세계를 서술하는 것이 아니라 실재를 창조한다. 즉 특정한 양상을 가진 세상에 대한 틀이다. 언어는 그 자체로서 하나의 행동이다. 언어가 만드는 개념과 범주화는 표현의 수단이 아니라 우리가 실재라고 수용하는 것을 창조한다(Edelman 2001, 113).

그런데 이상과 같은 역할을 할 수 있는 것은 언어에는 의미가 있기 때문이다. 다른 말로 하면 언어가 개념이나 이미지를 표상하기 때문이다. 인간이 어떠한 소리를 내면 그 소리에는 보통 의미가 담겨 있다. 이러한 소리를 문자로 표현할 수 있게 되면 인간은 어떠한 단어나 문장을 표현하며, 소리나 글로써 표현하면 그 단어와 문장은 의미를 가진다.

단어가 어떻게 해서 의미를 가지는가? 책상이라는 단어는 책상이라는 사물을 지칭하고 분필이라는 단어는 분필이라는 사물을 지칭한다. 그래서 책상이나 분필이라는 단어를 발하였을 때 그 단어가 의미하는 바를 모두가 인식하게 된다. 의미를 공유하게 되는 데에는 책상 혹은 분필이라는 단어가 의미하는 바가 무엇이라는 것을 공유하기 때문이다. 그래서 '책상 위에 분필이 있다'는 문장을 발하였을 때 책상이라는 단어가 책상이라는 사물을 지칭하고 분필이라는 단어가 분필이라는 사물을 지칭하여서 사람들은 머리 속에 '책상 위에 분필이 있는' 상황을 그릴 수가 있다. 그렇게 해서 '마음의 모상(模像 ; mental image)'이 형성됨으로써 언어가 의미를 가지게 되는 것이다. 이것을 일반적으로 '언어의 그림 이론(picture theory of language)', 혹은 '사물 이론(object theory of language)'이라고 부른다(Wittgenstein, 1922).

그러나 언어로 인하여 정신적인 모상이 형성됨으로써만 인간이 언어에서 의미를 찾을 수 있는 것만은 아니다. 인간은 살기 위하여 여러 가지 활동을 하게 된다. 이 활동의 하나가 언어활동인 셈이다. 살아가기 위하여 수행하는 언어활동에서 어떠한 언어는 의미를 가지게 된다. 말하자면 어떠한 단어나 문장은 실제 생활에서 쓰임으로써 의미를 가지게 된다. 이렇게 해서 언어가 의미를 가지는 것을

'언어의 사용 이론(use theory of language)'이라고 부른다. 일반적으로 전자의 이론을 비트겐슈타인의 초기 이론이며 후자의 이론을 비트겐슈타인의 후기 이론이라고 부른다(Wittgenstein 1953). 이로써 언어의 수행적인(performative) 역할이 강조된다(Austin 1962).

인간은 같은 단어를 쓰면서 여러 가지 활동을 할 수 있다. 이 경우에 그 단어는 어떠한 의미를 가지는가? 단어는 상황에 따라 그 의미가 달라진다. 예를 들면 목공이 쓰는 연장으로 망치가 있는데, 망치는 보통 못을 박는 데에 쓰일 것이다. 그러나 놀부가 망치로 남의 집 장독대를 부수는 데에도 쓸 수 있을 것이며, 심지어 망치로 살인도 할 수 있을 것이다. 망치의 용도는 이처럼 다양할 수가 있다. 각기 다른 용도에 따라 망치의 의미가 달라지듯이 단어도 마찬가지이다. 같은 단어도 시대와 상황에 따라 그 의미가 달라지는 것이다. 문장도 마찬가지이다. 예를 들어 영화관에서 어느 누가 '불이야'라고 말한다면 이는 영화관에 '불이 났다'는 사실을 기술하는 것이 아니라 '불이 났으니 모두 피신하라'고 권고하는 것이다. 단어와 문장은 항상 변하지 않는 본질적인 의미를 가지는 것은 아니다. 그러므로 어떠한 단어와 문장은 처음에 가졌던 의미가 나중에는 없어지거나 혹은 새로운 의미가 덧붙여질 수가 있다.

그렇게 되는 이유는 사람들이 살아가는 양상이 변모하기 때문이다. 우리가 일상적으로 생각하는 살아가는 양상을 비트겐슈타인은 '삶의 꼴(forms of life ; Lebensformen)'이라고 불렀다. 어떠한 특정한 시점에서 주어진 삶의 꼴은 대부분의 사람들에게 비슷할 것이다. 그러나 같은 삶의 꼴에서도 사람마다 종사하는 활동이 다르다. 인간은 여러 가지 활동에 종사하면서 언어를 사용한다. 어떠한 목적을 달성하기 위하여 언어를 사용하면서 활동하는 것을 비트겐슈타인은 '언어 게임(언어유희 ; language-game ; Sprache-Spiel)' 이라고 불렀다. 어떠한 시점에서 많은 사람들이 여러 가지 언어 게임에 종사하고 있을 것이다. 그렇다면 어떠한 언어사용권에서의 언어라는 것은 그 언어권의 언어사용자들이 행하는 언어 게임의 총합이라고 볼 수 있다.

그러나 언어는 변하기 마련이다. 언어가 변한다는 것은 언어 게임의 종류, 내용 등이 변하기 때문이다. 어느 정도로 긴 시간대로 보았을 때 같은 부류의 언어 게임도 양상을 달리 할 것이다. 예를 든다면 우리나라에서 예전에는 초가집을 지었을 것이며 초가집을 짓기 위하여 초가집 위에 올라간 사람이 밑에 있는 사람에게 '짚 한 단 올려' 라고 말을 하면, 아래에 있는 이가 '여기 올리네' 라고 말하면서 짚단을 한 단 올리는 행동을 하는 언어 게임을 하였을 것이다(Wittgentein 1922). 그러나 대규모의 아파트가 들어선 오늘날에는 아직까지 '짚 한 단 올려' 라는 언어 게임이 없어진 것은 아니겠지만 초가집을 지을 때 사용하던 언어 게임을 일반적으로 하고 있지 않을 것이다.

초가집 시대와 아파트 시대의 구분이라는 비유에서 알 수 있는 것은 '삶의 꼴' 은 항상 변하며, 삶의 꼴이 변한다는 것은 언어 게임이 변하는 것이다. 그런데 언어는 언어 게임 내에서 의미를 가진다면 언어는 항상 변하는 것이다. 언어가 변한다는 것은 같은 용어라도 언어 게임에서 쓰이는 바, 즉 쓰임새가 달라지면 그 의미가 변할 수 있는 것이다. 게다가 인간이 언어 게임을 하는 데에 필요하다면 새로운 단어를 만들어 사용할 것이다. 이것이 일상적으로 말하는 신조어(新造語)라고 하겠다.

II. 언어와 규칙

그렇다면 언어가 항상 변할 수 있다는 것은 무엇을 의미하는가? 예를 들어 어떠한 단어가 어떠한 의미로 한정되어 있다면 그 단어가 다른 의미로 쓰일 수가 없을 것이다. 그러나 단어의 의미는 고정된 것이 아니기 때문에 단어를 한정된 상황에만 사용하지 않게 된다. 그래서 단어의 의미에는 애매모호한 점이 항상 있기 마련이다. 애매모호한 점이 있다는 것은 단점이 될 수 있지만 장점도 될 수 있다. 애매모호하기 때문에 단어는 다른 의미를 가질 수가 있는 것이다. 환언하면, 다른 의미로 쓰기도 하기 때문에 단어의 의미가 애매모호해지는 것이다. 예를 들면, 망치의 용도를 못을 박는 데에만 한정할 수도 없는 일이지만, 한정하지 않기 때문에 다른 용도로도 쓰게 되어 망치의 용도가 달라져서 망치에 다른 의미가 붙게 되는 것이다. 단어 내지는 언어도 마찬가지라고 할 수 있겠다. 모든 사람이 보편적으로 사용할 수 있도록 언어의 의미를 확정할 수는 없는 것이다.

그렇다면 의미의 변용이나 확대에만 의존하지 않고 신조어는 왜 생기는가? 신조어를 만들게 되는 이유는 망치 정도만 가지고 건축을 하였던 시대가 있었겠지만, 그 외의 도구가 있어야만 건축을 할 수 있을 때에는 새로운 도구를 만들어내는 것에 비유할 수 있겠다. 이처럼 언어는 인간의 활동에 필요한 도구로써 사용되며, 또한 도구의 쓰임새에 따라 의미가 달라진다.

그러면 언어 게임은 어떻게 해서 이루어지게 되는가? 위에서

든 예처럼 지붕 위에 있는 사람이 '짚 한 단 올려' 라는 말을 하면서 아래에 있는 짚을 가리키면, 아래에 있는 사람이 '여기 올리네' 라는 말을 하면서 짚 한 단을 지붕 위로 던져올리면 건축활동에 필요한 언어 게임이 행해진 셈이다. 이러한 언어 게임이 가능한 이유는 무엇인가? 짚이 무엇이며 짚은 던져올릴 수 있는 것이라는 것, 초가집을 짓는다는 것이 무엇이라는 것을 서로가 알기 때문에 '짚을 던져올려라' 라고 말할 수 있다는 것을 알기 때문이다. 말하자면 초가집을 짓는 관행이 널리 알려져 있으며, 그 관행 내에서는 으레 그러한 말을 주고받게 되어 있기 때문이다. 요컨대 언어가 가지는 개념이 무엇이라는 것을 인지하고 있고, 이에 대하여 합의가 되어 있다는 것을 알고 있으며, 짚이라는 것은 던지면 올라가게 되어 있는 물건이라는 것을 아는 것처럼 인간은 어떠한 개념이 어떠한 개념과 어떠한 방식으로 결합될 수 있다는 것을 서로가 알기 때문이다.

그런데 단어와 단어 혹은 개념과 개념이 결합되는 방식에는 서로 어떻게 결합되어야 하는지에 대한 규칙이 깔려 있다. 규칙을 공유한다는 것은 장기를 두는 것에 비유할 수 있을 것이다. 장기에는 차, 포, 마, 상 등 여러 가지 말이 있다. 각각 말에는 어떻게 움직인다는 규칙이 있다. 이 규칙을 인지하고 공유함으로써 우리는 장기라는 게임을 둔다. 차, 포, 마, 상 등의 말을 가지고 우리가 장기라는 게임을 하듯이 여러 가지 단어 혹은 말을 가지고 언어 게임을 하는 것이다. 장기에서 포를 움직이면서 '장 받아라' 라고 말하는 것은 장기에서 한 수(手 ; move)를 두는 것이다 이것은 위에서 예로 든 언어 게임에서 '짚 한 단 올려' 라고 말하는 것에 비유할 수 있다. 장기에서 한 수를 둠으로써 장기라는 게임을 영위하듯이 인간은 언어라는 것을 수단으로 언어 게임을 하는 것이다.

그런데 장기이든 언어 게임이든 한 수를 둘 경우에 각각의 수는 게임의 규칙에 어긋나서는 안 된다. 이것은 마치 장기에서 포가 포를 잡을 수 없는 것처럼 언어에서는 어떠한 개념은 어떠한 개념과 어떻게 연결될 수 있다는 규칙이 있다. 즉 언어 사용에는 규칙이 있는 것이다. 이 규칙이 있기 때문에 언어 게임을 할 수 있는 셈이다. 언어 게임을 가능하게 하는 것은 삶의 꼴에 대한 의견의 일치가 이루어졌기 때문이라고 하겠다. 비유를 들어보면 초가집을 짓는 데에 이상과 같은 언어 게임이 가능한 것은 짚, 올리는 것, 던져올릴 수 있는 물건이 짚이라는 것을 알고 있기 때문이며, 무엇보다도 자신들이 짓고 있는 것이 초가집이며 초가집이 무엇이라는 것을 서로가 알고 있기 때문이라고 하겠다. 인간이 언어 게임에서 언어에 대한 일치된 판단을 내릴 수 있는 것은 삶의 꼴에 대하여 의견의 일치를 보고 있기 때문이다. 이에 비추어 본다면 사회과학에서의 우선적인 과제는 어떠한 삶의 꼴에서 지배하는 개념체계를 파악하는 것이라고 하겠다(Bernstein 1978, 57).

III. 정치적인 삶

인간은 태어나면서 일상적 생활만이 아니라 정치적 삶에도 익숙해지게 된다. 우리는 이것을 흔히 정치사회화(political socializaton)라고 부른다. 우리는 정치인들의 정치활동을 듣고 볼 뿐만 아니라 정치에 대하여 토론을 하기도 한다. 심지어 자신이 정치에 소극적으로나 적극적으로 가담하게 된다. 이를 두고 비트겐슈타인은 아마 '정치적인 삶의 꼴(form of political life)'에서 '정치에 대한 언어 게임(language-game of politics)'에 익숙해진다고 표현할 것이다. 정치에 대한 언어 게임에 익숙해진다는 것은 어떠한 정치적인 용어가 의미하는 바, 즉 개념에 익숙해지고 그 개념이 다른 개념과 연결되어 하나의 개념체계를 만드는 바를 이해하여 정치적인 언어를 사용하면서 자신의 정치적인 목적을 달성하려고 인간은 정치에 대한 언어 게임을 하는 것이다. 그렇다면 어떠한 시대에는 정치에 대한 개념들은 정합성을 이루며, 개념들 사이를 연결하는 규칙이 있음으로써 하나의 체계, 즉 개념체계를 이룬다고 간주되어야 할 것이다. 한 시대의 정치를 이해한다는 것은 이러한 개념체계를 이해하는 것이라고 해도 과언이 아닐 것이다. 물론 정합적인 개념체계를 이루지 못한 시점도 있을 것인데, 이러한 시대에는 정치적 개념이 혼란을 맞고 있다고 보아야 할 것이다.

그런데 정치적인 삶은 시대와 장소마다 특이하게 나타난다. 이와는 달리 인간에게 공통적인 삶의 꼴도 가정할 수 있을 것이다. 예를 들면 화살표로 표시된 표지판 내에 행선지가 적혀 있는 팻말을 보게 되면 화살표가 지시하는 대로 가면 행선지가 나타나는 것을 알게 된다. 이유는 화살은 인류가 거의 공통적으로 사용했던 도구이기 때문이다. 이렇게 보면 인간에게는 '원초적인 삶의 꼴(primordial form of life)'이 있었다는 것을 가정할 수 있다. 그러나 정치적인 삶은 다르다. 언어권마다 다른 정치적인 삶을 영위해 왔기 때문이다. 한 언어권의 언어는 인간의 궁극적인 관심, 가치관, 역사적인 지혜, 사유방식,

심미(審美) 취미, 사회풍속 들을 응집하고 있다. 그러므로 정치는 언어에 의존하며 언어가 발달할수록 문화가 세련되었다고 보면 언어는 문화의 일부분이라고 하겠다. 그래서 정치적인 삶은 '문화화된 삶의 꼴(cultured form of life)' 의 일종이라고 표현할 수 있을 것이다.

그렇다면 언어와 정치는 어떠한 관계가 있는가? 정치는 언어를 매개로 하여 행해진다. 항상 가치의 할당이 폭력을 통하여 행사된다면 이를 두고 정치가 행해졌다고 말할 수가 없다. 물론 정당한 가치할당에 대한 권위적인 결정에 응하지 않으면 폭력을 사용한다고 위협하거나 폭력을 사용하여 강제할 수 있는 권위를 권력자는 가진다. 그러나 평상의 정치는 언어를 매개로 하여 이루어져야 하며, 또 그런 방식으로 이루어진다.

게다가 흔히 정치는 권력현상이라고 칭해진다. 권력이 행사되는 방식에는 일반적으로 세 가지가 있다. 첫째, 권력을 가진 자가 명령을 내리지 않았더라면 하지 않았을 행동을 명령이 내려짐으로써 하게 하는 것이 권력이다. 즉 결정을 내리는 데에 영향을 미치는 능력이다. 둘째, 어떠한 의제가 결정을 내리는 대상이 되지 않도록 억제하는 능력이 권력이기도 하다. 즉 정치적인 의제를 설정하고 결정이 내려지지 않게 하는 능력이다. 셋째, 사람들의 필요와 선호를 조작하여 사람들의 사상을 통제하는 능력이 권력이다. 요컨대 사상 통제 능력을 권력으로 볼 수 있다(이종은 외 2007, 169-180). 그런데 사상의 통제와 가장 연관을 미치는 것이 언어라고 하겠다. 바로 이 점에서도 언어는 정치와 연관을 맺게 된다. 그 이유는 다음과 같다.

인간은 언어를 도구로 정치적인 활동, 즉 정치적인 언어 게임을 하게 된다. 그렇지만 그 언어가 제시하는 개념체계에 따라서 행동을 하는 것이다. 사상의 통제라는 것은 그 개념체계에 흡입 혹은 세뇌되도록 하는 것에 비유할 수 있다. 그렇다면 모든 사람으로 하여금 비슷한 사안에 대하여 비슷한 정치적인 행동을 하게 하는 것이 정치적인 안정에 도움이 된다면 같은 개념체계를 견지하도록 하는 것이 유익할 것이다.

이 점을 깨달은 사상가로 토마스 홉스를 들 수 있겠다. 홉스에 의하면 자연상태에서 각자는 자신의 주관성에 따라 사물을 이해하고 행동하기 때문에 언어의 의미가 무정부상태로 어수선해진 상태이다. 이를 탈피하기 위하여 계약을 통하여 같은 의미체계를 가진 언어를 공유하게 하여 정치적인 질서를 창조함으로써 평화를 유지하고자 하였다. 용어에 대한 '위대한 정의자(Great Definer)' 로서의 주권자는 '공적 이성(public reason)' 을 가지고 언어의 혼란을 정화하여 공적인 언어에 나타나는 단어의 의미를 규정하여 신민들로 하여금 그들이 '선' 하다거나 '그르다' 라고 부르는 것에 대하여 합의하게 한다. 즉 주권자는 '인식론적인 권력(epistemic power)' 을 가진다(Tuck 1991, xvii). 인식론적인 권력을 가짐으로써 주권자는 개념을 규정하고 사상을 통제하는 권력도 행사하게 되는 것이다. 언어의 의미가 규제되고 공통의 정치적 언어가 있어야만 되는 이유는 그렇게 되어야만 사상과 행동의 통일을 기하여 평화를 유지할 수 있기 때문이다. 결과적으로 홉스는 주권자에게 일상의 정치뿐만 아니라, 도덕 그리고 종교에 대한 무제한적인 이데올로기적인 권위를 부여했다(Tuck 1991, xviii). 홉스 자신도 『리바이어던』에서 새로운 의미를 가진 언어체계를 제시하고자 하였다. 이 점은 플라톤이 그의 『국가론』에서 정의(justice)를 새롭게 규정하고자 한 것에 비유할 수 있겠다. 공자도 '군주는 군주다워야 하며 신하는 신하다워야 한다'고 주장함으로써 군주와 신하가 각기 무엇이라는 것을 밝혔다. 군주와 신하가 각기 무엇이라는 개념에 따라 각자가 행동하게 되면 질서가 유지되고 정치가 안정된다고 본 것이다. 이렇게 보면 공자의 정명론(正名論)도 홉스와 플라톤의 맥락에서 이해할 수 있을 것이다. 공자의 시대나 홉스의 시대에 군주의 권력에 대한 침해가 있었던 것은 비슷한데, 공자는 각자의 본분의 내용이 무엇이라는 것을 명확히 하는 정명론으로써 각자의 본분을 지키도록 하여 질서를 유지하고자 하였으며, 홉스는 주권이 무엇이라고 개념을 정의함으로써 주권자를 통하여 질서를 유지하고자 하였다고 하겠다.

홉스는 실제의 권력자가 인식론적인 권력을 행사하여 이데올로기적인 권위를 가져야 한다고 주장한 셈이다. 실제로 정치가들은 상징물을 건립하고 상징을 동원하여 자신의 권위를 높이면서 정치적인 언어에 새로운 정의를 내리거나 새로운 언어를 만들어내어 통용시킴으로써 인식론적인 권력을 행사하는 것이다. 말하자면 정치가들은 자신의 정치적인 목적을 달성하기 위하여 어떠한 개념체계를 부과함으로써 피지배층의 사상을 통제하는 것이다. 이렇게 보면 언어가 정치에 미치는 영향은 권력의 행사방식 중에서 사상의 통제와 밀접한 관계를 가진다고 하겠다.

그렇다면 언어에 대하여 홉스와 플라톤과 같은 사상가들이 하는 것과 실제의 권력자들이 하는 바는 어떻게 다른가? 실제의 권력자들은 주어진 '실재의 정치적인 삶의 꼴(form of real political life)' 내에서 정치적인 목적을 달성하는 데에 자신이 유리한 입장을 점하도록 하기 위하여 어떠한 정치적인 개념체계를 만들어내고 이것들이 통용되도록 한다. 반면에 사상가들은 자신이 이상적이라고 생각하는 '상상의 정치적인 삶의 꼴(imaginary form of political life)' 을 만들기 위하여 정치적인 개념체계를 만드는 이들이라고 하겠다. 실제의 정치가가 자신이 원하는 개념체계를 만들기 위하여 피지배자를 상대로 그 나름대로 '정치에 대한 언어 게임' 을 하는 셈이며, 반면에 정치사상가는 독자들이 자신이 제시하는 바람직한 정치적 삶을 수용하도록 '정치에 대한 언어 게임' 을 하는 것이다. 그런데 양자의 차이는 사상과 현실의 차이라고 할 수 있겠다. 어떠한 이념체계 혹은 개념체계가 현실에 영향을 미치듯이 현실이 어떠한 이념체계나 개념체계를 형성하는 데에 영향을 미치기 마련이다.

이렇게 서로 상호작용을 하기 때문에 사회과학에서 쓰이는 개념은 본질적으로 경쟁되거나 경쟁될 수 있는 개념 혹은 동족유사 개념이라고 일컬어진다. 정치라는 개념 자체도 여러 가지가 있으며, 논쟁을 불러일으킨다. 정치에 대한 정의로는 이스튼(David Easton), 칼 슈미트(Carl Schmidt), 그리고 맑스(Karl Marx)가 내린 것 등이 있다. 이 세 가지 정의는 각기 그 정의(定義)대로 정치가 이루어진다는 것을 밝히고 있는 측면도 하지만 그러한 정의가 통용되는 사회가 이루어지기를 바라는 측면도 있다. 그렇기 때문에 정치에 대한 이 세 가지 정의는 정치에서 수용되기를 기대하면서 서로 경쟁해 왔다고 볼 수 있다. 그리고 앞으로도 이 세 가지 개념만이 아니라 새로운 다른 개념이 나타나서 서로 수용되도록 경쟁을 할 수가 있을 것이다. 말하자면 세 가지 개념이라는 것은 정치에 대하여 서로 다른 언어 게임을 제시하는 것이다. 그리고 그 언어 게임이 배경으로 하는 정치적인 삶의 꼴도 다르다. 그래서 이러한 개념은 '본질적으로 경쟁적이거나 경쟁적일 수 있는 개념(essentially contested or contestable concept)'이라고 부른다(Connolly 1983, 9-44). 정치라는 개념을 다루면서 고려하지 않을 수 없는 개념으로 공동체라는 개념과 사적 영역과 공적 영역의 구분이라는 개념이 있다. 이들 개념들도 따지고 보면 경쟁적인 개념일 것이다. 그래서 이러한 개념은 '본질적으로 경쟁적이거나 경쟁적일 수 있는 개념'이라고 부른다.

우리는 흔히 자유에서 소극적인 개념과 적극적인 개념을 나눈다. 자유지상주의자와 사회주의자가 서로 두 개념을 두고 다투어 왔다고 보면 두 개념은 서로 경쟁적인 개념이라고 볼 수 있을 것이다. 다른 한편, 자유라는 개념이 역사적으로 변모한 과정을 단계별로 나누어서 보면 그 단계마다 나타나는 자유라는 개념은 그 전 단계에 비해 조금씩 변모하였을 것이다. 인간의 생활이 지속적으로 이루어졌다고 보면, 그렇게 가정하는 것이 합당할 것이다. 각 단계의 개념의 모습이 전 단계에 비하여 볼 때 같은 것은 하나도 없지만 서로 비슷한 모습을 지닐 수가 있을 것이다. 이러한 개념을 두고 '동족유사 개념(가족유사 개념 ; family resemblance concept)'이라고 부른다. 형제자매 그리고 사촌 간에 얼굴이 비슷하지만 엄밀하게 똑같은 얼굴을 하고 있지 않는 것에 비추어서 비트겐슈타인이 이렇게 칭하였다. 정치생활을 기술하는 데에 나타나는 개념은 이처럼 본질적으로 경쟁적이거나 동족유사적인 개념이 많을 것이다. 물론 그렇지 않은 측면도 있을 것이다. 인류역사에서 대혁명이라는 것은 이제까지 통용되던 개념이 불식되고 새로운 개념이 등장하여 통용되는 것이라고 볼 수 있을 것이다. 그러나 새로운 개념체계라는 것도 예전의 개념체계 내에서 배태되고 발전되어 왔다는 것을 간과할 수가 없다. 새로운 개념을 배태시키고 발전시켜 온 이들을 두고 우리는 혁명가 혹은 대항적인 정치사상가라고 부를 것이다.

IV. 정치가들의 언어사용의 실례

정치가들은 언어를 어떻게 사용하는가? 정치가들이 언어를 얼마나 정확하게 사용하고 있는지 알기 위해 정치가들이 언어를 어떻게 사용하는지를 살펴보자는 것이 아니다. 전술한 것처럼 언어에 정확성을 확립하여 모든 사람이 같은 의미로 보편적으로 사용하게 할 수는 없는 것이다. 예를 들어 인간의 권리(the Rights of Man)라는 용어가 1948년에 일리노어 루즈벨트가 주장하여 인권(human rights)이라는 용어로 바꿨다. 전자의 'Man'이라는 용어는 일반적으로 남성만이 아니라 여성을 포함하는 인간이라는 의미가 있다. 그렇기는 하지만 남성과 여성을 모두 포함한다는 것을 보다 명확히 하기 위하여 '인간의(human)'라는 말을 쓰게 된 것이다. 그 의미가 보다 정확하게 표현되었다고 말할 수 있을 것이다. 이렇게 함으로써 여성을 차별하는 행위를 줄일 수는 있을 것이다. 달리 표현하면 'human'이라는 단어를 쓰게 한 것은 여성을 차별하는 의식을 가지지 못하도록 일종의 검열을 한 것이라고 하겠다. 그 자체도 하나의 이데올로기의 표현이라고 볼 수 있을 것이다.

일리노어 루즈벨트는 'Man'이라는 단어가 남녀를 아우르는 인간을 표현하는 데에 부족함이 있기 때문에 차라리 남녀 모두를 포괄할 수 있는 'human'이라는 단어를 쓰자고 주장한 셈이다. 그렇게 함으로써 남성 중심의 가치에서 벗어나서 중립적인 객관적 용어를 사용하자고 주장한 것이다. 그러나 그렇게 하는 것 자체가 여성주의적인 시각이라고 간주할 수 있다. 그러므로 도덕적이거나 이데올로기적인 함의로부터 벗어난 서술적인 개념이 있을 수 있는가라는 질문을 던질 수 있다. 이데올로기를 사회를 어떠한 방식으로 조직하여 어떠한 정치적인 목적을 달성하기 위한 이념체계로 본다면, 정치가들은 이념체계 혹은 개념체계를 형성하기 위하여 기존의 언어에 새로운 의미를 부여하거나 의미를 왜곡하기 마련이다. 이렇게 하여 언어의 의미가 달라지게 되는 것이다. 그렇게 되는 이유가 무엇인가? 언어의 의미는 사회적인 상황, 경험, 이데올로기, 언어를 사용하고 발안하는 사람들의 심리적인 필요 등에 의하여 결정되기 때문이다 (Edelman 2001, 78). 이것은 비유하자면 망치를 쓰는 이의 의도에 따라 망치의 용도가 달라지는 것과 같은 것이다. 그렇기 때문에 정치에 대하여 중립적인 언어를 사용하는 것이 지극히 어려울 것이다. 따라서 사회생활이나 정치생활에서의 언어는 경쟁적일 수밖에 없는 것이다.

정치가들은 자신의 정치적 목표를 설정하고는 그 목표에 사람들로 하여금 매진하게끔 하기 위하여 언어를 사용한다. 정치가들은 언어를 정확하게 사용하지 않는다. 오히려 자신이 설정한 정치적 목표와 이 목표에 따르는 것, 혹은 자신이 설정한 바람직한 사회 혹은 정치가 정당하다는 것을 사람들에게 선전하기 위하여, 혹은 세뇌하기 위하여 언어를 사용한다. 그렇게 하기 위하여 정치가들은 기존의 단어에 새로운 의미를 부여하거나 새로운 용어를 사용하기도 함으로써 다른 세계상을 제시하는 개념체계를 사람들에게 부여하는 것이다. 게다가 정치가들은 언어가 상상을 야기하고 감정을 자극하는 역할을 한다는 점을 이용하기도 한다.

이렇게 보면 정치가들에게 언어는 단순히 의사소통의 수단이 아니라 정치적 무기이다. 정치적인 의도를 전달하기 위하여 다듬어지고 만들어지는 무기인 것이다(이종은 외 2007, 14). 또한 대항 엘리트를 포함하여 정치가들은 언어의 소극적인 기능보다도 적극적인 기능에 의존하는 셈이다.

전술한 것처럼 언어는 사람들이 경험하는 사회적인 세계를 창조하는 데에 중요한 역할을 한다. 문제는 언어가 객관적인 실재를 서술하는 도구로서 이해될 수 없다는 데에 있다. 후기 비트겐슈타인에 의하면 언어에는 본질적인 것이 없으며, 단지 언어 게임만이 있을 뿐이다. 그리고 데리다에게 모든 언어는 수행적(遂行的 ; performative)인 기능을 가진다. 수행적이라는 것은 언어가 행동의 한 형태인데, 이는 언어 자체의 전제를 저해한다. 특히 정치적인 언어는 이데올로기를 반영하고, 신비화하고, 왜곡하는 능력이 있다. 정치생활에서 왜곡되지 않은 언어가 있을 수가 없다. 왜곡되지 않은 언어라는 것은 이상적인 기준을 환기하는 데에는 유용할 수 있을 것이다(Edelman 1985, 10).

그렇다면 정치가들은 왜 의미를 조작하거나, 의미를 환기하거나, 새로운 의미를 창조하는가? 정치적으로 유리한 입장을 선점하기 위한 것이라고 하겠다. 사건, 문제, 위기, 정책변화 그리고 지도자의 중요성에 대한 신념을 만드는 것이 정치적인 우위를 점하는 데에 필요한 정치적인 조작이다. 그래서 반대자의 손발을 묶어두고 지지자를 동원하는 것이 전략적으로 필요하다. 그렇게 함으로써 자신이 하고자 하는 정치적 행동을 하는 것을 정당화하고 사람들을 위협하거나 확신을 시켜서 지지하게 하거나 적어도 침묵하도록 해야 한다.

그렇게 하는 데에 정치가들은 주어진 여건을 이용할 수밖에 없다. 정치가는 언어의 애매모호한 특질을 이용한다. 애매모호함은 특히 정치적인 언어에서 두드러진다. 정치라는 것은 정의상 이익의 갈등이기 때문이다. 의미는 화자와 청자의 개념적인 틀, 이익, 편견, 오류 그리고 가정에 의하여 나타난다. 단어와 개념의 정의에서의 불확실성, 구문과 문장의 구조에서 나오는 문제 그리고 사상과 표현에서의 애매함 때문에 애매모호함은 더욱 확대된다. 언어가 지시하는 바(denotation)는 서로 이해하고 있다고 하더라도 함축(connotation ; 내포)하는 바는 서로 다를 수 있기 때문에 의미가 다양해지기도 한다. 그렇게 되는 이유는 언어, 특히 정치적 언어를 해석하는 데에 인간이 처한 경제적 사회적 상황이 결정적인 역할을 하기 때문이다. 이렇게 보면 언어가 애매모호하다는 것이 정치에서 장애가 아니라 정치가는 오히려 이 점을 이용한다. 대개의 경우에는 언어의 의미가 서로 통하지만 함축하는 바는 다를 수가 있다. 의미는 상황과 사람에 따라 심하게 변하기 마련이다. 언어가 변덕스럽기 때문에 강자는 이로써 의미와 신념을 지배하면서 창조할 수가 있다. 단어, 형태 그리고 의미는 항상 변한다(Edelman 2001, 81). 바로 이 점을 정치가들이 이용하게 되는 셈이다.

흔히 정치는 희망을 팔아먹는 장사라고 일컫듯이 정치적 언어에는 기대되는 정치적인 목적이 달성될 것이라는 약속이 내포되어 있다. 바로 이 점에서 정치적인 언어는 수행적인 기능을 가지는데, 정치에서 이 기능이 효력을 가진다. 요컨대 언어가 객관적으로 기술하는 도구인 것처럼 가장하면서 실제로는 수행적인 기능을 담당한다. 수행적인 기능을 가지자면 언어가 객관적인 기술을 연출하면서도 실제적으로는 이데올로기적으로 논쟁하지 않을 수가 없다. 이와 같은 책략은 정치적인 언어를 사용하는 데에서 가장 일반적이다(Edelman 1985, 16).

본서의 저자들은 정치가들이 정치적인 언어를 활용하는 데에 착안하여 그들이 정치적인 언어를 어떻게 사용하였는지를 고찰해 보았다.

「대통령 이승만의 정치언어와 언어정치 : 민족의 절대화와 상대화 사이에서」에서 나타나는 것처럼 이승만이 민족의 통합을 이끌어내기 위하여 '일민(一民)'이라는 정치적 언어를 부각시켰다. 일민주의는 민족주의의 다른 표현이라고 하겠다. '일민'을 왜 부각시켰는가? 식민통치를 겪은 대한민국으로서는 천황보다도 더 우위에 있는 정치적인 실재로서 일민을 상정하여 일민이라는 용어로 민족을 절대화할 필요가 있었을 것이다. 그래서 이승만은 일민이라는 용어에 새로운 의미를 부과한 것이다. 이것이 의미하는 바가 무엇인가? 버크에 의하면 정치적 수사(rhetoric)의 기능은 무의미한 것을 날카롭게 하며, 지나치게 의미가 있는 것을 무디게 하는 것이다(Burke 1945, 393 ; Edelman 1960, 700 재인용). 이승만은 일민에 새로운 의미를 부과하여 의미를 날카롭게 하였다고 볼 수 있다.

그는 친일분자를 척결하지 않을 때에도, 반공을 하고 북진통일을 하겠다는 자신의 정치적인 신념을 관철하고자 할 때에도, 그리고 자신의 정적을 친일분파나 용공분자로 몰아붙이는 언어적인 폭력을 쓸 때에도 일민이라는 논리에 의존했다. 요컨대 변화하는 정치적인 국면마다 일민을 내걸어 정치의 주도권을 확립하기 위하여 노력했다. 일민이라는 용어에 새로운 의미를 부여하여 이승만은 자신의 정치적인 목적을 달성하는 데에 도구 내지는 무기로 사용한 셈이다. 이승만이 일민이라는 용어를 자신의 목적을 달성하는 데에 적합한 의미를 부여함으로써 그 용어로써 누가 적이며 누가 동지인지에 대한 신념을 밝혀 정치적인 무기로 사용한 셈이다(Edelman 1985, 11).

그러나 그렇게 하는 과정에서 일민이라는 절대화된 민족이 상대화되게 되었으며, 일민주의는 정치영역에서 다원성을 근본적으로 부인하는 한계를 노정하였다. 이에 미국의 민주주의를 체험한 이승만의 정치는 전근대와 근대 사이를 오가게 되었으며, 다양성을 기초로 삼는 삼균주의와 대립하게 되었던 것이다.

「김일성의 언어와 정치 : 민족, 혁명 그리고 건설담론을 중심으로」에서 김일성이 권력을 정당화하기 위하여 사용한 수사는 실제의 정치와 일치하지 않았다는 데에서도 드러난다. 이 점은 계급을 우선시해야 하는 사회주의 국가를 건설하는 데에도 민족이라는 정치적인 언어에 의존하지 않을 수가 없었던 김일성에게도 나타난다. 그래서 그는 주어진 정치적 현실 내에서 자신의 정치적인 목적을 달성하기 위하여 민족이라는 개념을 새롭게 정의하지 않을 수가 없었다. 그는 민족자본가는 혁명의 대열로 끌어들이면서 친일파는 척결해야 하는 과제를 두고 민족의 배신자를 선정하지 않을 수가 없었다. 이에 그는 사회주의 이념에 충실해야 할 경우에는 민족이라는 개념에서 민족자본가를 배제하기도 하고, 그렇지 않은 경우에는 혈연에 연관시켜서 이 문제를 해결했다. 그러면서도 자신의 일차과업은 부르주아 혁명에 의한 부르주아 국가를 건설하는 것이라고 주장했다. 하지만 후일 자신의 민족주의는 부르주아 민족주의와는 다르게 애국주의라고 규정하기도 했다. 이것은 단어의 의미에 또 다른 변용을 가한 점도 있고, 동일한 발언을 세월이 흐른 다음 수정한 것도 있다. 이렇게 언설이 불일치한 것은 권력을 획득하고 형성하려던 시점에서 마주했던 현실을 권력을 장악한 이후 주체사상에 입각하여 재해석하는 과정에서 발생한 것이다. 현재를 기준으로 언어 게임의 법칙을 마련하고 그 법칙에 따라 과거의 언설을 수정하기도 한 것이다.

김일성은 민족이라는 자산을 무시하지 않으면서 계급투쟁을 수반하게 되어 있는 반제반봉건 혁명과 민족자립경제를 지향하는 경제건설을 수행하지 않을 수가 없었다. 혁명과 건설이라는 상반된 과제를 동시에 수행하기 위하여 주체사상을 활용했고, 이를 민족에 연계시켜서 조선민족 제일주의를 주장하기도 하였다. 요컨대 김일성은 권력을 장악하고 확대하는 과정에서 민족, 혁명, 건설, 통일 그리고 주체라는 정치적 언어를 독점적으로 사용하고 필요에 따라 의미를 부여했다.

소련과 같은 나라에서는 선전이나 조작이 하나의 공식적인 목소리로 행사됐다. 이에 반대하는 견해는 절대로 용납되지 않았다. 다양한 개념체제를 인정하지 않는 것이 전제주의나 전체주의의 특색이라고 하겠다. 북한도 그 예외가 아니다. 김일성의 사후에 김정일이 그 아버지의 언행을 해석할 권력을 가지게 되듯이 김정일의 사후에도 그에 대하여 말할 목소리를 누가 가지느냐가 권력투쟁에 관건이 될 것이다.

이어서 「박정희 시대의 정치와 언어」에서는 정치지도자는 언어를 통해 정치에서의 의제를 선점하고 자신 외에 타인이 어떠한 언어에 의미를 부여하는 것을 배제할 능력을 갖추어야 한다는 것을 선명하게 보여주고 있다. 박정희는 경제성장을 통하여 '조국 근대화'의 결과인 부국강병을 도모했다. 이를 위하여 의존하지 않을 수가 없었던 정치적인 언어는 '민족', '민족주의', '민주' 혹은 '민주주의'였다. 그러나 민족을 부국강병과 일치시키고 국가와 동의어로 만드는 등 자신이 이러한 용어에 의미의 연결망을 부여했으며, 정치적인 언어에 나타나는 언표의 의미를 자신이 연결하여 피통치자에게 개념의 체계를 부여했다.

이 개념체계를 거부하지 못하도록 하기 위하여 '민족중흥', '자립경제', '자주국방' 등 목적지향적인 정치언어로 규정했고, 이 목적을 달성하는 데 걸림돌이 되는 것은 '반민족', '반국가' 행위로 규정했다. 그는 자기가 설정한 목적을 달성하기 위하여 항상 위기의식을 고취시켜서 일사불란한 동원체제를 유지했으며, 사람들에게 어떻게 생각하고 행동할 것인가에 대한 지침을 내렸다. 그의 18년간의 통치에서 보여준 것은 언어의 독점이 권력의 독점에 첩경이라는 점이다. 권력이 목적을 달성하려는 과정에서 단어의 의미는 왜곡되고 모순된 논리는 수용되었다. 그의 사후로부터 오늘날까지 다원화된 사회에서 많은 담론이 거론되는 것은 그가 물려준 개념체계를 청산하는 과정에서 나타나는 현상이라고 하여도 과언이 아닐 것이다.

이제 한국 정치의 틀을 넘어서 전체주의 국가에서 지도자가 어떻게 언어를 사용했는지를 「레닌의 언어와 정치」를 통해 우선 살펴보도록 하자. 인간소외, 자본, 노동, 계급 등의 개념을 가진 맑스주의 언어체계는 그 자체로 완결성을 가진다. 이 언어체계에 의존하여 레닌이 진술한 이론과 전술의 체계가 레닌주의이다. 레닌주의는 어디까지나 프롤레타리아트의 계급언어였다.

그의 언어체계는 1917년을 기점으로 달라진다. 1917년 이전의 그것은 당 조직론과 혁명이론을 축으로 구성됐다. 전자의 기본내용은 운동의 성공을 위해 노동계급의 전위로서의 혁명정당이 구성되어야 하며, 그것은 활동의 비밀원칙과 엄한 규율을 준수하는 직업혁명가들로 구성된 폐쇄적 조직이어야 한다는 것이다. 후자는 노동자 · 농민의 혁명적 민주독재의 수립을 지향하는 연속혁명론으로 그 내용이 구성되는데, 그것의 기본 관념은 부르주아 혁명의 단계와 프롤레타리아트 혁명의 단계를 평면적으로 연결한 데 있었다.

1917년 이후 "새로운 볼셰비즘"으로의 변화는 레닌의 혁명이론이 영구혁명론으로 발전하면서 이루어졌다. 그런 변화의 계기는 그의 제국주의론과 사회주의 세계혁명이 임박했다는 확신이었다. 10월 혁명 후 레닌은 사회주의 정권을 수호하기 위하여 주어진 정치적 상황을 '국가자본주의'와 '전시공산주의'라는 언어로 현상을 타개하고자 하였다. 원래 국가자본주의라는 용어는 부하린이 현대의 자본주의를 묘사하기 위하여, 그리고 전시공산주의라는 말은 보그다노프가 제1차 세계대전을 치르는 서구에서 나타난 새로운 현상을 지적하기 위하여 쓴 용어인데, 그가 10월 혁명을 준비하는 레닌을 비판하여 사용한 말이다. 레닌은 이 두 용어를 차용하여 경제 분야에 국가가 지배권을 확립하는 일을 정당화할 수 있었고, 비노동계급에 가해진 탄압과 폭력을 호도할 수 있었으며, 러시아에서 벌어진 비인도적 참상을 은폐할 수 있었다.

레닌도 언어로 권력을 행사했다. 그러나 그의 언어는 정밀성을 가졌다기보다는 정치적인 판단에 근거를 두어 정치적인 목적을 달성하기 위한 신념의 표현이었다. 그렇기 때문에 그가 사용하는 언어는 서로 어긋나는 개념을 표출하였다고 하겠다.

정치가들이 사용하는 언어는 그 정치가가 당면한 상황에서 달성하고자 하는 정치적인 목적이라는 맥락에서 이해하여야 한다. 이 점은 히틀러에게서도 마찬가지이다. 「히틀러의 '존재냐 죽음이냐' 문법과 그 정치지배 형태 : 이성의 파괴」에서는 언어를 통하여 어떠한 방식으로 히틀러의 권력과 지배체제가 장악되고, 유지되며, 확대 재생산되는지를 고찰한다.

독일인들 사이에 팽배했던 좌절감을 극복하고 이를 타개할 수 있는 대안을 가지고 있다는 것을 보여주기 위하여 그는 '더 이상은 안 된다' 라는 언표를 내걸었다. 이로써 그는 자신만이 위기를 극복할 수 있는 구국의 지도자로 부각될 수 있다는 기대를 심어주었다. 그리하여 그는 인종에 기반을 둔 '민족' 그리고 민족을 단위로 하는 '민족공동체' 라는 용어를 부각시켜서 같은 민족에 속하지 않는 열등한 유태인과 같은 인종을 '적' 으로 간주하게 하고, 민족의 운명을 개척해 가는 지도자로서의 히틀러 자신의 리더십에 절대적으로 따르지 않을 수 없도록 만들었다. 그리하여 '생활공간' 을 확보해야 하는 독일민족의 당연한 진로, 즉 전쟁으로 몰아가기 위하여 그는 두 가지 선택을 하게 하였다. 자신을 추종하여 모든 것을 얻어서 피와 대지 위에 성립되는 민족공동체를 구현하게 되든지, 그렇게 하지 않게 되든지, 즉 민족공동체의 존속과 더불어 독일인으로서 존재하느냐, 그렇지 않으면 민족공동체의 상실과 더불어 '우리' 독일인들 모두가 죽느냐를 선택하게끔 강요했던 것이다. 이와 같이 그의 개념체계에는 타협이나 관용은 있을 수가 없다.

히틀러의 체제는 히틀러 개인에 대한 숭배와 사회 전반에 걸친 개혁과 자신들의 정치적 목표를 달성하고자 하는 의도에서 언어를 대중선동과 조작을 위한 선전수단으로 적극적으로 활용했다. 그는 언어의 상징성을 이용하고 언어를 정치화함으로써 대중에게 일정한 개념체계를 주입하고 수용하기를 강요하여, 적과 동지라는 이미지를 창출하고, 지배체제의 정당성을 공고히 하였다. 그는 여러 가지 상징을 동원하여 인간의 감성에 호소하여 감정적 표상세계를 자극하여 일정한 방향으로 대중의 마음을 사로잡았다. 이것은 그의 언어가 대부분 인간 이성에 대한 부정적인 관점을 전제로 하였기 때문인데, 그렇게 함으로써 생활공간의 확보를 통한 민족공동체의 건설에 매진할 수 있었다.

히틀러의 언어는 대중을 설득하고 조정하여 자신의 이데올로기를 구현하고 자신의 지배체제를 정당화하기 위한 전술적 무기였다. 그래서 지도자의 언어가 사람들의 사고방식과 행동양식을 이끌어 나가는 역할을 하였다. 전체에 대한 개인의 헌신을 의미하는 히틀러의 민족주의 하에서는 개인의 자유, 평등, 사고의 자유 등의 언표보다는 민족공동체 혹은 국가, 그리고 이를 구현하려는 히틀러의 언어와 문법이 지배적인 위상을 차지하였다. 그렇게 함으로써 '지도자 원칙' 에 의존하여 언어적 폭력을 행사하여 대중의 사고방식과 행동의 전반적인 양상에 영향을 미쳤기 때문에 우리는 히틀러의 체제를 전체주의라고 부르는 것이다.

전체주의와는 다르게 인권과 법이 지배하는 자유주의 국가의 지도자가 언어를 사용하는 방식의 예를 「트루먼의 정책 개념과 정치담론」에서 읽을 수 있다. 트루먼의 정치담론은 미국의 사회담론을 바탕으로 발전적으로 나타났다. 즉 언어가 정보전달을 위한 단순한 부호가 아니라 인간의 사고과정에 작용하는 사용자의 사회적 문화적 속성, 정체성, 가치와 이념, 심리상태, 태도나 신념 등을 나타내는 다양한 인지적(cognitive) 요인을 반영하는 지시기능(indexicality)을 가지고 있음을 인식하고 있다. 미국의 사회언어학에 의하면 언어사용자는 수동적인 존재가 아니라 능동적으로 언어를 이용하고 필요에 따라 언어를 변화시켜 나가는 능동적인 존재라는 것이다. 따라서 문장의 의미는 무엇을 지시하느냐가 아니라 그 문장이 어떤 의도를 갖고 있느냐가 중시된다. 담론을 구성하는 데 있어서도 적절하고 유효한 규칙을 중시하는 것이 아니라, 규칙 자체를 담론자들의 구성물로 보고 담론적 장치를 이용하여 자신의 목적을 달성하고자 하는 것이다. 트루먼은 이러한 전통적인 사회 언어학적 입장에서 정치담론의 변증성과 수행성을 추구하였다.

정치담론의 변증성은 기존의 담론과 언어구조를 비판적으로 성찰하는 데서 시작된다. 기존 정치담론에서 사용하는 개념들이 변화와 개혁의 담론으로 안착할 수 있는 인식론적 기반을 구축하는 가운데 단순히 생각을 전달하는 중립적인 매개체로 머무는 것이 아니라, 특정 방향으로 정치적 사유와 행동을 중재하고 야기하는 일종의 '제도화된 의미구조(institutionalized structure of meanings)'를 수행하게 된다. 이 점에서 트루먼의 정책 개념과 개념이 기능하는 담론의 장 사이의 상호 관계성에 대한 트루먼의 인식과 태도가 그의 정치담론을 이해하는 데 중요하다고 할 수 있다. 예를 들면 '트루먼 독트린'이라는 언론의 명시는 트루먼의 정치적 행위에 대한 해석이며, 이해해야 할 새롭게 던져진 정치적 개념이다. 이 개념이 내외국 정치가들과 정책과 정치인식에 영향을 미치게 되었다. 트루먼은 누구보다 이 담론화 과정을 중시하였고 이에 주목하였다.

담론화 과정은 새로운 정책 개념을 지배 담론화하고 기존의 정치인식을 수정하는 과정이다. 이 과정에서 정치가들이 가장 필요로 하는 것이 미디어의 이용이다. 미디어는 담론의 장을 구성하는 데 즉각적이며 광범위한 효과를 갖고 있기 때문이다. 트루먼은 부통령의 직무를 통해 터득한 기존의 정치적 현안과 가치에 적응하는 의사소통의 경향을 보이는 가운데 자신만의 '의사소통 스타일'을 발전시킴으로써 사적 언어가 미디어를 통하여 정책 개념으로서 공적 언어의 조건을 채워가게 하였다. 이와 더불어 내부적으로나 대외적으로 내적·외적 담론의 장을 구성하는 것을 중시했다. 트루먼은 내부적으로 여러 위원회를 가동시켜 정치 현안에 대한 내적 담론의 장을 마련하였다. 내적 담론의 장에서 구상 중인 정책의 가능성과 타당성을 논의하였고, 정책의 사유실험을 할 수 있었다. 내적 담론을 거친 정책 개념은 다시금 외적 담론의 장으로 나와 정책으로 입안되기에 이르는 것이었다. 트루먼은 국내외문제와 관련해서는 의회를, 국제문제와 관련해서는 UN을 외적 정치담론의 장으로 이용하려 하였다. 트루먼은 전후 냉전의 국제정치 담론을 주도했는데, 이러한 정치담론은 내부적으로는 자신의 지배담론을 정당화하는데 기여할 수 있고, 외부적으로 힘의 균형을 위한 정책 개념의 선택과 의미의 내연에 변화를 줄 수 있다고 생각했다.

그러나 루즈벨트 사후에 나타난 유럽의 경제위기와 민족주의와 공산주의 세력의 대두는 세계 정세를 더욱 가늠하기 힘들게 하였다. 이에 트루먼은 루즈벨트가 추구한 대외정책을 수정하지 않을 수 없었다. 이 대외정책 수정과정에서 트루먼 정권은 자신의 독자적인 정치적 결단을 중시했던 루즈벨트와는 달리 정치적 내적 담론의 기능을 이용하고자 하였다. 그러나 트루먼 행정부의 냉전정책 수립과 결정에 지대한 영향을 미친 조지 캐넌의 정책입안 관여 과정에서 드러난 바와 같이 몇몇 전문가의 의견에 의존한 트루먼의 편향된 내적 담론의 과정, 맥아더와의 일본 점령정책에 대한 이견, 북대서양조약기구의 창설과정에서 나타난 영국 외상 베빈과의 이견은 트루먼이 갖고 있었던 정치담론 구성의 이상이 현실적으로 제대로 이행되지 못하였음을 잘 보여 주었다.

트루먼이 정치담론화 과정에서 다루었던 정책 개념은 집권 초기에 루즈벨트의 정책 개념을 전적으로 계승하는 의지를 보였다. 그러나 국제정치의 주도권을 획득하고자 하는 그의 의지는 강화와 원폭과 같은 상반된 정책 개념 사용했으며, 이에 따른 시급한 정책수용을 요구했다. 트루먼 독트린을 통하여 모든 나라가 양자택일을 선택하게 하였고, 이러한 배타적 정책을 통하여 미국의 이상과 전통을 확고히 하고자 하였다. 새로운 세계질서에 대한 미국의 역할은 세계 경찰국가의 역할을 자임하는 것이었고, 세계 문제에 개입하고 경제적 지원을 통하여 정치적 유대와 안정을 도모하는 것이었다. 집권 후기의 그의 정치적 담론 구성방식에 이러한 일방성이 지속되었음을 알 수 있다. 협조자와 보좌관들과의 담론과정에서 실제로 트루먼은 논의를 심화시키고 일반화시키기보다는 자신의 결정을 확인하고 이에 따른 구체적인 시행전략을 모색하는 방향으로 나아갔다.

대외적으로 트루먼은 전체적인 지배담론을 가속화시키고 단순화시켰다. 이것은 다름 아닌 이데올로기적 식민주의라고 할 수 있다. 결과적으로 아시아 아프리카와 중남미의 제3세계는 냉전체제 안에서 정치식민지이자 자원 식민지로서의 역할을 담당하게 되었다. 트루먼이 그어놓은 이데올로기적 경계는 상대적으로 소련의 개입을 촉구하게 되었고, 이로 인하여 양국은 각국에서 일어난 이데올로기적 논쟁과 투쟁에 개입하기 시작했다. 결과적으로 트루먼 독트린은 간접적인 내정간섭의 형태를 띠고 새로운 국가 이데올로기를 위한 필연적 정초과정을 방해했다. 또한 자율적인 정치담론의 형성과 식민지배와 제국주의의 협조에 따른 내부적인 청산과 정지작업을 간과하고 지연시켰다. 나아가 국내외 정책결정에 필요한 정보를 수집하기 위해 중앙정보국을 설립하였지만 얼마든지 국내외 정치담론을 조작하고 조절할 수 있다는 점에서 트루먼의 정치담론이 갖고 있는 특징과 한계를 대변한다고 할 수 있다.

V. 결어

정치가들의 언어는 모순되기도 하고, 이들 언어가 제시하는 개념체계는 정합성(coherence)을 구비하지 않는 경우가 많다. 그 이유는 개념체계가 제시하는 논리성을 이성적으로 파악하고 이에 따라 인간이 행동을 하기보다는 인간은 감성적이기 때문에 감성에 호소하는 지도자들의 언술에 보다 쉽게 반응하기 때문이다. 그래서 인간이 자신의 참다운 이익을 알고 있으며, 그 이익에 따라서 행동하는가라는 문제가 제기된 것이다.

이에 비하여 정치사상가의 개념체계에서는 그래도 정합성을 찾기가 쉬울 것이다. 사상의 내용이 일관성(consistence)이 있는지를 분석하는 것이 정치철학의 한 과제이다. 사상의 일관성 여부를 분석하는 것은 논지가 정연한지를 따지는 것인데, 사상가들이 어떠한 개념을 제시하고 제시된 개념이 어떻게 서로 연결되며, 연결되는 바에서 어긋나는 점이 없는지를 정치철학에서는 따진다. 이 점에서는 우리의 과제와 비슷하기 때문이다.

인간이 언어를 만들지만 언어는 인간의 사고를 지배하며, 나아가서는 인간됨을 규정할 수도 있다. 이러한 인간이 과연 언어를 분석하고 정합성을 논할 수 있는가라는 의문이 든다. 루소는 "인간은 자유롭게 태어났지만 도처에 사슬에 묶여 있다"고 말하였다. 이처럼 '인간은 자유롭게 태어났지만 도처에 언어에 의한 사슬에 묶여 있다' 고도 말할 수 있을 것이다. 그 사슬이 무엇이며, 사슬로부터 벗어날 수 있는가라는 문제는 앞으로도 계속 제기되어야 할 것이다. 언어가 가하는 전제로부터 어느 누구도 쉽게 벗어날 수가 없기 때문이다. 그러므로 정치적 동물인 인간이 말하는 동물이라면 정치를 이해하기 위하여 언어에 대한 이론이 필요하다(Hacking 1975, 24-5).

참·고·문·헌

이종은 · 조현수 역. 2007.『현대정치이론』. 서울 : 까치사.

Austin, J. L. 1962. *How To Do Things With Words*. Cambridge, Massachusetts : Harvard University Press.

Bernstein, Richard J. 1978. *The Restructuring of Social and Political Theory*. Pennsylvania : University of Pennsylvania Press.

Burke, Kenneth. 1945. *A Grammar of Motives*. Berkeley and London : University of California Press.

Connolly, William E. 1983. *The Terms of Political Discourse*. 2nd ed. Princeton, New Jersey : Princeton University Press.

Edelman, Murray. 1960. "Symbols and Political Quiescence". *American Political Science Review*, Vol. 54, No. 3 (Sept), pp. 695–704.

______. 1977. *The Political Language : Words that Succeed and Policies that fail*. New York : Academic Press.

______. 1985. "Political Language and Political Reality", *PS*, Vol. 18, No. 1 (Winter), pp. 10–19.

______. 2001. *The Politics of Misinformation*. Cambridge : CUP Press.

Foucault, Michel 1971. *The Order of Things*. New York : Pantheon Books.

Keane, John. 1988. *Democracy and Civil Society*. London, New York : Verso.

Wittgenstein, Ludwig. 1922. *Tractatus Logico–Philosophicus*. Introduction by Bertrand Russell. London : Routledge & Kegan Paul.

______. 1953. *Philosophical Investigations*. Oxford : Blackwell.

Hacking, Ian. 1975. *Why Does Language Matter To Philosophy?* Cambridge : CUP Press.

Hobbes, Thomas, 1991. *Leviathan*, ed. by Richard Tuck. Cambridge : CUP Press.

Tuck, Richard. 1991. "Introduction". in Hobbes, Thomas, *Leviathan*, ed. by Richard Tuck. Cambridge : CUP Press.

1

대통령 이승만의 정치언어와 언어정치 : 민족의 절대화와 상대화 사이에서

일민이라는 두 글자는 나의 오십 년
운동의 출발이요 또 그 귀추(歸趨)이다.
이승만, 『일민주의 개술』

홍원표 | 한국외국어대학교

I. 들어가기 : 정치언어의 위력

정치지도자들의 시대의식과 정치적 능력은 그들의 언행을 통해서 드러난다. 그들은 국민의 지지에 입각해 시대의 요구를 수행해야 하는 임무를 지고 있다. 그들은 이러한 임무를 수행하고 국민의 참여를 유도하고자 자신들의 독특한 정치언어나 정치적 상징을 이용한다. 정치지도자들의 특이성(또는 정체성)이나 위대성은 바로 그들의 언행을 통해서 평가되기 때문이다. 정치지도자의 능력(또는 위대성)을 평가하는 여러 가지 요소들 가운데 언행의 일치는 이러한 요소들 가운데 하나이다.[1)]

건국과정에서 가장 중요한 목표들 가운데 하나는 민족통합이다. 정치지도자들은 국민의 공동 문제를 단계적으로 해결하기 위한 원칙과 내용을 제시해야 하기 때문에 그들의 언행은 어느 시대보다도 중요한 의미를 갖지 않을 수 없다. '건국 선조'나 '국부'에게 요구되는 중요한 정치적 덕목은 민족통합을 이끌어내는 정치적 능력일 것이다. 독립운동과 대한민국 건국과정에서 다양한 갈등을 경험한 김구, 여운형, 이승만, 조소앙과 같은 정치지도자들의 정치적 사유와 실천에 있어서 민족이나 민족통일이 핵심적 개념어였듯이[2] 건국 직후 민족통합에 대한 정치지도자들의 사유와 실천은 핵심적인 문제로서 이후 한국 정치의 흐름에 영향을 미쳤다.

이승만 대통령은 시대의 흐름을 반영할 뿐만 아니라 정치적 주도권을 확립하기 위해 새로운 정치언어를 만들어냈다. 새로운 정치적 상징은 정치권력을 정당화하는 언어정치를 통해 그 위력을 발휘한다. "사상적 불모와 행정적인 무위에도 불구하고 일부에서 이승만을 자못 위대한 정치인으로 볼 수 있었던 것은 그의 탁월한 책략가적 자질과 실천에 있는 것이 아닌가"[3]라는 지적은 이승만이 언어정

1. 아렌트는 언행의 일치가 준수되었던 호머 시대를 예로 들어 행위와 말의 동일성을 강조하면서 행위(action)가 말과 새로운 시작이란 두 가지 요소로 이루어져 있다고 지적한다. 아울러 말이 없는 행위는 진정한 행위가 되지 못한다고 지적하면서 행위에 있어서 말의 중요성을 강조하고 있다. 또한 그는 정치지도자의 위대성을 평가하는 중요한 기준으로 언행의 일치를 제시하고 있다. Hannah Arendt, *The Promise of Politics*(New York : Schocken Books), p. 125.
2. 해방과 더불어 새로운 국가를 건설하려는 민족지도자들뿐만 아니라 국민들의 모든 염원은 민족통합이기 때문에 '민족'은 당연히 핵심적인 개념어가 된다. 이러한 입장은 제2차 세계대전 이후 시대의 흐름을 반영하고 있다.
3. 김도현, 「1950년대 이승만론」, 『1950년대의 인식』(서울 : 한길사, 1981), 88쪽.

치에서 탁월한 능력을 발휘했다는 것과 맥락을 같이한다고 볼 수 있다. 특정한 정치언어는 정신활동의 산물이므로 그 제조자의 정치적 사유를 반영하고 있으며 언어정치를 통해 위력을 갖게 된다. '일민주의', '일민', '하나'는 민족의 다른 표현이다. 이러한 정치언어는 한편으로는 기존의 정치언어와 결합됨으로써 이승만의 지지기반을 정당화하고 강화시키는 데 기여했으며, 다른 한편으로는 정치를 왜곡시키는 출발점이자 귀결이 되었다.

일민주의가 자유당 창당과 더불어 퇴조했다는 일반적 평가와 달리 그 기본 정신은 이승만 대통령의 언어정치를 통해서, 그리고 그 추종자들을 통해서 지속적으로 그 위력을 유지했다. 이승만 대통령의 언어정치에서 민족은 '절대자'와 같은 위상을 갖는다.[4] '일민'의 이념은 민족통합, 북진통일, 반일운동, '균일정치'에 반영되고 유지되었다. 따라서 이 연구에서는 민족통합이 국가의 중요한 목표가 되었던 시대 이승만 대통령이 독특한 정치언어와 언어정치를 통해 민족의 절대화를 어떠한 방식으로 지속시키고 권력을 정당화하는가에 대해 고찰하기로 한다.

제II절에서는 민족의 자연적 순수성을 부각시키고자 '하나', '일(一)', 그리고 '한(同一)' 등의 언어상징을 제시하고 있을 뿐만 아니라 '일민' 또는 '한 핏줄'이란 정치언어를 사용하고 있는데, 그 의

4. 정치행위의 기준을 하나만 설정함으로써 내재적인 것에 초월적 위상을 부여하는 개념이나 실재가 바로 절대자이다. '하나'는 민족으로 표현되는데, 이때 '하나'는 유일자(唯一者) 또는 초월적 존재라는 의미를 내포하고 있는 중립적 표현이다. 정치활동을 하나의 기준으로 상정하려는 사유방식은 근본적으로 정치영역을 심각하게 손상시킬 뿐만 아니라 붕괴시키는 결과를 초래할 수 있다.

미를 분석한다. 제III절에서는 '한 운명' 만들기라는 원칙에 따라 반공정책과 북진통일정책을 어떻게 추구했는가를 고찰한다. 이어서 제IV절에서는 역사청산 문제와 반일운동 사이에 나타나는 외형적 모순을 넘어서 이승만 대통령은 어떠한 의도로 반일운동을 제기했는가에 대해서 고찰한다. 특히 '참된 일민'의 구성 의도와 그 장애요인에 대한 이승만의 정치적 대응을 부각시킨다. 제V절에서는 전근대성과 근대성의 불편한 공존을 드러내는 개념인 '균일'이란 정치언어가 왜 민주정치를 위축시킬 수밖에 없었는가를 밝히고자 한다. 이러한 분석을 토대로 결론에서는 언어정치를 통한 정치권력의 정당화가 언행일치에 기반을 두지 않을 경우 야기되는 정치적 비극의 필연적 귀결에 대해서 언급하기로 한다.

II. '하나', '일(一)', '한(同一)' : 정치적 실재로서 절대화된 민족

정치언어는 특정한 언술에 기반이 되는 정치적 신념의 언어학적 의미를 담고 있다. 이승만은 민족에 대한 자신의 신념을 포함시킨 새로운 정치언어를 만들어냈다. 일민주의의 핵심이 되는 '일민'은 '하나'로 표상된다. 이승만은 이 정치언어를 통해 자신의 권력과 권위를 강화시켰다. 따라서 그의 언어정치는 '일민' 또는 '하나'의 정치적 이미지를 확산시키는 행위로서 위상을 갖는다. 이승만의 언어정치에서 민족은 존재론적 위상을 갖기 때문에 다양한 정책에 대한 그의 담화 또는 연설에서 직접 드러나거나 내재된 형태로 그 실체를 보이고 있다.[5]

정치적 수사 또는 정치연설, 담화문이나 저서는 특정 정치지도자의 언어정치를 이해하는 데 있어서 중요하다.[6] 이승만 대통령의 저서와 담화, 그리고 '일민주의 이데올로그들'[7]의 저서나 연설은 새로운 정치언어의 확산뿐만 아니라 지배권력을 강화하는 데 기여했다.

이승만은 1949년 『일민주의 개술』에서 '일민'이란 정치언어를 제시하기 이전 이와 관련한 기본 입장을 여러 차례 밝혔다. 1945년 10월 17일 환국 방송을 통해 "모든 정당과 당파를 협동하여 한 개의 덩어리를 만들어가지고 우리 한국의 완전무결한 독립을 찾는다는 것은 나의 희망입니다"[8]라는 주장에서도 민족통합의 필요성을 강

5. 올리버의 지적에 따르면, "그는 … 기자들을 위한 담화 발표를 좋아했다 … 대통령에 취임한 후 18개월 동안 내외신 기자들을 위해 매주 기자회견을 가졌는데, 준비된 성명서 없이 기자들의 질문에 답변하는 자유로운 형식을 취했다." 로버트 올리버, 『신화에 가린 인물 : 이승만』(서울 : 건국대학교 출판부, 2002), 297쪽. 이러한 측면에서 이승만은 공적인 언어행위를 통해 자신의 정치이념을 자유롭게 제시할 수 있는 기회를 가졌다.
6. 정치가들의 정치적 수사, 즉 공공 연설에 관련한 연구로서 다음 문헌을 참조하시오. 「아리스토텔레스의 언어와 정치 : '말을 사용하는 동물'의 수사(술)적 정치」, 『학진 기초지원과제 제1차년도 연구발표논문집』.
7. 일민주의연구회에 참여하고 있는 윤병구, 이범석, 안호상 등이 주요 인물이다. 문교부장관인 안호상은 『일민주의의 본바탕』 저자로서 지방조직 결성에 앞장섰으며, 지방 각지를 돌며 일민주의 이념에 대한 해설과 강연을 담당했다.
8. 갈홍기, 『대통령 이승만 박사 약전』(공보처, 1955), 40쪽.

조했다. 여기에서 민족통합과 남북통일은 동전의 양면과 같다. 민족통합에 대한 그의 열정은 남한 단독 총선거 당시 쓴「가을 달밤에(秋月夜)」에서도 뚜렷하게 나타난다.[9)]

願與三千萬	내 염원은 삼천만 동포랑
俱爲有國民	나라 있는 백성이 되고 지고
暮年江海上	늘그막에 시골로 돌아가
歸作一閒人	한가한 사람으로 지내련다.

이승만은 5·10 선거 직후 기자회견 또는 성명을 통해 정당무용론과 국회 내 초당파 유지를 주장했다. 이러한 공식적 언명은 권력 기반을 확고하게 갖추지 못한 상태에서 정치적 기반을 확보하려는 이승만의 현실적 의도를 반영한 언어정치의 일환이다. 서중석에 따르면, 이승만은 1948년 9월 국회에서 발표한 시정방침에서 일민주의와 연관되는 부분을 언급했다.[10)] 즉 "대한민국이 단군을 시조한 단일민족국가"라는 주장, "현실의 요청을 무시한 공론허설과 파벌당쟁 등 악습 등을 쇄신 시정하여 사상의 통일, 정신의 일치를 도모하자"는 주장은 일민주의의 등장을 예고하는 내용이다.

이승만은 1949년 1월 대한국민회 전국대회에서 일민주의의 실현을 강조했다. 그는 대한국민회를 초당적인 국민운동으로 발전시키면서 이를 통해 일민주의를 전 국민에게 전파하려고 하였다. "나는

9. 오영섭,「이승만 대통령의 문인적 모습」, 유영익 편,『이승만 대통령 재평가』(서울 : 연세대학교출판부, 2006), 464쪽에서 재인용.
10. 서중석,『이승만의 정치 이데올로기』, 21쪽.

일민주의를 제창한다. 이로써 신흥국가의 국시(國是)를 명시하고자 한다. 우리는 본디 오랜 역사를 가진 단일한 민족으로서 언제나 하나요 둘이 아니다. 이 하나인 우리 민족은 무엇이고 하나여야 한다."[11] 민족은 중립적 언어인 '하나'로 상징화되며, '일민' 또는 한 핏줄로 구체화된다.

건국 및 제도화 과정은 식민통치기의 역사적 체험으로부터 완전히 자유로울 수 없다. 일본 식민지 세력은 우리 민족에 대해 절대적 존재와 같은 위상을 유지하려고 하였다. 종교화된 천황사상에 대한 이승만의 비판은 이를 잘 반영하고 있다.[12] 식민통치기 민족운동의 분열을 경험한 정치지도자들은 절대화된 식민지 세력을 대체할 수 있는 훨씬 더 강력한 절대적 존재를 상정하게 되듯이[13] 이승만은 천황보다 더 우위에 서 있는 정치적 실재로서 일민을 상정했을 것이다. 일민주의는 절대적 존재로서 민족을 그 존재론적 근거로 삼고 있다.

"헤어지면 죽고 뭉치면 산다. 나누어지는 데서 죽고 일(一)에서 산다."[14] 하나는 삶(선), '다수'는 죽음(악)을, 그리고 '하나'는 통합을, 다수는 분열을 의미한다. 따라서 하나는 정의를, 다수는 부정의

11. 이승만, 『일민주의 개술』, 3-4쪽.
12. 박마리아 역, 『일본 내막기』와 한국언론인회의 편, 『일본, 그 가면의 실체』 제1장을 참조하시오.
13. 조소앙은 삼균주의를 정립하는 과정에서 절대적 존재로서 군림하는 식민지 세력에 대한 정신적 · 정치적 우위를 확립하고자 종교적 절대자(하나님, 육성)와 세속적 절대자(균등)를 상정한다. 이에 관한 자세한 내용을 이해하기 위해서는 홍원표, 「조소앙의 국가건설사상」, 『국가건설사상 II』(일산 : 인간사랑, 2006)을 참조하시오.
14. 이승만, 『일민주의 개술』, 8쪽.

를 상징한다. 이렇듯 '하나'는 절대적 기준으로서 위상을 갖는다. 이승만은 정치담론의 핵심 용어로서 민족통합이 지배적인 상황에서 '민족은 하나'라는 은유를 통해 자신의 정치적 위상을 차별화하려고 노력했다. 정치언어와 체험이 상호 연계된다는 점을 고려할 때 민족운동의 분열을 경험한 이승만에게 '하나'는 민족분열이란 역사적 경험을 극복하려는 의지를 반영하고 있다고 볼 수 있다. 이러한 입장은 "일민이라는 두 글자는 나의 오십 년 운동의 출발이요 또 그 귀추(歸趨)이다"로 구체화된다.

"우리 민족은 하나다. 국토도 하나요, 정신도 하나요, 생활에도 하나요, 대우에도 하나요, 정치상 문화상 무엇에도 하나다."[15] '민족과 국토가 하나'라는 표현에서 '하나'는 구체성을 띠고 있다. 반면에 정신, 생활, 대우에 관련한 표현인 '하나'는 추상성을 띠고 있다. 이승만의 언어정치는 민족운동의 체험을 반영하고 있지만 미국 민주주의에 대한 체험을 반영하고 있지는 않다. 민족은 정치적 실재로서, 국토는 물질적 실재로서 하나이다. 반면에 정신, 문화, 대우는 무형적 실재로서 하나의 형태로 존재하기 어렵다. 이들을 하나로 통일시키려는 시도는 정치영역의 근본적 특성을 부정하는 것과 다르지 않다.

안호상은 일민주의를 전파하려는 목적으로 저술한 『일민주의의 본바탕』에서 '하나'의 정치적 의미를 극대화하려는 언어상징을 뚜렷하게 드러내고 있다. "일민은 **일**(勞動)해야 한다 … **일**하는 데서 **일**(興)며 **이루**(成)어지며 또 **일**(起)어나지만, **일**하지 않는 데서 못 일(興)고 못 일어나 망해지고 말 것은 필연한 결과다."[16] 이 문장은 '하

15. 이승만, 『일민주의 개술』, 7쪽.

나'라는 수학언어를 정치언어로 극대화시키고 있으며, '하나'의 언어정치를 단적으로 보여주고 있다.

일민주의의 '하나'와 삼균주의의 '셋'은 정치적 상징이다. 건국 이후 두 정치적 상징은 정치영역에서 심각한 긴장상태를 야기했다. 그러나 '하나'와 '셋'의 구체화는 외형적으로 같은 의미와 함의를 지니고 있는 것으로 이해되기 쉽다. 일민주의는 조소앙의 삼균주의에 대응하여 정립되었다.[17] 그러나 양자는 근본적으로 대립적인 요소를 지니고 있다. 조소앙의 삼균주의는 친일분자와 부일세력을 배제한 민족의 통합을 강조했고, 좌우합작을 통해서 이를 가능케 한다고 주장했다. 이승만은 한민족, 한 핏줄이라는 명분에서 민족통합을 주장했다. 일민주의를 전파하는 상황에서 '하나'라는 정치언어는 자주 사용되었지만 한국전쟁 이후 이와 관련한 표현은 거의 사라진다. 자유당 창당과 더불어 일민주의가 퇴조했다는 평가가 주류이지만 그 흔적은 1954년 북한 동포에 보내는 신년 메시지에서도 다음과 같이 나타나고 있다. "지금에 와서는 우리가 합해가지고 세계 모든 나라에 증명할 것은 우리가 이전에도 하나였섰고 앞으로도 하나뿐으로 산다는 것을 증명해야 할 것입니다."[18]

안호상의 『일민주의의 본바탕』에서 "삼천만 겨레는 재래의

16. 안호상, 『일민주의의 본바탕』, 71쪽.
17. 서중석은 대한국민당 제1정강은 일민주의의 초기 형태에 가깝고, 제2정강은 조소앙의 삼균주의를 이어받은 것이었다고 규정하고 있다. 조소앙의 삼균주의에 대해서는 홍원표, 「조소앙의 국가건설사상 : 혁명, 보편적 균등화, 신민주국」, 『국가건설사상 II』(일산 : 인간사랑, 2006), 309-350쪽을 참조하시오.
18. 공보실, 『대통령이승만박사담화집』(1953), 60쪽.

모든 주의들과 주장들을 모조리 다 버리고 오직 이 일민주의의 깃발 밑으로 모여야 된다. 우리는 일민주의를 위하여 일하며 싸우며 또 죽을 각오를 해야 한다"고 주장했다. 이범석은 "일민주의가 영명하신 우리의 영도자 이승만 박사께서 창조하신 것으로 일생을 통해 빛나고 지공지성한 혁명투쟁과 독립운동의 경험을 집대성한 것"[19]이라고 밝혔다. 이와 같이 일민주의 이데올로그들은 이승만과 한 핏줄, 한민족의 관계를 암시적으로 묘사하고 있고, 민족의 관계를 암시적으로 묘사하고 있다. 일민주의의 구조를 입체화한 도표에서 이승만을 한 핏줄, 한민족보다 위에 배치함으로써 그를 예외적인 존재로 부각시키고 있다. 이는 이승만 대통령의 위대성을 부각시키려는 의도를 상징적으로 드러내고 있는 것이다.

일반적 평가에 따르면, 일민주의가 한때 이승만의 권력 정당화 수단으로 활용되었지만 오랜 수명을 유지하지 못했으며 논리성을 갖추지 못했다.[20] 그러나 이러한 지적은 이승만 대통령의 '일민주의적' 사고가 그의 언행과 정책에 기저를 이루고 있으며 실질적으로 계속 작동하였다는 점을 무시하고 있다.[21] 즉 일민주의에 관한 용어가 공식 문헌에서 잘 드러나지 않고 약한 논리구조를 가지고 있다고 하더라도 일원적 사유방식은 이승만 대통령의 언어정치에 그대로 나타

19. 안호상, 『일민주의의 본바탕』, 6쪽.
20. 김도현, 「1950년대 이승만론」, 『1950년대의 인식』(서울 : 한길사, 1981), 87쪽.
21. 유영익은 『일민주의 개술』에 대해 긍정적으로 평가하고 있다. 즉 "일민주의의 4대 강령은 집권 초 그의 정책목표를 비교적 요령 있게 반영한 것으로 볼 수 있다." 유영익, 「이승만 대통령의 업적 : 거시적 재평가」. 유영익 편, 『이승만대통령 재평가』(서울 : 연세대학교출판부, 2006), 484쪽.

나고 있다.

Ⅲ. 반공과 북진통일 : '한 운명' 만들기

남북분단은 한 핏줄의 한 운명을 불가능하게 만들었다. 체제와 이데올로기를 달리하는 민족은 다른 운명의 길을 걸을 수밖에 없기 때문이다. 이승만은 『일민주의 개술』에서 다음과 같이 언급했다. "국토도 하나"인데 "남이 갈라놓은 것에 통렬함을 느끼는 그 즉시 나로서는 더욱이 하나이어야 하겠다는 결심이 생기리라. 남에서 북으로 가는 북에서 남으로 오는 서로 어울리는 순진한 민족정서는 어떤 강대세력의 장애라도 마침내 관철하고야 말리라."[22] 안호상의 해설에 따르면, "한 백성은 오직 한 나라를 가져야 한다. 일민이 두 나라를 갖는다면 그것은 남의 나라를 침략하는 것으로서 일민주의를 신종하는 일민이 아니라 다른 주의들을 맹종하는 다른 백성들이다."[23] 따라서 반공과 통일은 한 운명을 실현하는 중대한 정치행위이다.

국가건설 과정에서 반공과 통일 문제는 정치지도자뿐만 아니라 국민들 사이에서도 심각한 갈등을 야기하는 중대한 쟁점이 되었다. 냉전질서의 이식과 남북분단으로 정치지도자들은 이 문제에 직

22. 이승만, 『일민주의 개술』, 6쪽.
23. 안호상, 『일민주의의 본바탕』, 33쪽.

면하여 자신의 정치적 안목을 반영하는 정치적 판단뿐만 아니라 행동을 국민들에게 보여주어야만 했다. 이러한 상황이 이승만 대통령의 정치언어와 언어정치로 어떻게 구체화되고 있는가를 고찰할 필요가 있다.

이승만은 1945년 환국 기자회견에서 "뭉쳐라 하는 구호 아래 전 민족의 통일"[24]을 강조했다. 미소 간의 대립 속에서 국민 대다수는 통일을 염원했다. 그러나 이승만은 통일국가에 대한 자신의 열망에도 불구하고 단정 수립을 주도하였기 때문에 통일 문제에 대해서 소극적일 수밖에 없었다. 5·10 선거 직후 제헌국회 소집에 앞선 기자회견(5월 26일)에서 이승만은 남북통일 문제와 관련하여 다음과 같이 불명료하게 답변했다. "지금 말하기 곤란하다. 세계 정세의 움직임에 따라 결정될 것이다. 그러나 현하 정세로는 매우 유리하다고 판단된다."[25] 이승만은 국회 개원식 축사(5월 31일)뿐만 아니라 대통령 취임식(8월 15일)에서도 통일정책을 언급하지 않았다.

1949년 4월을 전후로 하여 다듬어진 일민주의에서 이승만은 반공 문제에 대한 입장을 밝히고 있다. 이승만이 저술한 『일민주의 개술』은 1949년 9월에 출간되었다. 다음 내용은 반공에 대한 이승만의 신념을 반영하고 있다.

> 나라마다 각각 저이를 위하여 싸우는 것 같이 우리도 우리를 위하여 공산당과 싸우는 것이니 … 민주주의로 공산주의를 대항하는 것은 사상이

24. 양우정 편저, 94쪽.
25. 양우정 편저, 243쪽.

너무 평범하여 이론상 엄밀한 조리에 들어서는 공산주의 선전을 대항하기에 어려울 것이므로 일민주의 하에서 사대 정강을 정하여 한 정당을 세워 일번으로 공산화를 배격하며 일번으로 민주주의의 영구한 토대를 삼기로 할 것이니 … .[26)]

이 문장에는 이승만 반공정책의 기본 전략이 깔려 있다. "민주주의로 공산주의를 대항하는 것은 사상이 너무 **평범해서**"라는 문장은 대립정치를 정당화하는 공산주의와의 투쟁에서 유화적인 입장으로는 우위에 설 수 없다는 점을 부각시키고 있다. 이승만은 공산주의의 전략에서 강조하는 폭력적 방법으로 통일 문제에 대응하겠다는 의지를 표명했다. 당시 신생국가의 존립 자체를 흔드는 여순사건이 일민주의 형성에 있어서 영향을 미쳤을 것이다.[27)]

일민주의를 확산시키는 데 주도적 역할을 했던 안호상은 이 점을 더 강조하고 있다. "이 사상전쟁에 이기느냐 지느냐 하는 데에 따라서 정치전쟁, 경제전쟁, 무력전쟁에 이기느냐 지느냐가 완전히 결정된다고 말할 수 있는 것이다."[28)] 사상전의 가장 중요한 수단이 일민주의이다. 여기에서는 사상전에서 우위를 차지해야 무력전쟁에서 승리할 수 있다고 전제하고 있다. 무력 수단으로 '한 운명'을 만드는 것은 일민주의의 핵심이며, 따라서 북진통일을 정당화하는 존재

26. 이승만, 『일민주의 개술』, 11-12쪽.
27. 이에 관한 심층적 이해를 위해서는 서희경, 「한계상황의 정치와 민주주의 : 1948년 여순사건과 국가보안법 논의를 중심으로」, 『한국정치학회보』 제38집 5호, 7-31쪽을 참조하시오.
28. 안호상, 『일민주의의 본바탕』, 11쪽.

론적 근거는 바로 민족이다.[29]

이승만 대통령은 1949년 전반기에는 주로 반공체제를 강화시키는 데 역점을 두었지만 이는 남북 간 대결 가능성의 증대를 의미했다. 북진통일론은 9월 이후 구체적인 모습을 드러내기 시작했다. 이승만 대통령은 조국통일민족주의전선의 평화공세, 통일의 상징적 인물인 김구 암살뿐만 아니라 국회 내 소장파의 요구에 대응하여 통일정책을 제시하지 않을 수 없었다. 그러나 "이 시기의 북진통일론은 수세적이고 소극적인 데다 그 내용이 너무나 허황된 것이었고, 또 남과 북의 준비상태와 비교해 볼 때 너무나 현실과 동떨어진 주장이었기에 허세임이 쉽게 드러나지 않을 수 없었다."[30]

한국전쟁은 이승만의 북진통일을 정당화할 수 있는 기회를 제공했다. 이승만은 북진통일운동에 대한 국민적 지지를 확보하기 위해 대중을 동원했다. 1951-1953년 사이 북진, 휴전반대 국민대회가 8차례 개최되었다.[31] 이승만은 휴전협정이 진행되는 시기에 "휴전회담은 나에게는 무의미하다. 필요하다면 한국은 혼자서라도 끝까지 싸우겠다. 하나 차의 우리 땅도 공산당 수중에 남겨두어서는 안 되며 한 사람의 우리 겨레도 공산 치하에서 노예생활을 할 수 없다"고 주장했다.

북진통일론은 단정세력 이외의 다양한 세력이 다양한 방식으

29. 이와 관련하여 『일민주의의 본바탕』에 언급된 내용은 다음과 같다. "한 겨레 한 백성은 언제나 운명이 같다" (29쪽) ; "이 삼팔선의 비운에 빠진 이도 우리 겨레요, 또 이것을 깨뜨릴 이도 오직 우리 한 겨레 일민뿐이다" (30쪽).
30. 서중석, 「이승만과 북진통일 : 1950년대 극우반공독재의 해부」, 『역사비평』 계간 29호(1995년 여름), 109쪽.
31. 리처드 알렌, 『한국과 이승만』(서울 : 합동통신사, 1960), 162쪽.

로 추진한 통일운동에 대응하여 그 가능성을 근본적으로 차단하는 수단이었다. 이와 관련한 언어정치의 예를 들 수 있다. "자기들이 정권을 잡으면 일본과 친밀히 지내겠다거나 공산당과 합작해서 통일을 이루겠다고 하는 것은 50년 전의 매국 · 매족(賣國 賣族)을 하던 비참한 연극을 재연케 하는 망언"[32]이라는 주장은 반대세력의 저항을 제압하는 명분이었다. 식민지를 경험한 국민들의 의식세계를 고려할 때 매국 · 매족은 곧 정치적 죽음을 의미하기 때문이다. 이승만의 주장은 민족을 절대화된 자아로 인식하는 언어정치의 전형이다. 이러한 언어행위에는 '사인화된' 민족만이 드러날 뿐이다. 부산정치파동 직후 발표한 이승만의 담화에도 나타나듯이 "… 정부를 반대하여 국권을 손실키 위해서 노력하는 개인이나 단체는 우리가 다 누구누구라는 것을 지적해 놓고 … . 정부를 지지하며 통일을 보호하는 남녀들은 모두 한편에 모아서 우리끼리 통일을 만들어 놓아 … "라는 문구는 우적 관계의 논리를 명백히 드러내고 있다.

휴전 이후에 이승만의 무력통일론은 미소의 공존주의와 대립적 상황을 야기했다. "우리 한인들이 다 만흔 목숨을 희생하였고 또 … 자유권을 보호하든지 그렇지 않으면 **싸워서 죽든지** 양단간 규정을 낼 결심이니 미국이 공존주의를 주장하게 될지라도 우리로서는 자유독립의 권리를 위하여 **싸워죽기로** 결심이니 … ."[33] 이와 같이 북진통일과 관련한 이승만의 정치언어에서는 폭력이 정당화되고 있으며, 대화를 통한 민족 문제의 해결 가능성은 배제되고 있다. 이승만 대통

32. 서중석, 「이승만과 북진통일 : 1950년대 극우반공독재의 해부」, 139쪽에서 재인용.
33. 공보실, 『대통령이승만박사담화집』, 54쪽.

령은 민족통합이란 목표를 강조할 때 "뭉치면 살고 흩어지면 죽는다" 라고 언급하였다. 반면에 분단된 상황을 극복하기 위해 통일국가의 필요성을 강조할 때 "죽어도 같이 죽고 살아도 같이 살아야 된다"[34] 고 언급하였다. 냉전질서 속에서 생존을 위한 무력 사용이 정당화되던 시대라는 점을 인정하지만, 김일성의 무력통일정책이 실패했음에도 불구하고 이러한 주장을 제기한 것은 실천력의 제약이란 점을 고려할 때 정치적 판단을 결여한 언어행위로 치부될 뿐이었다.[35]

이승만 대통령은 1954년 제네바 정치회담을 반대하였으나 미국과 협상 끝에 마지못해 수락하면서 대표단을 파견했다. 따라서 한국 측은 이 회담에 소극적인 입장을 취했으며, 평화통일론자들은 제네바 회담이 전쟁을 종식시키고 한반도에 평화를 창출하는 데 기여할 수 있다는 데 만족을 표시했다. 이렇듯 평화회담이 열리던 시기에 북진통일론에 대한 주장은 일시적으로 퇴조했다. 그러나 변영태 장관은 7월 14일 정부의 시정방침을 연설하면서 휴정협정의 백지화를 주장했고, 이승만 대통령은 개헌 직전 미국을 방문하여 제3차 세계대전을 촉구하는 연설을 함으로써 북진통일에 대한 자신의 의지를 뚜

34. 공보실, 『우리 대통령 리승만 박사』(1953), 47쪽.

35. 이러한 평가와 상반되게 해석할 수 있는 대표적인 예로서 이승만 대통령에 대한 심리적 이해를 담고 있는 허정의 회고록을 참조할 수 있다. "그는 남한 단독정부 수립을 추진하여 남북 분단이 고정된 데 대한 대단한 책임감을 느끼고 통일에 대해 비장한 의무감을 갖고 있었으며, 자신의 힘으로 반드시 통일을 이루고야 말겠다는 집념 때문에 대통령 재선을 일종의 사명으로 여기고 있었다. 허정, 『내일을 위한 증언 : 허정 회고록』(서울 : 샘터사, 1979), 180쪽. 유영익은 민주주의에 대한 이승만 대통령의 민주주의 유린을 변호하기 위해 이 부분을 인용하고 있다. 유영익, 「이승만 대통령의 업적 : 거시적 재평가」, 518쪽.

렷하게 드러냈다. 북진통일론은 대통령의 중임제 제한 조항을 철폐하는 개헌을 달성할 수 있는 마지막 통로로 기능했다.[36)]

이승만 대통령은 1955년 제36회 3·1절 기념식사에서 공산국가에 대한 자유국가들의 '유화적' 정책에 대응하여 "자유국가들의 제일 큰 원수는 각각 자기 마음 속에 공포심과 또 저의 능력을 의심하는 것입니다"[37)]라고 주장하고 침략자들과의 평화가 곧 패망이라는 인식을 드러냄으로써 무력통일에 관한 입장을 여전히 유지했다. 물론 공산주의에 대한 근본적인 불신은 1955년 미국을 방문하여 의회에서 한 연설(7월 28일)에서도 명백히 나타났다.[38)] 이승만 대통령은 중국과의 즉시 결전을 다시 강조하고 북진을 열원한다는 성명을 내고 귀국하였다.[39)]

이승만 대통령은 1955년 광복절 기념사에서 공존주의와 관련한 평화에 대해서 부정적인 견해를 가지고 있었다.[40)] 그는 평화 공존 가능성에 대한 질문에 대해 다음과 같이 반박하고 있다. 항복의 대가

36. 서중석, 「이승만과 북진통일 : 1950년대 극우반공독재의 해부」, 120쪽.
37. 공보실, 『대통령이승만박사담화집』(1956), 70쪽.
38. 이와 관련한 내용을 인용하면 다음과 같다. "우리가 배운 것은 공산주의자들은 어떠한 맹약이라도 그것을 깨트리는 것이 자기에게는 유리하다고 생각할 때는 결코 그것을 존중하지 않는다는 것입니다" ; "우리에게 시간적 여유는 얼마 없습니다. 수년 이내로 소련은 미국을 정복할 방편을 가지게 될 것입니다. 우리는 지금 행동을 개시하여야 합니다. 우리가 행동을 개시할 곳은 어디였습니까? … 한국전선은 우리가 승리하고저 원하는 싸움—아세아를 위한 싸움, 세계를 위한 싸움, 지구상의 자유를 위한 싸움—의 일개 소부분에 지나지 않습니다." 갈홍기, 『이대통령각하 방미 수행기』(공보실, 1955), 27쪽.
39. 서중석, 「이승만과 북진통일 : 1950년대 극우반공독재의 해부」, 125쪽.
40. 공보실, 『우리 대통령 리승만 박사』(1953), 77-78쪽.

로 얻는 평화, 타협과 양보를 통한 잠정적 평화, 위험을 의도적으로 무시하고 자신을 기만하는 타조(駝鳥)의 평화, 그리고 아이젠하워식 상호 양보를 통한 평화를 지적한다. 이승만 대통령은 아이젠하워식 평화가 바람직하다고 지적하면서 문제는 "공산침략자들을 어떻게 조처하느냐 하는 것이다"[41]라고 지적함으로써 평화에 대해서는 여전히 소극적인 입장을 드러내고 있다. 이승만 대통령은 공산국가들과의 현상유지를 인정하지 않으려고 하였다.

민족 문제를 해결하는 방법으로서 평화통일과 무력통일은 정면으로 대립된다. 냉전질서가 심화되는 상황에서 무력통일은 진영의 자기 보존을 정당화하는 논리로 국민들의 의식에 각인되어 있었다. 그런데 조봉암의 평화통일론은 "공산주의가 시대착오적이고 왜곡된 민족주의가 반동임을 입증하는 정치철학, 즉 진보주의 지평의 산물이었다.[42] 민족/반민족이라는 이분법적 냉전적 사유체계에 기초하고 있는 북진통일론은 사실상 민족 문제의 현실주의적 해결책이라기보다 정치적 지지와 강화를 위한 도구였고, 반민족적 정치를 정당화하는 방패막이였다.[43]

이승만은 1956년 대통령 선거에서 북진통일 의지를 과시하여 자신을 부각시키고자 하였으나 유권자들로부터 호응을 얻지 못하였다. 정치언어에 의해서 형성되었던 '이승만 신화'는 붕괴되기 시작

41. 공보실, 『우리 대통령 리승만 박사』(1953), 77–78쪽.
42. 조현수, 「조봉암의 국가건설사상」, 『국가건설사상』(일산 : 인간사랑, 2006), 233쪽.
43. 홍원표, 『현대 정치철학의 지형 : 언저리에서의 사유』(일산 : 인간사랑, 2002), 310쪽.

했다. 이때 평화통일론이 한국전쟁 이후 처음으로 전면에 등장하게 되었다. 그러나 이승만 대통령은 1957년 연두사에서 반공과 북진통일에 관한 내용을 밝히고 있다. 이러한 대통령의 언어정치는 평화통일론을 차단하는 정치적 사건으로 이어졌다.

시대의 흐름을 반영한 조봉암의 '평화통일' 주장을 용공으로 매도하는 정치적 전략은 민족통일의 최대 목표에 대한 정치적 수사를 부정하는 의미를 담고 있었다. 김일성의 무력통일이 실패한 냉전구도 속에서 실패한 방식으로 대응하는 북진통일론은 일민주의에 함몰된 경직된 사유의 결과이며, 당연히 비정상적인 방식에 의한 권력의 강화에 기여할 뿐이었다. 아울러 "이 정권 하의 국가는 건국의 중요한 과제로 고려되어야 했던 사회 · 경제적 발전을 외면한 채 통일구호에만 집착하여 민족적 발전을 기하지 못하였다."[44]

언어정치를 통해 자신을 통일의 화신으로 부각시키려고 했던 이승만은 1960년 정 · 부통령 선거에서 통일 문제 자체를 공약에서 삭제했다.[45] 이는 10여 년간 국정지표의 핵심이었던 북진통일론이 현실이나 정치적 실천과 괴리된 언어정치의 일환이었다는 것을 보여주고 있다. 일민주의에서 나타나듯이 '하나' 이외에 다른 것을 허용하지 않는 사고방식과 언어정치는 특정한 상황에 있는 민족의 삶을 억압하고 부정하는 결과를 초래했다.

44. 김영명, 『한국 현대 정치사 : 정치변동의 역학』(서울 : 을유문화사, 1992), 180쪽.

45. 그러나 반공에 대한 이승만 대통령의 열정과 집착은 1961년 5월 29일 한국을 떠나는 순간에도 드러나고 있다. "여러분, 방공(防共)을 잘 해주시오. 한국의 국부(國父)는 역사가 말해주겠지요. 한국을 잘 도와주시오"라는 말을 남긴 채 하와이로 망명길을 떠났다. 이원순, 『인간 이승만』(서울 : 신태양사,

IV. 역사청산과 반일운동 : '참된 일민' 만들기

"하나를 만드는 데 장애가 있으면 이를 제거해야 한다"[46]는 원칙은 역사청산과 반일운동에서 적용되었다. 역사청산은 한 핏줄의 분열을 극복하겠다는 내부적 해결책이고, 반일운동은 한 운명의 실현을 방해하는 요소를 차단하겠다는 대외적 해결책이다. 따라서 후자는 북진통일운동의 연속성상에 있다.

이승만은 1946년 환국 기자회견에서 "다시 말할 것은 우리 강산 우리나라의 완전독립을 위하여 한데 뭉칠 것이다. 그후에는 … 민족반역자도 재판을 열고 얼마든지 처벌할 수 있지 않을까"[47]라고 답변함으로써 역사청산에 있어서 중요한 민족반역자 문제에 대한 명백한 입장을 밝혔다. 아울러 이승만은 대통령 취임사에서 역사청산의 필요성을 언급하고 있다. "내 나라를 건설하는 데는 **새로운** 헌법과 **새로운** 정부가 다 필요하지만 **새 백성**이 아니고는 결코 될 수 없는 것입니다. 부패한 백성으로 **신성(神聖)한** 국가를 이루지 못하나니 … **새로운** 백성을 이룸으로서 새로운 국가를 … 세우기로 결심합니다"(굵은 활자 필자 강조).[48]

건국은 정치행위로서 새로운 시작이다. 그러나 건국과정은 식

1965), 411쪽.

46. 이승만, 『일민주의 개술』, 7쪽.
47. 양우정 편저, 『이승만 대통령 독립운동노선의 승리』, 96쪽.
48. 양우정 편저, 『이승만 대통령 독립운동노선의 승리』, 264쪽.

민지 잔재를 청산하는 일련의 조치와 병행할 때 비로소 새로운 시작으로서 그 진정한 의미를 가질 수 있다. 건국과정은 한민족의 정치적 사멸을 야기했던 요인들의 청산과 함께 진행된다. 건국이 이전 시대의 종말과 새로운 시대의 시작이듯이 절대적 존재로 위상을 지녔던 식민지 세력을 지원하거나 협조했던 친일세력은 '신성한 국가'를 건설하는 새로운 시대를 공동으로 구성할 수 있는 자격을 지니고 있지 못하기 때문이다. 따라서 행위자의 정치윤리적 순수성이 강조되었다.

'민족반역자'와 '부패한 백성'은 건국과정에서 배제되어야 한다는 이승만 대통령의 주장은 예외적인 것이 아니라 일반적인 것이다. 구질서를 해체하려는 정치행위는 공통적으로 정치지도자들뿐만 아니라 국민들의 정치적 열정으로 나타났기 때문이다. 따라서 '새로운'이란 표현은 정치적 수사로서 중요한 의미를 지닌다. 이승만의 주장을 외형적으로 보면 식민지 시대의 잔재가 건국과정에 미치는 영향을 배격하겠다는 의도가 담긴 것으로 해석할 수 있다.

『일민주의 개술』에서 밝힌 바와 같이 "일민이라는 두 글자는 나의 오십 년 운동의 출발점이요 또 귀추이다." 그러나 이러한 언급에도 불구하고 『일민주의 개술』에는 역사청산과 관련된 내용을 명시적으로 밝히고 있지 않다. 이승만 대통령은 건국 이전 역사청산의 필요성을 언급하였지만 1949년 반민특위를 무산시키고 친일인사들을 중용하였다.[49] '정치적 용서'[50]와 애국에 대한 그의 기준이 명료하지

49. "초대 대통령으로 추대된 이승만과 친일파 숙청작업을 수행했던 반민행위특별조사위원회의 관계는 심하게 표현하면 견원지간이었다." 오익환, 「반민특위의 활동과 와해」, 송건호 외, 『해방전후사의 인식 1』(서울 : 한길사,

않았기 때문이다. 따라서 언행의 불일치는 이승만의 정치적 권위를 약화시키는 요인으로 작용했다. 이승만 대통령은 역사청산에 있어서 정치적 책임에 대한 이해와 처리, 그리고 정치적 용서라는 단계를 거치지 않은 채 집권의 필요성 때문에 친일인사들을 등용했다.

화해와 용서는 역사청산에 있어서 중요하다. 용서는 모든 것이 종결된 것 같은 곳에서 새로운 시작을 하는 데 기여할 수 있기에 인간의 능력 가운데 가장 위대한 능력이며 정치행위 가운데 가장 대담한 것이다.[51] 그러나 용서는 단일의 행위로서 정당한 근거를 가져야 하며, 또한 국민의 이해와 지지를 얻어야 한다. 이를 기반으로 하지 않은 용서는 그 근거를 상실할 수밖에 없다.

정당한 근거를 갖추지 못한 정치적 용서는 『일민주의의 본바탕』에서 언급되고 있다. "한 핏줄 한 운명을 통해서 일민이 되거나 일민주의를 통해서 일민이 되거나 **참된 일민**만 된다면 그 결과는 다 마찬가지이다"(굵은 활자 필자 강조).[52] 안호상은 반민특위의 무력화(無力化), 친일인사의 등용, '반민족적' 정책결정에 대한 국민적 반발

1989), 121쪽.

50. "정치적 용서는 범죄 의도나 악을 의도하지 않은 채 행위를 수행하는 사람들에게 적용된다." Patricia Bowen-Moore, *Hannah Arendt's Philosophy of Natality*(Houndsmill : The Macmillan Press, Ltd., 1989), p. 147. 반면에 "외도된 악이나 범죄의 경우 용서보다 처벌은 악행의 의미를 원상태로 돌리는 데 적절하다." Andrew Schaap, "Forgiveness, Reconciliation, and Transitional Justice", Anthony F. Lang, Jr. and John Williams, eds., *Hannah Arendt and International Relations*(New York : Palgrave Macmillan, 2005), p. 77.

51. Hannah Arendt, *Essays in Understanding 1930-1954*(New York, San Diego and London : Harcourt Brace & Company, 1994), p. 308.

52. 안호상, 『일민주의의 본바탕』, 31쪽.

을 무마하기 위한 명분으로 일민주의의 수용을 과거의 책임에 대한 면죄부로 제시했다. 이러한 정치적 판단은 절대화된 민족을 상대화하는 결과를 초래했다.

1954년 후반부에 드러나기 시작한 반일운동은 한 핏줄과 한 운명을 만드는 데 장애요인으로 작용하고 일본의 대북정책에 대한 당연한 반발이라고 할 수 있다. 물론 이승만 대통령은 일본에 대해 우호적이거나 소극적인 입장을 취했다. 즉 그는 정부 수립 직후 발표한 담화에서 "우리는 과거를 망각하려 할 것이며 또한 망각할 것"이라고 발표했다. 1950년 1월 일본을 방문했을 때 한일 간 반공 협조의 필요성을 강조했다. 1953년 일본을 다시 방문했을 때 그는 도착성명에서 역시 지난 일을 용서하고 잊어버림으로써 양국을 위협하는 공산세력에 대항하여 결속하자고 주장했다.

그런데 이승만 대통령은 역사청산에 대해서 소극적이었음에도 불구하고 1954년 전반기 친일파 문제와 반일운동을 연계시키는 일련의 담화문을 발표했다. 1954년 4월 7일자 담화에서 이승만 대통령은 자신의 헌법 개정에 반대하는 국회의원들을 친일파로 매도하고 자신의 입장을 따르는 것이 애국이라는 정치적 수사를 드러냈다. 따라서 친일분자의 문제는 정치의 목적을 실현하기 위한 방편으로 인식되고 처리되었다.

> 근래에 와서 친일파 문제로 하여 누가 친일파며 누가 아닌가 하는 것이 민간에서 혼돈된 관계가 있으므로 내가 다시 설명하고자 하는데, 내가 말하고자 하는 것은 왜정시대에 무엇을 하던 것을 가지고 친일이다 아니다 하는 것을 결정하는 것은 아니고 …. 일본을 위하여 열정적으로 일한 사적(史

蹟)이 있을지라도 지금 와서는 그 일을 탕척(蕩滌)받을 만한 일이 있어 증명 받을 만하면 전에 일은 다 불문하고 애국하는 국민으로 인정하고 대우해 줄 것이다.[53)]

이 담화에는 정치적 용서로서 '탕척'[54)]을 언급하고 있지만 역사청산의 방식에 대해서는 언급하고 있지 않다. 애국은 국가에 대한 충성으로 공적인 의미를 지닌다. 사랑은 개인 사이에 작동될 경우 사적인 의미를 갖지만 국가를 대상으로 할 경우 공적인 의미를 갖는다. 그러나 이승만 대통령은 외형적으로 국가에 대한 충성을, 실질적으로 자신에 대한 충성을 요구함으로써 국가에 대한 국민들의 사랑을 폄하했다. 앞의 담화는 공과 사의 구분을 호도하는 내용을 담고 있다. 이해의 왜곡을 유도하는 언어정치는 정치적 삶의 왜곡으로 이어진다. 이 상황에서 발생한 정신적 혼돈은 어두운 시대의 징표이다.

이승만 대통령은 1954년 4월 19일 제네바 회담 참가를 수락한 직후인 한 담화(4월 28일)에서 일본에게 아세아 국가들에 대한 협조정신을 요구하면서 미국의 대일편중정책에 대해 반발하는 입장을 제기했다. 같은 날 발표한 담화에서는 일본이 친일파를 동원하여 다시 정권을 도모한다는 내용을 담고 있다.[55)] 5월 13일자 담화에서는 일본의 침략적 근성을 신랄하게 비판하면서 친일 문제에 대해 언급

53. 이승만, 「명철한 관찰로 흑백을 가려라 친일파 문제에 대하여」, 『대통령이승만박사담화집』 제2집(공보실), 17-18쪽.
54. 탕척은 '죄명이나 전과 따위를 깨끗이 씻어준다'는 의미이므로 정치적 용서와 같은 의미를 가지고 있다.
55. 이승만, 「재일교포의 입후보에 대하여」, 『대통령이승만박사담화집』 제2집(공보실), 25-26쪽.

하고 있다.[56] 이 담화에는 일본의 침략적 근성의 예로서 여섯 가지를 들고 있으며, 이어서 친일자의 유형도 여섯 가지로 들고 있다.[57]

이승만 대통령은 국내 정치적 반대세력의 정치활동을 견제하기 위해 친일파 문제를 지적하면서 반일운동을 제시했다. 그러나 이러한 언어정치는 반일운동으로 연결된다. 반일운동은 국민들의 반일감정에 호소하면서 북진통일 문제와 연계되기 시작했다. 제네바 정치협상을 추진하던 1954년 전반기에 북진통일론은 약간 퇴조했다. 그러나 이승만 대통령은 곧 반일 문제를 북진통일 문제로 연계시켜 일본에 대해 비판적 입장을 강화했다. 이승만은 자신의 권력을 강화시키는 정치적 수사로서 반일감정을 부각시켰다.

우선 이승만이 반일운동으로 전개한 정치적 상황을 고려할 필요가 있다. 일본은 1954년 후반 불경기를 타개하기 위한 대외정책의 일환으로 중국 및 소련과의 국교정상화와 무역재개를 주장했다. 이어서 북한의 남일(南日) 외상이 일본과의 경제 · 문화 교류 의사를 타진했고, 하토야마 수상은 "모든 국가와 민족과 가능한 우호관계를 증진하고 싶다"고 발언했다. 이승만 대통령은 일본의 대북 접근에 대해 격렬하게 대응했다.

이승만 대통령은 통일 문제와 관련하여 북한에 대한 주도권

56. 이승만, 「친일 친공분자를 엄계하라 일의 침략적 근성은 가중」, 『대통령이승만박사담화집』 제2집(공보실), 29-31쪽.
57. 일본의 야심을 알면서도 친선을 주장하는 사람, 일본에서 국권을 손상시키고 정부를 비방하면서 사적 이익을 도모하는 자, 일본 물건을 잠수입하여 이득을 취하고 재력으로 선전 · 선동하는 자, 언론이나 행동으로 친일사상을 드러내는 자, 한국이 일본과 경쟁할 수 없다고 하는 자, 일본인의 생활방식을 모방하고 친일을 꾀하는 자.

을 유지하고자 했기 때문에 북한의 존재를 인정하는 것이 곧 민족 문제의 해결을 저해하는 행위로 인식했다. 이러한 측면에서 그는 반일운동에 있어서 민족 문제를 다시 정치적 결정의 핵심으로 삼고 있다. 일민주의에서 단일민족의 형성은 정치행위의 목적이지만 반일운동에서 민족은 정치권력을 강화시키기 위한 수단이 된다. 그는 일본 정부가 북한 괴뢰와 문화 · 경제 등을 교류하면 한국 정부는 일본을 적성국가로 규정하겠다고 강조했다. 그는 동아시아 지역 동맹체의 핵심 가로 세우려는 미국의 대일정책에 주의를 촉구하면서 다음과 같이 천명했다. "자유 아세아인들의 입장에서 볼 때 일본의 패권이나 공산주의자의 패권 사이에는 그다지 큰 차이가 없을 것이다."[58]

이승만 대통령은 반일운동을 1956년 정 · 부통령 선거에도 활용했다. 그는 민주당 신익회 후보를 친일파로, 조봉암 후보를 용공분자로 규정함으로써 자신의 '민족주의적' 입장을 강조했다.[59] "일본과 화동하여 국가의 독립과 자유를 발전케 하겠다든가 또는 공산당과 싸우지 않고 평화적으로 통일을 하겠다는 것은 다시 국권을 일본에게 빼앗겨도 좋다는 것이나 또 소련을 조국이라고 하는 류(類)의 언동"[60]이라고 밝혔다.

58. 이승만, 「침략주의 일본은 증오의 대상, 자유주의 국가는 미의 대아정책을 주시」, 『대통령 이승만 박사 담화집』 제2집(공보실), 47쪽. 이승만은 『일본내막기』 서문(1954년 8월)에서도 일본에 대한 미국의 정확한 인식을 촉구하고 있다. 이승만 편저, 『일본내막기』(서울 : 문화춘추사, 1954), 1-64쪽 참조.
59. 조봉암의 평화통일에 관한 내용을 이해하기 위해서는 권대복 엮음, 『진보당』(서울 : 지양사, 1985), 제2장을 참조하시오.
60. 《동아일보》(1956년 4월 13일), 재인용.

'한 운명'에 대한 이승만의 집착은 북진통일로 구체화되었으며, 북진통일은 모든 활동의 판단기준이 되었다. 따라서 자신의 정책목표와 배치되는 상황이 발생할 경우 이승만 대통령은 외교적 마찰도 괘념치 않았다. 그는 한 운명의 형성이란 목표를 실현하기 위해 많은 대가를 치를 수 있을 만큼 공산주의를 철저하게 거부하는 태도를 유지했다.

V. '균일' 정치와 정치적인 것 : 근대성과 전근대성의 불편한 공존

"청년 이승만은 「독립정신」에서 미국 정치제도나 문화에 대하여 동경심을 감추지 않았다."[61] 그는 미국의 공화주의에 대해 정확히 이해하고 있었다.[62] 그런데 미국 민주주의를 체험한 이승만은 왜 대통령으로서 권위주의적 정치를 유지했을까? 그의 체험과 정치적

61. 김한교, 「이승만 대통령의 정치사상」, 『이승만 대통령 재평가』(서울 : 연세대학교출판부, 2006), 133쪽. 이와 관련된 예는 "중립법에 관한 미국의 영향은 깊고 폭넓게 미치었다. 이러한 발전이 모든 인류에게 대다한 축복이었음은 더 말할 필요가 없다"고 밝힌 이승만의 박사학위 논문을 들 수 있다. 이승만, 『이승만의 전시중립론』(서울 : 나남출판, 2000), 151쪽.
62. 이와 관련하여 『독립정신』에는 「미국의 독립한 사적」, 「미국의 독립선고문」, 「미국남북전쟁 사적」에 언급되고 있다(64-86쪽 참조). 유영익, 「이승만 대통령의 업적 : 거시적 재평가」, 482-498쪽 참조.

수사 사이의 괴리는 왜 나타났는가에 대한 이해가 필요할 것이다.

일민주의에서 하나는 민족을 상징하지만 '균일', '동일', '동등', '상등(上等)', '차이 타파'는 민주주의를 상징화하는 정치언어이다. 일민주의에서 '민족'은 민주적 가치보다 상위 개념으로 상정된다. 따라서 민족통합이 민주적 가치를 실현하는 정치보다 우위에 있다. 민주정치는 민족이란 명분으로 언제든지 부정될 수 있다. 원리상으로 보면 일민으로서 민족은 절대적 동일성을 전제하고 있지만 민주정치는 다원성을 기반으로 하고 있다. 따라서 '균일' 정치와 민주정치는 상충될 수 있다. 일민주의는 정치적 수사로서 다원성을 인정하고 있는 것 같지만 실질적으로는 다원성을 부정하고 있기 때문이다. 다원성을 부정하는 이념체계가 단순히 민주주의에 대한 이해의 부족에서 나타나는 것인가, 아니면 통치자의 정치권력을 절대화하려는 의도에서 제기된 것인가에 대한 논의가 필요할 것이다.

이승만은 대통령 취임사에서 건국 기초에 요소가 되는 몇 가지 조건으로서 민주주의에 대한 믿음, 민권과 개인적 자유의 존중을 강조하고 있다. 이승만 대통령은 당면한 문제 해결 수단으로 독재제도를 인정하거나 공산분자의 파괴적 운동에 대항하기 위해 독재권의 필요성을 강조하는 사람들을 향해 민주주의에 대한 믿음의 필요성을 강조하고 있다.[63] 그는 독재주의를 거부하고 민주적인 사고와 제도의 승리를 주장하고 있다.

"민주주의에 대한 전적인 믿음"이란 그의 정치적 수사는 일민

63. 양우정 편저, 『이승만 대통령 독립노선의 승리』(서울 : 독립정신보급회, 1949), 272쪽.

주의의 제창과 더불어 말 그대로 정치적 수사의 수준에 머물게 된다. 이승만의 정치적 수사에서 하나, 유일, 일민은 해심적인 개념어들이다. 수학언어로서 하나는 중립적 의미를 갖는다. 그러나 '하나'가 정치사회의 특정한 주체를 상징할 경우 하나는 여러 가지 의미를 지닐 수 있다. '하나'가 유일(唯一)이나 절대자를 의미할 경우 하나는 종교적 의미를 지니게 된다. 따라서 일민은 이승만에게 심리적으로 일종의 '정치종교'로 작용했다.[64)]

> 하나가 미처 되지 못한 바 있으면 하나를 만들어야 하고 하나를 만드는 데 장애가 있으면 이를 제거하여야 한다. 누구든지 독자의 일념이 일어날때 이 하나에 위반되는 바 있거든 곧 버리라. 이 일념에서 민족이 깨여진다.행여 분열을 가지고 일체에 더하려 말라.[65)]

민주정치는 행위자들의 자발적인 참여를 통해서 이루어진다. 따라서 행위는 제작 또는 작업과 다른 활동이다. 하나가 되지 못한 것을 하나로 만드는 데 있어서 제작 모델을 적용시킬 때 물리적 강제력의 행사는 정당화된다. 국민들의 다양한 견해를 하나의 의견으로 전환하기란 어렵다. 의견 차이는 분열로 환원되기 때문에 '깨어지는 민족'을 방치할 수 없다는 주장은 반민주적인 법적 제재나 폭력의 사

64. 기독교인 정치가로서 이승만에 대한 연구는 이를 이해하는 데 도움이 될 것이다. 관련 연구로서 김흥수, 「기독교인 정치가로서의 이승만」, 유영익 편, 『이승만 대통령 재평가』를 참조하시오. "기독교를 신국가 건설의 기초로 삼으려는 청년 시절 이후 이승만의 평생 프로젝트"에 주목할 만하다.
65. 이승만, 『일민주의 개술』, 7쪽.

용을 정당화할 수 있다는 의미를 시사하고 있다.

안호상은 화랑주의와 민주주의만으로는 조국통일과 조국영생을 바랄 수 없다고 지적함으로써 일민주의가 민주주의와 대립될 수 있다는 점을 밝히고 있다. '하나'라는 정치언어는 안호상의 언어정치에서 더욱 굴절되고 구체화된다. 그는 '일민 민주주의'를 정당화하는 근거를 역사에서 찾고 있다. "백성들은 … 단군 한배검을 모시어 받들어 임금님으로 삼았으며, 신라가 또한 이 정신을 이어서 임금님은 반드시 백성들이 뽑아서 삼았던 것이다."[66] 이 내용은 전근대적 대표성 원리를 인정하고 있기 때문이다.

민주주의에서 대표자는 국민 다수이지만 일민주의에서 대표자는 실질적으로 일인으로 축소된다. 고대 이래 정치체제가 존재하는 곳이면 어느 곳에서나 정치체제를 구성하고 운영하는 원리로서 대표성 원리를 실천했다. 그런데 일민의 민주주의에서 대표성 원리의 주체는 국민 다수가 아닌 하나로 환원된다. 일민주의의 내재적 정치원리는 정치영역의 다원성을 근본적으로 부정하는 한계를 지니고 있다.

이러한 의식을 반영하고 있는 언어정치의 몇 가지 사례들을 제시할 필요가 있다. 우선 민주정치의 주체인 국민에 대한 생각을 고찰하기로 한다. "엄정한 민주주의의 신봉자"[67]로 묘사되고 있는 이승만은 1954년 10월 1일 담화집에서 유교적 전통에 기초한 백성의 개념을 제시하고 있다. 그는 "서양문화를 받드는 사람들이 자유 동등의

66. 안호상, 『일민주의의 본바탕』, 42쪽.
67. 양우정 편저, 『이승만 대통령 독립노선의 승리』, 267쪽.

행위만 보아 모번하고 … 덕의상 도의 있는 것은 배우지 못하고 지낸다면 국가가 타락에 빠질 수 있으므로 … 예의지국의 백성"[68]이란 본분을 지키자고 주장했다. 이승만 대통령은 국민의 전형을 과거에서 찾을 만큼 전통적 사유를 유지하고 있다.[69] 일민은 문화도 하나며 정신도 하나라는 주장에서 추론할 경우 국민은 분리 불가능한 하나의 정치적 실재로서 상정된다. 아울러 국민의 개념에서는 동일성만이 강조되고 차이는 인정되지 않는다. 따라서 이러한 특성을 지니는 국민은 정치행위의 주체로서 자유를 유지하기 어렵다. 이승만은 대통령 취임연설에서 "민주정치의 요소는 개인의 근본적 자유를 보호하는 것입니다"라고 지적하고 있지만 절대적 동일성이 강조되는 상황에서 정치적 자유와 개인적 자유를 보장하기는 어렵다.

일민으로서 국민의 균일정치는 민주정치 및 자유와 연계되고 있다. 이는 삼균주의의 삼균과 유사한 개념이다.[70] 양자 사이의 차이를 고려할 경우 균일정치의 특징을 이해할 수 있다. 삼균주의의 핵심축을 형성하고 있는 삼균(三均)에서는 자율성과 유대의 조화, 개체성(또는 다원성)과 동일성의 조화를 강조하고 있다. 반면에 일민주의에서 균일정치는 동일성을 절대시하면서도 개체성을 인정하지 않는다. 삼균과 균일은 외형상 동일한 의미를 지니고 있는 것 같지만 모든 것

68. 공보실, 『대통령 이승만 박사 담화집』, 246쪽.
69. 74세였던 이승만 대통령의 과거지향적 사유를 벗어나기 어려웠다. 정병준, 『우남 이승만 연구 : 한국 근대국가의 형성과 우파의 길』(서울 : 역사비평사, 2005), 714쪽.
70. 조소앙의 국가건설사상에 관한 졸고는 다음 문헌을 참조하시오. 홍원표, 「조소앙의 국가건설사상 : 혁명, 보편적 평등화, 신민주국」, 『국가건설사상 II』(일산 : 인간사랑, 2006).

을 하나로 전제하는 상황에서 민주정치와 자유는 존재하기 어렵다.

일민주의의 4대 정강은 문벌타파, 빈부격차 해소, 남녀 동등, 지방구별 철폐로 압축된다. 이 정강은 평등사회를 지향하고 있다. '평등사회'는 일민주의의 진실성을 부각시키려는 정치언어이다. 그러나 '평등사회'와 '일민'이란 정치언어는 근본적으로 상충되는 측면을 지니고 있다. 그 근거는 『일민주의의 본바탕』에서 찾을 수 있다. "삼천만 겨레는 재래의 모든 주의들과 주장들을 모조리 다 버리고 오직 이 일민주의의 깃발 밑으로 모여야 된다. 우리는 일민주의를 위하여 일하며 싸우며 또 죽을 각오를 해야 한다." 이 주장은 정치적 혼돈에서 국민적 통합을 기여하려는 의도를 담고 있다고 해석할 수 있지만 실질적으로는 불평등을 전제하고 있다. 4대 정강은 일민주의를 정당화하기 위해 수사적으로 제시되었다.

평등사회에 대한 이승만의 정치적 수사는 진정성보다 권력 강화의 도구일 뿐이었다. 삼강오륜을 준수하자고 주장하고 공자의 왕천하하는 도를 높이 평가했던 담화로 볼 때, 이승만은 근대적 평등을 염두에 두기보다 일민주의에 대한 관심을 유도하기 위한 수단으로 평등사회를 강조하였다. 이와 같이 그는 평등사회에 대한 정치적 수사를 통해 자신의 정치적 의도를 실현시키는 데 비중을 두었다.

이제 민주주의와 정당정치의 관계에 대한 입장을 고찰하기로 한다. 이승만 대통령은 정당정치에 대한 부정적 시각에도 불구하고 국민당 창당시 선언서에서 정당을 통해 일민주의를 실현하고자 하였다. 이러한 내용은 국민당 선언서에 다음과 같이 언급했다.[71]

71. 강진화 편, 『대한민국건국 십년지』(서울 : 건국기념사업회, 1956), 204쪽.

> 단군조선의 한줄기 피로 생겨진 3천만 형제자매로 이루어진 단일민족국가인 우리 조국은 철저한 일민주의 이념을 기초로 한 … 국권이 완전히 신장 보장될 것을 확신한다 … . 동지들은 … 여야당 성격을 초월하여 엄정한 시시비비주의로 대처하여 … 일민주의를 당시로 하여 역사적 과업의 만전을 기코저 발당을 각오한 것이다.

그는 국민당 창당에 참여하면서도 정당의 위상을 폄하시키고 오히려 각종 민간단체를 선호했다. 그렇다면 초당파적 국민단체를 통해 국민 다수를 정치에 참여시키려는 그의 시도가 참여민주주의에 대한 선호를 반영하고 있는가? 일부 정치학자는 그 가능성을 인정하고 있다.[72] 그러나 이승만의 정당관은 이러한 해석의 가능성을 전혀 드러내고 있지 않다. 참여민주주의에서 시민들의 자율적 공조 및 다양한 견해의 자유로운 표출을 전제하지만 동일성을 거의 절대화하려는 사유에서 그 가능성을 발견하기란 어렵다. 대의민주주의의 핵심은 정당정치라는 측면에서 평가하더라도 다원성을 전제하지 않는 상황에서 정당정치의 가능성에 대한 이승만 대통령의 인식은 부정적일 수밖에 없다. 정당정치를 소극적으로 인정하거나 이를 제도화하려는 정치행위는 동일성을 확보할 수 없는 상황에 대한 소극적 해결책에 불과하다. 이승만 대통령의 정당관은 민주주의의 기본 원리를 반영하지 못하였다.

72. 김한교, 「이승만 대통령의 정치사상」, 『이승만 대통령 재평가』(서울 : 연세대학교출판부, 2006), 141쪽.

민주정치에서는 행위자들의 공적인 문제를 중심으로 다양한 정치적 의견을 자발적으로 제시하며 공동으로 활동할 수 있는 능력을 발현시키는 데 역점을 둔다. 그러나 일민주의에서는 의견의 차이를 제거함으로써 동일한 목소리만을 선으로 규정하고 있다. "정신은 하나"라는 표현은 근본적으로 민주정치에서 긍정적으로 인정하는 '차이'를 부정한다. 차이를 부정하는 정치는 제작 모델에 입각해 작동될 수 있다.

이승만 대통령은 이러한 목적을 실현하기 위해 다양한 의견을 획일화된 의견으로 전환하는 방식을 수없이 택하였다. 이승만은 각종 관변단체의 연설을 통해 일민주의를 보급하였으며, 자신의 의지대로 정치적 결정을 이끌기 위해 수많은 대중동원 방법을 택하였다. 헌법 개정, 반공운동, 반일운동, 북진통일운동을 정당화하기 위한 대중 동원, '우마(牛馬)' 시위 등은 다양한 여론을 하나의 의견으로 몰아가기 위한 일환이었다. 이러한 방법이 불가능할 경우 이승만은 국가기구나 관변단체를 통해 폭력을 사용했다. 언어행위의 한계에 직면한 최후의 수단이 곧 폭력이기 때문이다.

VI. 마무리하기 : 언행 불일치의 정치적 비극

민족의 정치적 삶이 소멸되었던 식민지 시대가 칡흙 같은 암흑의 시대였다고 하다면 이승만 시대는 희망의 빛이 발하고 있지만 언어정치에 의한 정신적 · 정치적 혼돈으로 그 밝은 빛이 가려진 어두운 시대였다. 민족의 정치적 삶을 가능케 하였던 이승만의 언어정치는 인간다운 삶을 보장할 수 있는 가능성을 근본적으로 제약하였기 때문이다. 절대적 존재로 상정되는 민족의 신성을 유지한다는 주장, 공과 사의 구분을 호도함으로써 국민들의 자발적인 공동활동을 굴절시키는 폭력이 전반적으로 용인되었었다.

식민통치, 해방, 국가건설로 이어지는 시기에 민족주의는 시대정신의 중심에 있었다. 이승만 대통령은 이를 '일민'으로 상징화하였다. 일민은 민족의 개념적 변형이었다. 따라서 국가건설과 발전에 책임을 맡은 정치지도자들이 국민통합을 위해서도 정치적 수사 또는 연설을 통해 민족의 중요성을 언급하는 것은 당연한 시대적 상황이었다.

이승만 대통령은 어느 누구보다도 시대정신을 잘 파악하고 있었으며, 민족통합은 그의 정치 리더십을 강화시키는 정치언어이기도 했다. 그는 이러한 정치언어를 통해 자신의 권력을 정당화 또는 강화시키는 언어정치에 있어서도 탁월한 능력을 발휘했다. 그러나 건국 이후 초대 대통령의 언어정치와 정치언어는 한국 현대사를 어두운 시대로 몰아가는 출발점이 되었다. 정치적 위기에 직면할 때마다 민족을 절대화하는 언어정치는 시대의 흐름으로부터 벗어나지 않았던 국민들에게 설득력을 가질 수 있게 되었다. 그러나 권력의 절대화가 그렇듯이 민족의 절대화하는 정치는 근본적으로 비극의 씨앗을 가질 수밖에 없다.

이승만 대통령의 언어정치의 존재론적 근거는 하나로 상징화는 한 핏줄, 한 운명이다. 민족, 민족주의가 강조되는 시대의 흐름 속에서 하나라는 정치적 상징은 정치적 주도권을 확보하기 위한 언어정치의 일환이다. 북진통일론은 한 핏줄의 한 운명을 무력수단으로 만들겠다는 언어정치였다. 역사청산에서는 민족의 절대적 위상은 약화되었으며, 반일운동은 한 운명의 형성에 장애가 되는 외적 요소를 차단하려는 노력이라고 볼 수 있다. 반면에 민주주의는 한 핏줄, 한 운명의 형성과 관련하여 하위적인 목표가 된다. 민족을 절대화하는 사유와 실천에 있어서 민주정치의 발전은 심각하게 제약될 수밖에 없었다. 그러나 민주정치가 민족의 인간다운 삶을 보장하는 원동력이라는 점을 고려할 때 이승만의 언어정치는 근본적으로 정신적 무질서와 혼돈, 나아가 인간다운 삶과 거리가 있다. 언어행위와 정치적 실천 사이의 괴리는 결과적으로 정치적 비극의 근원이 되었다. 우리는 한국 현대사에서 존재했던 어두운 시대가 우리에게 어떤 정치적 의미를 주는가를 성찰할 필요가 있다. 우리는 이러한 성찰을 통해 특정한 언어정치에 의한 정치영역의 손상과 파괴의 역사적 본보기를 이해할 수 있을 것이다.

참·고·문·헌

[1차 자료]

이승만. 1949. 『일민주의 개술』. 서울 : 일민주의보급회.

이승만. 1954. 박마리아 역. 『일본내막기 : 오늘의 도전』. 서울 : 문화춘추사.

이승만. 1955. 『대통령이승만박사담화집』. 제2집. 서울 : 공보실.

이승만. 1959. 『운남 시선』. 서울 : 공보실.

이승만. 1999. 『독립정신』 4. 천안 : 국학자료원.

이승만. 2000. 정인섭 역. 『이승만의 전시중립론』. 서울 : 나남출판.

이승만. 2007. 『일본, 그 가면의 실체』. 서울 : 대한언론인회.

[2차 자료]

갈홍기. 1955. 『이대통령각하 방미수행기』. 공보실.

______. 1955. 『대통령이승만박사약전』. 공보실.

강진화 편. 1956. 『대한민국건국십년지』. 서울 : 건국기념사업회.

공보실. 1953. 『우리 대통령 리승만 박사』.

권대복 엮음. 1985. 『진보당』. 서울 : 지양사.

김기승 외. 2006. 『국가건설사상 Ⅱ』. 일산 : 인간사랑.

김도현. 1981. 「1950년대의 이승만론」. 57-88쪽. 진덕규 외. 『1950년대의 인식』. 서울 : 한길사.

김수자. 2005. 『이승만의 집권초기 권력기반 연구』. 서울 : 경인문화사.

김영명. 1991. 「이승만 정권의 흥망과 정치사적 의미」. 『한국정치학회보』 제25집 1호. 103-132쪽.

______. 1992. 『한국 현대 정치사 : 정치변동의 역학』. 서울 : 을유문화사.

김한교. 2006. 「이승만 대통령의 정치사상」. 유영익 편. 『이승만 대통령 재평가』.

서울 : 연세대학교출판부.
김한종. 2006. 「일민주의와 민주적 민족교육론에 나타난 안호상의 역사인식」. 『호서사학』 45집. 313-342쪽.
김홍수. 2006. 「기독교인 정치가로서의 이승만」. 407-436쪽. 유영익 편. 『이승만 대통령 재평가』. 서울 : 연세대학교출판부.
박진희. 2006. 「이승만의 대일인식과 태평양동맹 구상」. 『역사비평』 가을호(통권 76호) 90-118쪽.
로버트 올리버, 박일영 역. 1982. 『이승만 비록』. 서울 : 한국문화출판사.
로버트 올리버, 황정일 역. 2002. 『이승만 : 신화에 가린 인물』. 서울 : 건국대학교출판부.
리처드 알렌. 1960. 『한국과 이승만』. 서울 : 합동통신사.
송건호 외. 1989. 『해방전후사의 인식 1』. 서울 : 한길사.
서중석. 1995. 「이승만과 북진통일 : 1950년대 극우반공독재 해부」. 『역사비평』 여름호(통권 31호). 108-164쪽.
______. 2005. 『이승만의 정치 이데올로기』. 서울 : 역사비평사.
서희경. 2004. 「'한계상황의 정치(politics of extremity)'와 민주주의 : 1948년 한국의 여순 사건과 국가보안법 관련 논의를 중심으로」. 『한국정치학회보』 제38집 5호. 7-33쪽.
안호상 편. 1950. 『일민주의의 본바탕』. 서울 : 일민주의연구원.
양우정 편저. 1949. 『이대통령의 건국정치이념』. 서울 : 일민주의보급회.
오영섭. 2006. 「이승만 대통령의 문인적 면모」. 437-474쪽. 유영익 편. 『이승만 대통령 재평가』. 서울 : 연세대학교출판부.
오익환. 1989. 「반민측위의 활동과 와해」. 111-192쪽. 송건호 외. 『해방전후사의 인식 1』. 서울 : 한길사.
유영익. 2006. 「이승만 대통령의 업적 : 거시적 재평가」. 475-576쪽. 유영익 편. 『이승만 대통령 재평가』. 서울 : 연세대학교출판부.
이달순. 2000. 『이승만 정치 연구』. 수원 : 수원대학교출판부.
이원순. 1965. 『인간 이승만』. 서울 : 신태양사.
장병준. 2005. 『우남 이승만 연구 : 한국 근대국가의 형성과 우파의 길』. 서울 : 역사비평사.
조현수. 2006. 「조봉암의 국가건설사상 : 민주사회주의 국가이념」. 211-268쪽. 김기승 외. 『국가건설사상 II』. 일산 : 인간사랑.

한배호. 1993. 『한국의 정치과정과 변화 : 권위주의 정치의 생성과 전개』. 서울 : 법문사.

홍원표. 2002. 『현대정치철학의 지형 : 언저리에서의 사유』. 일산 : 인간사랑.

______. 2006. 「조소앙의 국가건설사상 : 혁명, 보편적 균등화, 신민주국」. 309-350쪽. 김기승 외. 『국가건설사상 II』. 일산 : 인간사랑.

허정. 1979. 『내일을 위한 증언 : 허정 회고록』. 서울 : 샘터사.

Arendt, Hannah. 1994. *Essays in Understanding 1930–1954*. New York, San Diego and London : Harcourt Brace & Company.

______. 2005. *The Promise of Politics*. New York : Schocken Books.

Bowen–Moore, Patricia. 1989. *Hannah Arendt's Philosophy of Natality*. Houndsmill : The Macmillan Press, Ltd.

Schaap, Andrew. 2005. "Forgiveness, Reconciliation, and Transitional Justice." Anthony F. Lang, Jr. and John Williams, eds. *Hannah Arendt and International Relations*. New York : Palgrave Macmillan.

2

김일성의 언어와 정치 : 민족, 혁명, 그리고 건설담론을 중심으로

이승현 | 국회입법조사처

I. 머리말

북한의 최고 통치자로서 김일성이 어떻게 종신 집권할 수 있었는가 하는 점을 여러 측면에서 조망해 볼 수 있겠다. 그가 구사했던 언어들을 분석하는 것도 그 한 측면이 될 수 있을 것이다. 김일성이 사용한 언어와 이것이 통치에 활용된 사례를 통해 김일성의 언어정치를 분석하는 것이 본 연구의 목적이다.

김일성은 때로는 인민을 협박하고 때로는 설득하여 체제에 복종하거나 체제에 일체감을 느끼도록 만드는 체제정당화에 많은 노력을 기울였다. 맑스에게 있어서 언어의 이데올로기적 성격이 계급적 성격으로 이어지고 언어가 특정한 계급의 지배 및 권력을 구조화하고 정당화하는 데 기여했던 것처럼[1] 김일성은 언어를 통해 권력

1. 조현수, 「맑스에 있어서의 언어와 정치」, 『한국정치연구』 제17집 제1호, 서

을 구조화하고 정당화하려 했다.

김일성이 주로 사용한 정치언어[2]로는 민족, 통일, 주체, 혁명, 계급투쟁 그리고 건설 등으로 간추릴 수 있는데, 이 용어들은 현실과 완벽하게 일치하지 않지만 일정한 상호관계에 놓여 있다. 이 정치언어들을 김일성의 권력을 정당화하고 대중의 지지를 얻기 위한 정치적 상징[3]의 관점에서 분석함으로써 김일성의 언어정치[4]를 해독해 볼 것이다.

김일성이 북한 인민들에게 설파한 정치언어는 지배담론으로 자리 잡고 효과적으로 작동하였음은 북한의 체제가 위기를 맞았음에도 불구하고 완전 붕괴하지 않았다는 점에서 간접적으로 추론해 볼 수 있다. 김일성은 최초로 북한에 체제를 수립하는 과정에서부터 1994년 사망하기 직전까지 다양한 정치언어들을 활용하였다. 예컨대 일제와 무장투쟁을 전개하면서 갖게 된 경력을 국가건설 과정에 연결하고 발전시켜 "민족"과 "혁명전통"이란 정치언어를 사용했다. 또한 혁명과 건설을 추진하면서 주체사상을 고안해내고 이를 정권 정통성을 확보하는 정치언어로 활용하기도 했으며, 나아가 통일 문제의 주도권을 확보하기 위해 "자주", "자립", "주체"라는 정치언어를 선점하려 했다. 이 과정에서 김일성은 감성에도 호소하고 이성에

울대학교 한국정치연구소(2008), 295쪽.

2. 정치 언어는 정치적인 목적으로 사용한 담론, 상징 등을 포괄하는 것으로 사용할 것이다.
3. 전미영, 「북한 지배담론의 형성과 전개에 관한 연구 : 사회주의, 민족주의를 중심으로」, 『한국정치학회보』 제35호, 234쪽.
4. 담론, 상징 등을 정치 과정에 활용하여 일정한 정치적 목적을 얻어내는 행위를 뜻하는 것으로 사용할 것이다.

도 호소하는 복합적인 전략을 보여준 바 있다.

혁명과 건설의 담론은 사회주의를 통해 모든 것을 정당화하려한 김일성에 의해 매우 광범위하게 활용되었다. 김일성은 대부분의 연설문을 혁명과 건설에서 시작하여 혁명과 건설로 끝맺을 정도로 혁명과 건설의 담론은 김일성에게 있어서 불가분의 정치언어였다. 혁명을 위해 김일성이 통치해야 한다는 당위성을 북한 인민들에게 새겨넣으려고 노력했고, 사회주의를 건설한다는 구호 아래 인민들을 동원하려 했다. 이러한 다양한 정치언어들을 구사하면서 김일성은 종신토록 집권할 수 있었으며, 권력을 김정일에게 승계할 수 있었다.

이 글은 김일성이 활용한 주요한 정치언어들이 활용된 사례들을 중심으로 분석함으로써 그의 언어정치 양상을 추출해 볼 것이다. 연구 분석할 자료는 김일성 명의의 문건들이다. 예컨대 북한의 신년 공동사설, 조선로동당의 보고문서, 김일성 저작 선집이 될 것이다.

연구방법은 관련 자료와 기존 연구의 내용을 분석하는 문헌분석 방법을 사용할 것이다. 연구대상이 되는 시기는 1945년 이후 김일성이 사망하는 시점까지를 대상으로 하되 분야는 민족, 통일, 혁명 그리고 건설을 중심으로 할 것이다.

이 글은 크게 세 부분으로 이루어져 있다. 첫째 체제 수립, 체제 생존, 체제 경쟁과정에서 활용한 정치언어를 분석한 부분이다. 정권 수립 과정에서 뿐만 아니라 정권 붕괴의 위기에 몰린 김일성이 생존을 위해 활용한 "민족", "자주(주체)", 그리고 "통일"의 언어정치를 분석한다. 둘째 자신이 권력을 장악하고 정당화하는 데 활용한 "혁명"의 언어를 분석할 것이고, 셋째 체제 동원과정에서 활용한 "건설"

을 분석할 것이다. 이 세 부분에 나오는 내용들은 상호 연계된 부분도 있지만 분석의 편의상 절을 나누어 기술할 것이다.

II. 정권 수립과 위기 극복의 정치언어 : '민족'과 '통일'

김일성은 정권을 수립할 때도 "민족" 개념을 활용했지만 정권이 위기에 봉착했을 때도 "민족" 개념을 활용했다. 그는 "지배자와 피지배자와의 단결을 초래하는 연결고리"[5]로서 민족주의와 민족의 용도를 정확히 파악하고 있었던 것으로 보인다.

김일성은 정권을 수립하는 초기에 "민족"을 앞세웠고 자신을 민족주의자라고 주장했다. 우리 역사에서 우파는 부르주아 "민족"을 자산으로 하고 좌파는 프롤레타리아 "계급"을 자산으로 해왔다. 우파도 아닌 김일성이 해방 직후 왜 민족을 앞세우며 민족주의자로 자리매김하려 했는지가 궁금하다.

이 궁금증을 풀기 위해서 해방 직후 김일성의 "민족"과 관련하여 사용한 언어들을 추적해 볼 필요가 있다. 김일성은 민족주의자로서 자신의 이미지를 관리하기 위해 언어 사용에 매우 주의를 기울인 것으로 보인다. 예컨대 그는 "민족자본가"에 대해 매우 조심스럽게 접근했다. 그는 다음과 같이 말했다.[6]

5. 조현수, 「맑스에 있어서의 언어와 정치」, 306쪽.

식민지 반봉건 사회의 민족자본가들은 불철저하지만 혁명정신을 가지고 있으며 반제반봉건 민주주의 혁명에 절실한 이해관계를 가지고 있습니다. 우리는 식민지 반봉건 사회 민족자본가들의 이러한 특성을 고려하여 우리나라 민족자본가들을 혁명의 편에 끌어들여 그들과 함께 민족해방투쟁도 하였고 민주주의 혁명도 하였습니다.

김일성은 이렇게 말함으로써 일제 침탈기에 "민족해방투쟁"을 함께 한 "민족주의자"가 되려 했고, 해방 이후에는 민족자본가들과 "인민민주주의 반봉건 혁명"을 함께 하였다고 주장한 것이다. 민족자본가를 의식한 발언은 이외에도 여러 곳에서 확인할 수 있다. 반제반봉건 혁명은 자본일반을 몰수대상으로 하는 사회주의 혁명과 차이를 보이기 마련인데, 김일성은 이 점을 역설함으로써 자신이 민족자본가를 배척하지 않는다는 인상을 주려 했다. 김일성은 해방 직후 인민들을 향해 자신을 공산주의자라고 말하지도 않았으며, 조만식과 통일전선을 형성하면서 활동해 나갔다. 또한 김일성은 다음과 같이 말하고 있다.[7]

처음부터 민족자본가들에 대한 우리의 입장은 그들과 함께 반제반봉건 민주주의 혁명을 수행할 뿐만 아니라 사회주의, 공산주의 사회까지 같이

6. 김일성, 『우리나라 사회주의 제도를 더욱 강화하자』(동경 : 재일본조선인총련합회 중앙상임위원회, 1973), 11쪽.
7. 김일성, 『우리나라 사회주의 제도를 더욱 강화하자』(동경 : 재일본조선인총련합회 중앙상임위원회, 1973), 12쪽.

> 가려는 것이었습니다. 그러므로 사회주의 혁명단계에 와서 자본주의적 상공업자들이 혁명의 대상이라고 하여 기업가, 상인들을 수탈할 수는 없었습니다. 더욱이 전쟁으로 말미암아 자본주의적 상공업이 다 파괴되고 기업가, 상인들이 당의 사회주의 혁명노선을 지지하여 나온 조건에서 그들을 수탈할 필요가 전혀 없었으며 또 수탈하려고 하여도 수탈할 것도 없었습니다.

김일성이 북한의 혁명과정에서 전쟁 이후 상공업 협동화 과정이 용이하게 진행되었음을 밝히는 진술이면서 민족자본가에 대해 자신이 관대한 정책을 펼쳤다는 점을 밝히고 있다. 상업자본가를 망하게 한 것은 전쟁이지 김일성이 아니라는 것이다.

김일성이 민족 문제를 통해 이미지를 개선하려 한 또 하나의 시도는 친일파 문제를 통해 나타났다. 그는 친일파 척결을 주장하면서 "민족"감정에 호소하려 했다. 주도적으로 친일파 척결이라는 민족 문제를 제기하고 자신이 이를 해결했다는 점을 내세워 체제의 정당성을 강화하려 했다. 그는 해방된 조선에서의 당, 국가 및 무력 건설에 대하여 이야기하면서 인민주권의 행동강령을 정리한 바 있다. 강령 중 다섯 번째로 "일제의 잔재세력과 일제가 남긴 일체 잔재요소를 철저히 숙청할 것"을 규정하고 있다.[8]

또한 그는 다음과 같이 말한 바 있다.

> 지금 일부 사람들은 일제 잔재와 봉건 잔재를 반대하는 투쟁을 하지

8. 김일성, 「해방된 조국에서의 당, 국가 및 무력 건설에 대하여」, 『김일성 저작집』 제1권(평양 : 조선로동당출판사, 1979), 263쪽.

> 않으려고 합니다. 어떤 자들은 "조선에서 일제 잔재는 벌써 다 없어졌다"고 말하고 있습니다. 심지어 친일파, 민족반역자들과 합작하여야 자주독립국가를 건설할 수 있다고 설교하는 사람도 있습니다. 우리가 친일파, 민족반역자들을 쓸어버리고 일본 제국주의자들과 그 앞잡이들의 재산을 몰수하여 국유화해야 한다고 말하면 어떤 자들은 "그것은 너무 과격하다"느니, "다 같이 손잡고 건국사업을 해야 한다"느니 하면서 민족의 원쑤들을 부질없이 동정하며 그들을 비호합니다.[9]

그는 친일파 척결을 통해 "민족" 대 "민족배신자"의 대치 전선을 설정하여 인민대중들을 압박하고 있다. 민족배신자, 민족반역자는 사실 김일성과 소련의 노선에 반대하는 사람을 포함한 개념으로서 민족을 배신한 사람만을 포함한 것은 아니었다. 다른 사람들의 주장을 "부질없는 동정", "비호"라고 규정하면서 비판하고 있다. 그는 또한 친일파 문제와 관련하여 다음과 같이 말하고 있다.

> 우리가 조국과 민족을 사랑하는 애국적인 각계각층들과는 손잡고 나가야 하지만 결코 친일파, 민족반역자들과는 손잡고 나갈 수 없습니다. 지난날 조국과 민족을 배반하고 고이소, 아베와 같은 일제 총독과 한 짝이 되여 "민족자치"요 뭐요 하면서 떠들던 "정객선생"들과 우리가 어떻게 단결해 나갈 수 있겠습니까. 그들과 손을 잡는 것이 조국과 인민을 위한 옳은 행동이 아니라는 것은 두말할 것도 없습니다. 오늘 친일파, 민족반역자들은 자기들의

9. 김일성, 「진보적 민주주의에 대하여」, 『김일성 저작집』 제1권 (평양 : 조선로동당출판사, 1979), 298쪽.

옛 처지를 되찾으려고 미쳐 날뛰고 있습니다 … 우리가 친일파, 민족반역자를 비롯한 반동분자들을 철저히 반대하고 나라와 민족을 사랑하는 각계각층 인민들의 참다운 단결을 이룩하여 건국사업을 적극 밀고 나갈 때에만 남북조선의 차이를 없애고 통일된 부강한 민주주의 새 조선을 건설할 수 있습니다.[10)]

그는 이와 같이 친일파를 척결하고 반동분자를 척결함으로써 인민공화국을 건설할 수 있으며, 나아가 통일 · 독립된 나라를 세울 수 있다는 "민족담론"을 역설하고 있다. 그러나 김일성도 국가건설 과정에서 실제로는 친일파와 일본인 기술자들을 적절히 활용한 것으로 알려져 있다. 친일파 청산을 주장했던 김일성도 어쩔 수 없었던 당시의 현실이 있었기 때문에 "친일파 청산"을 100% 실천하는 것은 불가능했다. 김일성의 친일파 청산은 자신을 민족주의자로 각인하기 위한 언어정치의 일부였다.

김일성은 해방 직후 북한 사회에 남아 있던 민족주의 세력의 지지를 획득하거나 최소한 통일전선을 형성함으로써 권력 획득의 유리한 환경을 조성하기 위해 스스로를 민족주의자로 내세우는 등 "민족"을 정치적으로 적절히 활용한 것이다. 김일성을 좌파로 본다면 그는 애초에 부르주아 "민족"이라는 정치적 자산을 갖고 있지 않았다. 민족주의자로 내세우면서 자신이 갖고 있지 않은 자산을 획득하려고 노력한 전략적 행동으로 분석할 수도 있다. 김일성은 위기를

10. 김일성, 「진보적 민주주의에 대하여」, 『김일성 저작집』 제1권(평양 : 조선로동당출판사, 1979), 298–299쪽.

극복하기 위해 민족과 "주체"를 연계하기도 했다.

> 나는 처음부터 나라와 민족의 운명을 구원하기 위하여 한생을 바칠 각오를 가지고 투쟁의 길에 나섰습니다. 나의 혁명활동은 민족해방투쟁으로부터 시작되였으며 나는 민족의 주체, 혁명의 주체를 세우기 위하여 투쟁하는 과정에 우리 혁명의 지도사상인 주체사상을 창시하였습니다.[11]

> 자주성을 민족의 생명으로 보고 온 민족이 단결하여 민족의 자주성을 옹호하고 실현하며 민족공동의 번영을 이룩하여야 한다는 것이 우리의 주체적 민족관이라고 말할 수 있습니다.[12]

그는 사회주의 붕괴의 위기 속에서 생존하기 위해 다시 민족과 주체를 연결하여 "조선민족 제일주의"를 주장하기도 했다. 김일성은 우파 부르주아 민족주의자는 아니다. 그러나 김일성의 정치언어들을 추적해 보면 그는 "민족주의자"가 되기 위해 노력했음을 볼 수 있다. 김일성은 민족주의자로서의 속성을 강하게 드러낸 정치언어들을 매우 자주, 그리고 광범위하게 활용했다.

김일성의 언어정치에서 "통일"이란 정치언어는 세 가지 의미를 갖고 있다. 첫째는 대내적인 정치 동원과정에서 활용한 것이다. 둘째는 남북관계에서 통일 문제의 주도권을 확보하기 위해서이다. 초

11. 김일성, 「우리민족의 대단결을 이룩하자」, 『김일성 저작집』 제43권(평양 : 조선로동당출판사, 1996), 169쪽.
12. 김일성, 「우리민족의 대단결을 이룩하자」, 『김일성 저작집』 제43권(평양 : 조선로동당출판사, 1996), 170쪽.

기에는 남북관계에서 주도권을 확보하기 위해 통일 문제를 제기했다. 셋째 사회주의 몰락 이후에는 자신의 체제 붕괴를 막기 위해서 통일 문제에 수세적인 언어들을 생산해낸 바 있다. 예컨대 다음과 같은 말을 분석해 볼 수 있다.

> 우리나라의 통일 문제는 인위적으로 갈라진 민족의 혈맥을 다시 잇고 민족적 화합을 이룩하는 문제이며, 전국적 범위에서 민족의 자주성을 실현하는 문제입니다.[13]

"전국적 범위"에서 "자주성"을 실현하는 문제, 즉 "온 사회의 주체사상화"를 전국적 범위에서 실현하는 것이 김일성이 생각하는 통일이다. 남한까지 혁명대상에 넣는 매우 공세적인 통일관이라 할 수 있으며, 또한 남북관계에서 북한의 주도적인 역할을 염두에 둔 공세적인 발언이라 할 수 있다.

그러나 시간이 지나면서 통일과 관련하여 김일성은 이런 말도 했다.

> 우리가 하나의 민족, 하나의 국가, 두 개 제도, 두 개 정부에 기초한 련방제 방식의 조국통일 방안을 주장하는 것도 참다운 민족의 화합과 통일을 실현하기 위해서입니다. 우리나라의 북과 남에 서로 다른 사상과 제도가 존재하고 있는 조건에서 민족의 화합과 통일을 이룩하는 길은 련방제 방식밖

13. 김일성, 「우리민족의 대단결을 이룩하자」, 『김일성 저작집』 제43권(평양 : 조선로동당출판사, 1996), 166쪽.

에 없습니다.[14)]

위와 같은 1민족 1국가 2체제 2 정부의 연방제를 주장하는 단계에서는 전국적 범위의 통일과 같은 현상타파적인 통일보다는 현재 상태의 남북한을 모두 인정하는 현상유지적인 분단을 인정하는 정치언어로 바꾸어 말함으로써 언어정치의 한 모습을 보여주고 있다. 게다가 이러한 연방제를 주장하던 초기에는 통일로 가는 과도단계라고 말했으나 흡수통일론, 북한붕괴론이 나오는 시점에서는 연방제를 통일의 "최종적인 형태"로까지 주장하기도 했다. 결국 통일에 대한 후기의 정치언어는 흡수통일을 막기 위해 선택된 것이었다. 예컨대 그는 다음과 같이 말하기에 이르렀다.

> 우리나라의 현 실정에서 누가 누구를 먹는 방법으로 통일을 하려는 것은 옳지 않습니다. 사상과 제도는 누구의 강요에 의해서가 아니라 인민들이 스스로 선택하여야 할 문제입니다.[15)]

김일성은 민족, 민족주의 그리고 통일의 정치언어를 집권 전 기간에 걸쳐 매우 효과적으로 활용했다. 그는 공산주의자였지만 민족주의자로서 자신의 이미지를 유지하기 위해 매우 복합적인 정치언어 활용 양상을 보여준 것이다. 김일성은 언어를 통한 정치를 매우

14. 김일성, 「우리민족의 대단결을 이룩하자」, 『김일성 저작집』 제43권(평양 : 조선로동당출판사, 1996), 173쪽.
15. 김일성, 「우리민족의 대단결을 이룩하자」, 『김일성 저작집』 제43권(평양 : 조선로동당출판사, 1996), 174쪽.

장기적인 관점에서 지속할 수 있었으며, 때로는 모순적이면서 이중적인 입장을 견지하기도 했다. 그러나 북한 사회의 폐쇄적인 특징으로 인해 그의 정치언어들이 갖고 있는 모순에 대해 지적하는 체제 내 세력은 존재하지 않았다. 존재했다 하더라도 김일성에 의해 제거되었을 것이다. 김일성은 민족, 통일의 정치언어들을 적절히 활용하여 자신의 권력을 획득할 수 있었고, 그 권력이 위기에 봉착했을 때 위기를 극복하는 수단으로 활용할 수 있었다.

Ⅲ. 정당성 확보의 정치언어 : '혁명'과 '혁명전통'

김일성이 사용한 대부분의 정치언어들은 그의 집권 및 정권의 정당성 확보에 활용된 것들이다. 그렇지만 많은 정치언어 중에서 특히 "혁명"과 "혁명전통"이란 용어는 권력의 정당성 확보와 직접적으로 연결된 것으로서 정치적인 측면이 강한 것이다. 김일성은 "혁명"을 앞세우며 집권했고, "혁명전통"을 외치면서 권력을 강화하여 유일체제를 구축해 나갔으며, "우리식 사회주의"라는 계속혁명을 강조하면서 정권의 위기를 극복하려 하였다.

정치언어로서 "혁명"을 분석하기 위해 추적해 볼 것으로는 먼저 혁명 추진 일반에 관한 것이 있다. 김일성은 북한의 혁명을 "반제반봉건 혁명"으로부터 시작하였고, 이를 통해 북한의 인민대중에게 체제 정당화를 시도하였다.

초기 집권과정에서 김일성은 자신이 세우려는 국가는 반제반봉건 혁명을 통한 부르주아 민주주의 국가라고 주장한 바 있다. 실제 세계에서 그가 세우려 한 국가의 성격이 부르주아 민주주의 국가였는지는 단언하기 어렵지만 그의 정치언어 속에서는 분명 이러한 입장을 견지하였다.[16] 부르주아 혁명과정에서 김일성의 권력을 강화해 준 혁명의 정치언어로는 "토지개혁", "중요산업 국유화" 그리고 "중소상공업의 협동화"라 할 수 있다. 김일성은 다음과 같이 말하고 있다.

> 토지개혁은 우리나라에서 수천 년 동안 내려오던 봉건적 토지소유제도를 철저히 숙청하고 조선에 진정한 민주주의 공화국을 건설하기 위한 민주주의 과업을 실현하는 첫걸음이다. 토지개혁은 위대하고 가장 정당한 사업이다. 이 개혁은 조선인민의 민족적 독립과 자유와 평등을 위한 것이며 인민의 생활과 복리를 향상시키기 위한 민주주의적인 것이다.[17]

토지개혁을 통해 소수의 지주를 적으로 만들었지만 다수의 농민들을 자신의 지지계층으로 끌어들이는 혁명을 단행함으로써 자신의 정치기반을 확대한 것이다. 김일성의 입장에서 토지개혁은 매우 중요한 혁명조치이면서 동시에 매우 중요한 정치언어였다. 위에서 언급했듯이 토지개혁은 농민들의 "수천 년" 희망을 실현한 것이었고, "민주주의 공화국을 건설"하기 위한 과업이었으며, "정당한"

16. 이완범, 「광복직후 좌익의 혁명론」, 『대한민국 건국의 재인식』, 301쪽.
17. 『정로』, 1946년 3월 9일.

것으로 주장했다. 나아가 "민족적 독립", "자유", "평등", "생활과 복리"를 위한 것으로 주장하고 있다. 김일성에게 있어서 "토지개혁"보다 훌륭한 정치언어는 더 이상 없다고 해도 과언이 아닐 정도였다.

김일성은 토지개혁 하나를 통해 다양한 정치적 자원을 얻어낼 수 있었다. 이를 위해 다양한 정치언어를 사용했고, 토지개혁을 통해 실제로 그가 원한 것을 얻기도 했다. 토지개혁을 통해 혜택을 입은 계층이 있었기 때문에 토지개혁을 통한 언어정치는 그의 지지기반을 넓혀나가는 데 매우 효과적으로 작동했다. 김일성의 언어정치에서 토지개혁만큼이나 다목적용으로 활용할 수 있는 소재는 없을 정도로 유용한 것이었다.

혁명과정에서 국유화는 소유제를 사유제에서 공산주의 제도로 바꾸는 중요한 위치를 차지한다. 김일성은 소유제 혁명과정에서 "중요산업 국유화"를 중요한 언어자원으로 활용했다. 그는 다음과 같이 말했다.

> 북조선에서는 일본 제국주의자들이 조선인민의 피와 땀으로 이 땅우에 건설하여 놓은 모든 공장, 광산, 발전소들과 철도운수, 체신, 은행, 상업, 문화 기관 등이 그 유일한 합법적 주인인 조선인민의 소유로 넘어오게 되였습니다. 그뿐 아니라 일본인들과 함께 도주한 자, 친일파, 민족반역자들의 소유였던 공장, 기업소들도 모두 무상으로 몰수되여 조선인민의 소유로 되었습니다.[18)]

18. 김일성, 「중요산업의 국유화는 자주독립의 기초」, 『김일성 저작집』 제2권 (평양 : 조선로동당출판사, 1979), 340쪽.

김일성은 중요산업 국유화를 "혁명"과 "민족"의 이중적 함의를 가진 정치언어로 활용할 수 있었다. 자본가를 타도하고 제국주의를 약화한다는 면에서 국유제를 수립하는 것은 계급"혁명"의 언어였고, 일본인과 친일파, 민족반역자를 타도한다는 측면에서 "민족"의 언어였다. 김일성은 권력을 장악하는 초기 과정에서 중요산업 국유화라는 정치언어를 통해 "민족"에도 호소하고 "혁명"의 명분도 확보할 수 있었다. 중요산업 국유화는 토지개혁만큼이난 유용한 정치언어로 활용되었다. 즉 그는 집권하는 과정에서 "토지개혁"과 "중요산업 국유화"란 정치언어를 양대 축으로 삼았던 것이다.

토지 이외의 부문에서는 소유제를 국유화할 수 있었지만 토지 부문의 소유제는 여전히 개인소유제를 유지하고 있었다. 이를 협동농장 수준으로 바꾸기 위해 김일성은 많은 고민을 하고 있었으나 결과적으로 볼 때 김일성의 힘으로 이루어지지 않았다. 오히려 전쟁이라는 극한 상황을 겪고 나서 협동소유제가 가능했다. 김일성은 농업협동화 문제를 풀기 위해서 이를 전후 복구와 연계하는 정치언어를 설파하였다.

> 농촌에서 모자라는 로력과 축력 문제를 해결하기 위해서도 우리는 농업을 협동화해야 하겠습니다. 3년 동안이나 계속된 전쟁으로 말미암아 농촌에는 로력이 매우 부족합니다. 또한 농촌의 많은 청년과 장년들이 군대에 나갔기 때문에 지금 농촌로력의 대다수는 부녀자와 늙은이들입니다. 농촌에서는 지금 축력도 부족합니다.[19]

19. 김일성, 「농촌경리의 금후 발전을 위한 우리 당의 정책에 관하여」, 『김일성

위와 같은 김일성의 의도대로 인민대중들은 대개 농업협동화를 수용하게 되었다. 물론 수용과정에서 직접적인 동의, 간접적인 동의, 수동적인 동의 등 여러 양상이 있었고 수용하는 정도에 맞추어 여러 수준의 협동화 단계를 운용하였다.

그는 또한 중소상공업의 협동조합화를 추진하는 과정에서도 정치언어를 통한 설득과정을 병행했다. 예컨대 그는 다음과 같이 말하였다.

> 개인 상공업의 사회주의적 개조에서 중요한 문제는 근로정신이 없는 개인 상공업자들을 어떻게 생산노동에 참가시키며 노동계급화하여 나가는가 하는 것입니다. 우리는 기업가, 상인들의 특성을 고려하여 기업가들과 수공업자들로는 생산 협동조합을 조직하였으며, 개인 상인들로는 판매협동조합을 조직하였다가 그것을 점차 자기 손으로 물건을 생산하여 파는 생산판매협동조합으로 발전시켰으며, 나중에는 생산만 하는 생산협동조합으로 개편하도록 하였습니다.[20]

북한의 개인 상공업자들은 가장 자본주의적인 요소가 강한 계층이라 할 수 있는데, 이들을 협동조합화하는 과정에서 개개인들을 새로운 계급의식을 갖도록 개조하는 단계를 거쳤다. 이 과정에서 중소 상공인들을 설득하고 안심하도록 하는 기제로 사용한 것이 정치적 수사라 할 수 있으며, 이는 언어정치의 일환으로 사용된 것이다.

저작집』 제9권(평양 : 조선로동당출판사, 1980), 129쪽.

20. 김일성, 「우리나라 민주주의 혁명과 사회주의 혁명의 몇 가지 경험에 대하여」, 『김일성 저작집』 제24권(평양 : 조선로동당출판사, 1983), 202쪽.

김일성은 북한의 모든 혁명과정에서 계급투쟁을 전개한 바 있다. 그는 다음과 같이 말한 바 있다.

> 우리의 혁명투쟁은 조국의 통일과 완전한 민족적 독립을 위한 전 민족적 투쟁인 동시에 우리나라의 로동계급을 비롯하여 전체 근로대중의 사회적 해방을 위한 날카로운 계급투쟁입니다.[21)]

그는 혁명투쟁을 곧 계급투쟁을 의미한 것으로 사용했다. 특히 계급투쟁은 그가 권력을 장악하고 강화하는 과정에서 중요하게 활용되었다. 김일성은 다음과 같이 말하였다.

> 원수들의 파괴, 암해활동은 계속되었으며 우리의 사회주의 건설에는 많은 난관이 있었습니다. 도시와 농촌에서의 전면적인 사회주의 개조와 사회주의 건설은 치열한 계급투쟁을 동반하였습니다. 국내외에서의 계급투쟁은 당 안에도 반영되었으며, 반당종파분자들은 어려운 시기에 당과 혁명을 반대하여 나섰습니다.[22)]

이른바 "반당종파분자"의 도전이 이후 지속되었다. 김일성에 대한 도전 등 당 내 갈등은 1956년 8월 전원회의와 1958년 3월 당 대표자회를 고비로 해소되어 나갔으며, 물론 결과는 김일성 노선의 승

21. 김일성, 「당원들 속에서 계급교양사업을 더욱 강화할데 대하여」, 『김일성 저작집』 제9권(평양 : 조선로동당출판사, 1980), 248쪽.
22. 김일성, 「조선로동당 제4차 대회에서 한 중앙위원회 사업 총화보고」, 『김일성 저작집』 제15집(평양 : 조선로동당출판사, 1981), 260쪽.

리로 나타났다. 자신의 권력을 강화하는 투쟁을 계급투쟁의 언어로 치환하였고, 자신에 대한 도전을 당과 혁명에 대한 도전으로 치환하는 데 성공했다. 즉 언어정치에 성공함으로써 좀 더 용이하게 권력을 장악하고 강화해 갈 수 있었다.

김일성은 혁명전통을 독점하면서 유일체제를 확립할 수 있었다. 유일체제 확립, 즉 이미 획득한 권력을 강화하고 절대권력화하는 과정에서 언어정치를 적절히 활용했다. 예컨대 김일성은 자신의 혁명활동을 북한의 유일한 "혁명전통"으로 자리매김하려 하였다. 그는 다음과 같이 말한 바 있다.

> 새 세대들을 혁명적 세계관이 선 혁명가로 키우기 위하여서는 그들 속에서 혁명전통 교양을 강화하는 것이 매우 중요합니다. 일제침략자들을 반대하는 간고한 항일무장투쟁의 불길 속에서 참다운 공산주의적 혁명가들이 수많이 자라났습니다. 항일혁명 선렬들의 견결한 혁명정신과 영웅적 투쟁은 오늘 우리의 근로자들, 특히 새 세대들이 어떻게 살며 싸워야 하는가를 가르쳐 주는 본보기가 되고 있습니다. 우리는 학생들 속에서 혁명전통 교양을 강화 하여 모든 학생들이 항일혁명 선렬들의 불요불굴의 투쟁정신과 고상한 혁명가적 품성을 본받도록 하여야 하겠습니다. 그리하여 우리의 새 세대들을 모두 다 열렬한 혁명가로, 참다운 공산주의자로 키워야 할 것입니다.[23)]

김일성과 만주파의 항일 무장활동을 항일 "혁명전통"으로 규

23. 김일성, 「교육과 문학예술은 사람들의 혁명적 세계관을 세우는데 이바지하여야 한다」, 『김일성 저작집』 제25권(평양 : 조선로동당출판사, 1983), 14-15쪽.

정하고 자신의 정통성의 뿌리로 삼고 있으며 이를 다음 세대에까지 교육하려 한 것이다.

김일성은 권력장악 과정에서 "혁명"이라는 화려한 정치언어를 구사했다. 현실세계에서 그가 공산주의 혁명 이론에 100% 충실한 것은 아니었지만 정치언어의 세계에서는 누구보다도 혁명에 충실한 공산주의자로서 위치를 설정했다. 이는 "민족"이란 감성적 정치언어와 매우 모순되는 현상이었지만 정치언어의 세계에서 갖는 모순이 현실세계에서는 전혀 모순이 되지 않았다. 이는 현실 속에서 그의 언어권력에 대해 누구도 도전하지 못하였음을 드러내는 것이다.

혁명의 정치언어는 집권, 유일체제 수립의 과정에서만 활용한 것이 아니었다. 김일성은 정권을 후계자에게 넘겨줄 때도 혁명의 언어를 명분으로 삼았고, 체제가 위기에 처했을 때도 "우리식 사회주의"라는 혁명의 언어를 강조함으로써 활로를 모색한 바 있다.

Ⅳ. 노력동원의 정치언어 : '건설'

건설은 혁명 이후 새로운 사회의 실질적 내용을 갖추어 나가는 과정이다. 특히 경제분야의 발전을 이룩하고 이를 바탕으로 새로운 사회주의 사회 건설의 초석으로 삼는다는 목표를 갖고 있다. 제Ⅳ절에서는 김일성이 사회주의 건설과정에서 사용한 언어를 추적해 봄으로써 그의 언어정치의 일면을 파악해 볼 것이다. 그는 건설, 특히 경제건설과 관련하여 다음과 같이 말하였다.

> 계급투쟁과 사상혁명만을 강조하면서 사회주의 경제건설을 차요시하는 것도 잘못입니다. 사상혁명은 사회주의 국가가 반드시 수행하여야 할 중요한 혁명과업이기는 하지만 그 자체에 목적이 있는 것은 아닙니다. 우리가 사회주의, 공산주의를 건설하기 위하여 투쟁하는 목적도 결국은 모든 인민의 물질문화적 수요를 원만히 충족시키며 그들의 유족하고 문명한 생활을 보장하려는 데 있습니다. 경제건설을 잘 하여야 사회주의, 공산주의 사회에 상응한 생산력의 높은 발전 수준을 이룩할 수 있으며, 나라를 부강하게 하고 인민생활을 결정적으로 높일 수 있습니다.[24]

이는 계급투쟁이나 사상혁명에 못지 않게 경제건설의 중요성을 강조한 것이고, 이는 그의 일생 동안 계속되었다. 그만큼 본인도 중요하게 생각했고, 인민들에게도 그 중요성을 각인하기 위해 반복적으로 이야기하게 된다. 심지어 경제건설을 위해 계급투쟁까지도 완화하는 듯한 발언을 하기도 했다. 예컨대 김일성은 다음과 같이 말하였다.

> 지난날의 성분이 좋지 못한 사람들이라도 해방 후 오늘에 이르기까지 당과 정부의 정책을 관철하기 위한 투쟁과정에 계급적 의식이 혁명적으로 개조되고 실지 사업에서 검열되었으며 현재 자기 맡은 사업을 성실하게

24. 김일성, 「조선민주주의 인민공화국은 우리 인민의 자유와 독립의 깃발이며, 사회주의 및 공산주의 건설의 강력한 무기이다」, 『김일성 저작집』 제22권 (평양 : 조선로동당출판사, 1983), 446쪽.

집행한다면 그들에게 또 무엇을 더 요구하며 추궁할 것이 있겠습니까.[25)]

어제의 성분과 환경, 경력에도 불구하고 건설에 동원하기 위해 이런 식의 정치언어도 과감하게 사용했다.

건설과 관련하여 관심을 갖고 살펴볼 것으로는 김일성이 의식주와 관련해 제시한 전망이다. 김일성은 경제건설을 통해 달성해야 할 목표를 "인민의 물질문화적 수요"를 충족하는 것, 즉 "인민 생활을 결정적으로 높이는" 것에 두고 있었다. 그는 이 목표들을 이밥, 고깃국, 비단옷 그리고 기와집이라는 일상언어로 상징화했다. 그는 평생 북한 인민대중들에게 이밥에 고깃국을 먹고 비단옷을 입으며 기와집에 사는 것을 이상적인 꿈의 상태로 설정하고 이를 반복하여 말하고 있다. 일상언어를 매우 정치적인 용법으로 사용하며 언어정치를 펼친 것이다. 그는 사망할 당시까지 이를 완벽하게 달성하지 못하였지만 북한 인민대중들은 이에 대해 문제를 제기하지 않았다.

김일성은 경제건설의 방향으로 몇 가지를 제시하고 있다. 첫째, "자립경제 노선"이다. 자력갱생을 바탕으로 경제적으로 자립해야 올바른 사회주의 건설을 할 수 있다고 생각했다. 김일성은 다음과 같이 말한 바 있다.[26)]

자력갱생한다는 것은 남의 기계를 전혀 안 쓴다는 것을 의미하는 것

25. 김일성, 「조선로동당 제3차 대회에서 한 중앙위원회 사업 총화보고」, 『김일성 저작집』 제10권(평양 : 조선로동당출판사, 1980), 283쪽.
26. 김일성, 「대안의 사업체계를 더욱 발전시킬데 대하여」, 『김일성 저작집』 제16권(평양 : 조선로동당출판사, 1982), 511쪽.

> 이 아닙니다. 그것은 또한 남에게서 배우는 것을 반대하는 것도 아니며, 남의 원조를 전혀 받지 말자는 것도 아닙니다. 문제는 자기의 힘이 주가 되어야 한다는 데 있습니다.

경제건설 과정에서의 자주성을 지키기 위해 자력으로 갱생하겠다고 하면서 자력갱생의 의미를 규정하고 있다. 원조도 받고 선진국의 사례도 학습하며 노력하는 데 가장 중요한 것은 "자기의 힘"을 바탕으로 주체적으로 해야 한다는 점을 역설하고 있다. 김일성 언어정치의 핵심을 잘 보여주는 사례라고 할 수 있는데, 기계도 수입하고 기술도 전수받고 원조도 받지만 "자기의 힘"을 강조함으로써 인민들의 긍지를 지키며 살아갈 수 있다는 방향을 제시한 것이다. "자기의 힘"을 제외하면 기계를 수입하고, 기술을 전수받으며, 원조를 받는 대외의존형 경제건설이라 할 수 있기 때문에 내용적으로는 자력갱생이 아니라고 할 수 있는 상황인데, 언어정치를 통해 이를 극복하고자 한 것이다. 남한 북한 모두 대외원조를 받고 경제건설할 수밖에 없는 상황이었다면 이를 어떻게 잘 활용하느냐 하는 점이 초점이라 할 수 있겠다. 북한은 이를 자력갱생이라는 언어정치를 통해 다시 포장하고 이를 통해 인민들의 노력을 동원하려 했던 것이다.

둘째, 김일성은 중공업 우선, 경공업 · 농업 동시발전론을 기본 방향으로 제시하였다. 이 노선을 채택하고 추진하는 과정 또한 그의 언어정치와 연계되어 있다. 김일성은 다음과 같이 말하였다.

> 우리의 많은 지도 일군들은 우리나라 인민 경제발전의 합법칙성을 알지 못하고 있으며, 초보적인 경제지식조차 가지지 못하고 인민 경제를 지

도 하고 있습니다. 심지어 어떤 일군들은 당의 경제정책을 알지 못하기 때문에 중공업보다도 경공업을 우선적으로 발전시키는 것이 옳은 듯이 생각하고 있습니다. 이것은 오직 중공업의 우선적 장성에 기초하여서만 경공업을 포함한 전체 인민 경제를 빨리 발전시킬 수 있으며 인민 생활을 높일 수 있다는 아주 초보적인 경제 이론도 모른다는 것을 보여주고 있습니다.[27]

김일성 자신의 경제노선을 "선(善)"의 담론으로 만들고 있는 언어들이다. 그의 노선의 논리는 "중공업의 우선적 장성에 기초"해야 한다는 것이다. 각 노선의 장단점을 거두절미한 채 자신의 노선이 옳다는 점을 담론화한 것이다. 이 노선의 채택은 경쟁적인 정파에 대한 제압과정과 밀접하게 연계되어 있고, 이 과정을 "경제발전의 합법칙성"이라는 정치언어로 규정하고 있는 것이다.

김일성의 경제노선을 정리하면 "중공업을 우선으로 하되 자력"으로 한다는 것인데, 이를 관철하기 위해서는 지속적인 대중 노력 동원이 필수적인 요소였다. 대중 동원은 "천리마"와 "대안의 사업체계"라는 정치언어를 활용하여 추진했다. 천리마는 북한 국가발전전략의 하나의 상징언어로 자리잡았다. 김일성은 천리마 운동의 핵심인 "천리마 작업반 운동"에 대해 이렇게 말했다.[28]

천리마 작업반 운동은 남이 열 발자국을 갈 때 우리는 백 발자국을 가며 남이 한 가지를 알 때 우리는 열 가지를 알며 남이 책 한 권을 읽을 때

27. 김일성, 「조선로동당 제3차 대회에서 한 중앙위원회 사업 총화보고」, 294쪽.
28. 김일성, 『공산당위원회사업을 강화하며 천리마작업반운동을 더욱 발전시킬데 대하여』(평양 : 조선로동당출판사, 1976), 14쪽.

> 우리는 책 열 권을 읽기 위한 운동입니다. 천리마 작업반 운동은 배우는 운동이며 사람들을 교양개조하는 운동이며 기술혁명을 하여 새 것을 더 많이 창조 해내기 위한 운동입니다.

인민대중의 노력동원을 열 배, 백 배 강화하기 위해 "천리마 작업반"이라는 예외적 상황을 일반대중들이 달성해야 할 일반적 상황으로 설정하고 이를 정당화하는 작업에 들어간 것이다. "일당 십"의 정치언어를 활용하여 천리마 운동을 다그치고 있다. 천리마 운동을 통해 사람들을 개조하고 기술을 개조함으로써 북한의 경제를 건설하고자 했고, 이를 독려하는 담론을 재생산해냈다.

김일성은 천리마 운동과 같이 체제 동원의 다이내믹스를 생산하는 언어정치뿐만 아니라 경제관리 전반에 대한 대안을 설파하는 언어정치도 구사했다. 그는 개별적인 공장관리 체계뿐만 아니라 전반적인 경제관리 체계에도 적용할 수 있는 "대안의 사업체계"를 세우고자 하였다. 북한의 경제관리 체계로 자리잡게 되는 대안의 사업체계는 대안전기공장이라는 고유명사에서 출발하였으나 곧 보통명사의 지위를 획득하여 이후 경제관리의 모범을 뜻하는 정치언어로 자리잡게 되었다. 대안의 사업체계에 따라 북한 인민들은 경제건설 과정에 체계적으로 동원되기에 이르며, 김일성은 이를 독려하는 언어정치를 펼쳐보였다. 김일성은 다음과 같이 말했다.

> 지금의 공업관리 체계는 우에서 아래를 책임적으로 도와주게 되어 있는 것이 아니라 우에서는 주로 호령과 독촉만 하고 수고는 아래서만 하게 되어 있으며 책임도 우에서는 회피하기 좋게 되어 있고 아래서만 다 지게 되

> 어 있습니다. 그리하여 우에서 일하는 일군들이 노임은 더 많이 받으면서도 일은 적게 하고 책임은 안 지며 아래 일군들은 노임은 적게 타면서도 일은 더 많이 하고 책임도 많이 지게 되어 있습니다. 생산이 잘못되어 처벌을 받을 때도 언제든지 아래 일군들이 받고 우에서는 받지 않게 되어 있습니다.[29)]

즉 이 발언 당시의 공업관리 체계가 상급 관리자가 하급 실무자를 “착취”하는 구조, 즉 “자본주의적 잔재”를 많이 가지고 있다고 진단하고 있다. 또한 서로 돕는 것이 아닌 “개인 이기주의적” 요소가 남아 있고 “호령과 독촉만 하는” 관료주의적 요소도 남아 있는 것으로 보았다. 사회주의적인 관점에서 공장관리를 하겠다는 원론적인 방침에도 불구하고 이러한 문제점들이 노정되었고, 이를 극복하기 위해서 새로운 관리체계로 대안의 사업체계를 내세우게 되었던 것으로 분석할 수 있다. 대안의 사업체계를 처음 시작한 공장의 성과는 좋았지만 그 성과는 대안전기공장에 국한하는 제한적인 것이었다. 김일성은 이러한 “대안의 사업체계”를 북한의 경제운영 체계로 채택하였고, 언어정치를 통해 이를 끊임없이 재생산함으로써 사회주의 경제건설에 활기를 불어넣고자 하였다. 그러나 이러한 언어정치에도 불구하고 대안의 사업체계는 성공적인 결과를 얻어내지 못하였다. 그 이유를 사회주의의 한계 등 여러 가지로 찾을 수 있겠지만 중요한 한 가지 이유는 국방력 강화에 힘을 분산해야 했다는 점에서 찾을 수 있다. 그는 다음과 같이 말했다.

29. 김일성, 『대안의 사업체계를 더욱 발전시킬데 대하여』(평양 : 조선로동당 출판사, 1967), 2쪽.

> 우리의 혁명대오를 정치사상적으로 튼튼히 꾸리고 사회주의 건설의 전반적 사업을 개편하며 원쑤들의 격화되는 침략책동에 대처하여 국방력을 강화할 수 있도록 경제건설과 국방건설을 병진시킬 데 대한 새로운 혁명로선을 내놓았으며 이에 따라 7개년 계획 수행을 3년 동안 연기하기로 하였습니다.[30)]

미국의 압박 등 북한을 군사적으로 위협하는 국제상황을 고려하여 국방력 강화에 힘쓰지 않을 수 없었다. 그 결과 경제계획을 연기하는 등 경제건설에 차질을 가져왔다. 김일성은 경제적 실적 부진을 설명하기 위해 실적 부진의 원인을 외부의 "침략책동"에 따른 국방력 강화에서 찾았다. 이런 일련의 상황을 "경제국방병진 노선"으로 설명한 것이다. 이 상황에서 그가 선택한 언어들은 매우 정제된 것으로서 그 바탕에는 정치적인 판단이 깔려 있는 언어정치가 자리 잡고 있다. 대안의 사업체계는 실패했지만 그 과정에서 활용한 언어정치는 실패하지 않았다. 또한 경제건설의 실패를 희석하기 위해 외부의 "침략책동"과 같은 개념을 설파하였고, 이를 "경제국방병진 노선"이라는 정치언어로 정교화한 것이다.

김일성은 사회주의 경제의 한계에 대해서도 잘 인식하고 있었고, 이를 극복하기 위한 방법을 인민대중의 설득을 통해 찾으려 하였다. 예컨대 그는 사회주의의 한계와 관련하여 다음과 같이 말한 바

30. 김일성, 「조선로동당 제5차 대회에서 한 중앙위원회 사업총화보고」, 『김일성 저작집』 제25권(평양 : 조선로동당출판사, 1983), 235쪽.

있다.

> 금속공업부 책임일군들의 잘못으로 하여 김책제철소에서 얼마전에 전력이 모자라 생산을 제대로 내지 못한다고 하기에 전력을 넉넉히 대주니 그 다음에는 중유가 모자란다고 하였으며 중유를 대주니 또 그 다음에는 전동기가 탔소, 무엇이 어떻게 되었고 하면서 여전히 압연강재를 제대로 생산하지 못하고 있습니다.[31]

김일성은 북한의 대표적인 제철소라 할 수 있는 김책제철소에서조차도 생산을 담당한 노동자들이 여러 가지 이유를 대면서 정상적인 생산활동을 하지 않았던 사실을 지적한 것이다. 이러한 문제 발생의 근본 원인은 이윤동기의 부족과 같은 "사회주의의 한계"라 할 수 있지만 김일성은 이를 직접 지적하지 않고 구체적인 사례로 치환하여 질책한 것이다. 김일성의 언어정치의 한 측면을 볼 수 있는 발언이라 할 수 있다.

이와 같은 지적은 여러 곳에서 찾아볼 수 있다.[32] 예컨대 김일성은 다음과 같이 말하였다.

> 당에서는 2·8 비날론연합기업소에서 비날론을 많이 생산할 것을 요구하였는데 화학공업부 책임일군들은 전력이 모자라 방법이 없다고 하였습

31. 김일성, 『주체의 경제관리 체계와 방법을 철저히 구현할데 대하여』(평양 : 조선로동당출판사, 1988), 474쪽.
32. 김일성, 『주체의 경제관리 체계와 방법을 철저히 구현할데 대하여』(평양 : 조선로동당출판사, 1988), 474쪽.

니다. 전력을 대주니 그 다음에는 보이라가 고장났소, 무엇이 어떻게 되었고 하면서 여전히 비날론을 제대로 생산하지 못하고 있습니다.

2·8 비날론연합기업소에서도 김책제철소에서와 마찬가지로 사회주의 경제운용의 문제점이 드러난 것인데 이를 김일성이 지적한 것이다. 김일성은 다음과 같이 언급한 바 있다.

자본주의 사회에서는 생산수단이 사적 소유로 되어 있고 생산의 목적이 자본가, 지주들이 더 많은 이윤을 짜내는데 있기 때문에 생산자 대중은 오직 자기의 목숨을 이어가기 위해 마지 못해 일하게 되며 생산과 기술의 발전에 대해서 그 어떠한 관심도 가지지 않습니다. 그러나 사회주의 사회에서는 생산수단이 사회적 소유로 되어 있으며 근로자들은 국가와 사회를 위하여, 자기 자신을 위하여 일합니다.

사회주의 사회에서는 인민 경제 모든 부문과 모든 기업소들이 같은 목적과 이해관계에 기초하여 유기적으로 연결되어 있음으로 하여 자본주의 사회에서와 같은 생산의 무정부성과 과잉생산 공황이 없어지고 인민 경제가 계획적으로, 균형적으로 발전하며 나라의 모든 인적 및 물적 자원과 생산의 잠재력을 최대한으로 효과있게 동원이용할 수 있습니다.[33]

자본주의의 단점을 지적할 뿐만 아니라 사회주의의 장점을 지적함으로써 대중의 자발적인 노동활동을 이끌어내려 하고 있다.

33. 김일성, 「조선민주주의 인민공화국은 우리 인민의 자유와 독립의 기치이며 사회주의, 공산주의 건설의 강력한 무기이다」, 444쪽.

자본주의 사회에서는 개인의 이익을 위해 효율적인 경제활동을 한다. 반면 사회주의 사회인 북한에서는 인민들이 국가를 위해서 일하지도 않고 그렇다고 해서 개인을 위해서 일할 수 있는 조건도 마련되어 있지 않았다. 이런 모순의 상황을 김일성은 정치언어를 통해 극복하고자 했으나 성공하지 못했다.

과거 김일성이 권력을 장악하고 강화하는 데 정치언어들은 매우 중요한 역할을 했다고 한다면 경제건설 과정에서도 김일성의 정치언어는 일정한 역할을 하였다. 사회주의 한계를 극복하기 위한 대중설득의 방법으로 언어정치를 전개하였으며, 부분적으로는 대중동원의 속도를 높이는 데 성과를 거두기도 했다. 그러나 언어정치만을 갖고서 실물 경제건설의 내실을 확보하는 것은 애초에 불가능한 것이었으며 잘못된 방향설정이었기에 근본적인 한계를 극복하지 못하였으며, 북한 경제는 침체를 벗어나지 못하였다.

V. 맺음말

김일성은 권력의 장악, 유지, 확대, 위기의 극복, 그리고 후계자 상속 전 과정에서 화려한 언어정치를 구사하였다. 이 글은 이러한 과정에서 그가 활용했던 정치언어의 실제 사례들을 추적하여 분석·해석하는 데 초점을 맞추고 있다. 김일성이 사용한 수많은 언어와 개념들 중에서 분석대상으로 삼은 정치언어의 선택이 필자의 주관적 판단에 의해 이루어졌기 때문에 이에 대한 반론이 있을 수 있다는 점을 충분히 인정한다. 하지만 이 글이 김일성의 정치언어와 언어정치의 큰 그림을 보여줄 수 있다는 점에서 의미를 부여할 수 있을 것이다.

김일성은 공산주의자였음에도 불구하고 "민족"이란 정치언어를 적극 활용하였다. 정권 수립 초기에 "민족"이란 정치언어가 갖고 있는 자산가치에 주목하고 이를 적절히 활용한 것이다. 1950년대 말에는 "민족"이란 자산을 활용한 언어정치를 통해 정권에 대한 도전을 극복할 수 있었고, 1990년대에는 체제 위기를 피해갈 수 있었다. 또한 민족의 정치언어를 권력을 획득하는 데는 물론이고 위기에 직면한 권력과 체제를 유지하는 데도 적극적으로 활용했다. 김일성은 위기가 닥치면 "민족"담론에 의존하는 모습을 보여준 것이다. 김일성은 "민족주의자"로서 자신의 위치를 확보하고 그에 걸맞는 이미지를 형성하는 데 성공하였고, 이를 통해 집권하였으며, 위기에 직면한 정권의 생명을 연장하는 데도 성공한 것이다. 그가 민족주의자인지보다 중요한 것은 "민족주의자"로서 정권을 획득하고 정권을 유지하는 데 성공했다는 사실을 분석해내는 것이다.

김일성은 혁명과 투쟁의 담론을 통해 자신의 권력을 강화하는 데 성공했다. 특히 자신의 혁명활동을 "혁명전통"이란 이름 아래 대중들에게 새겨넣는 데 성공했다. 북한에서 혁명전통은 김일성의 혁명투쟁을 뜻하는 것이 되었으며, 김일성 이외의 그 누구의 활동도 혁명전통의 지위를 차지하지 못하였다. 김일성은 "혁명"이란 정치언어를 김일성 유일체제 형성의 가장 기초적인 토대로 삼았다.

뿐만 아니라 김일성의 혁명담론을 기반으로 우리식 사회주의를 이끌어냈고, 여기에 "우리 민족 제일"이라는 감성에 호소하는 정치언어를 첨가함으로써 사회주의 몰락의 파도를 넘을 수 있었다.

김일성은 건설담론을 통해 북한 인민들의 불만을 잠재우고 체제건설에 동원할 수 있었다. 김일성은 북한의 미래 사회를 "이밥에 고깃국", "비단옷" 그리고 "기와집"과 같은 일상적인 언어를 사용하여 형상화하는 데 성공했으며, 이는 본질적으로는 매우 정치적인 대중담론들이었다. 김일성의 사회주의 건설 시도는 현실 속에서 이밥에 고깃국도 비단옷도 기와집도 달성하는 데 실패하였고 식량난에 허덕이는 체제를 남겨주었다. 오히려 부분적이지만 북한 주민들에게 이밥에 고깃국, 그리고 아파트와 같은 숙소를 제공해 줄 수 있는 가능성이 현실로 나타난 것은 남한 기업들의 "개성공단" 입주를 통해서였다.

이러한 현실에도 불구하고 김일성의 정권 붕괴로 이어지지 않은 중요한 이유들 중의 하나를 그가 주장해 온 "건설"담론에서 찾을 수 있다. 북한의 인민들은 사회주의 건설이 지금도 "진행형"이라고 생각하지 실패한 체제 실험이라고 생각하지 않는다. 그 바탕에는 김일성이 수십 년간 설파해 온 건설담론이 자리 잡고 있다. 김일성은 경제건설에는 실패했지만 언어정치는 일정하게 성공했기에 이 같은 결과를 가져온 것이다.

김일성이 언어정치에서 성공할 수 있었던 원인은 무엇일까? 첫째, 김일성은 일제 시대의 활동과 해방 이후 활동을 통해 집권하는 데 필요한 기본 자산을 부분적으로 갖고 있었다. 기본 자산을 활용하고 확대 재생산하는 데 언어정치는 매우 중요한 역할을 했다. 둘째, 북한 사회의 폐쇄적인 속성을 들 수 있다. 북한 내부의 의사소통망이

허술하고 외부세계와 차단되어 있었다는 점도 김일성의 이중적인 언어정치가 가능할 수 있는 환경을 제공했다.

김일성은 집권 이후 혁명과 건설을 추진하면서 언어정치의 독점적 지위를 확보해 나갔다. 김일성은 특정한 정치언어를 구사하고 해석하는 데 독점적인 권리를 행사함으로써 북한을 통치했다. 이와 마찬가지로 김정일은 김일성의 말을 독점적으로 해석할 권리를 행사함으로써 권력을 승계할 수 있었다. 이제 멀지않은 장래에 김일성과 김정일의 말을 해석할 권리를 누가 갖느냐를 놓고서 경쟁이 벌어질 수도 있을 것이다.

북한 체제가 정권 초기에 일정한 성과를 거두었지만 곧 한계에 봉착했고, 그 한계를 극복하지 못한 채 현재까지 이어져 오고 있다. 그 이유는 사회주의 체제의 한계에서도 찾을 수 있겠지만 김일성의 일방통행적인 정치언어에서도 찾을 수 있을 것이다. 지배담론에 대항하는 저항담론이 존재하지 않거나 존재하더라도 매우 미약할 수밖에 없는 의사소통 체계 속에서 북한이 활력을 잃어가는 것은 논리적으로 필연적인 현상이다.

김일성의 담론정치는 유일체제를 수립하는 과정에서 체제 정당화에 성공했다. 그러나 유일체제 속에서 일방통행식으로 전달되는 통치언어들은 있을 수도 있는 오류를 바로 잡는 체제의 자기 교정 기제를 무력화했다. 대항담론 또는 저항담론의 부재는 김일성 체제의 한계 중 하나였다. 김일성은 언어정치에 성공함으로써 집권하고 권력을 유지할 수 있었을 뿐만 아니라 상속할 수 있었지만, 그 성공으로 말미암아 북한 사회는 일방적인 언어소통 구조를 갖게 되었다. 김일성은 정치언어를 능숙하게 구사함으로써 정권의 획득과 유지에 성공했다. 김일성의 정치적 성공은 북한 체제의 비상구를 막아버렸고, 결국 거시적인 차원에서 경제실패의 한 원인(遠因)이 되었다.

참·고·문·헌

김일성. 1979–2003.『김일성 저작집』제1권–53권. 평양 : 조선로동당출판사.

______. 1967–1997.『김일성 저작선집』제1권–10권. 평양 : 조선로동당출판사.

______. 1994–1996.『세기와 더불어』제1권–7권. 평양 : 조선로동당출판사.

권희영 · 이만우. 2001.「북한 사회의 '전통담론' : 그 대중지배의 원리」.『현대북한연구』제4권 제2호.

김경원. 2003.「길 없는 사람들의 길 찾기 : 탈북자와 '북한 담론'의 재구성」.『북한연구학회보』제7권 2호.

김근식. 2000.「1990년대 북한의 체제정당화 담론 : '우리식 사회주의'와 '붉은기철학'을 중심으로」.『통일정책연구』제8권 2호.

김의연. 2001.「북한의 체제유지전략에 관한 연구 : 공식담론 및 지배 엘리트 구조를 중심으로」. 한국외대 석사학위논문.

김정훈. 1999.「남북한 지배담론의 민족주의 비교연구 : 역사적 전개와 동질이형성」. 연세대 박사학위논문.

김창근. 2003.「북한 지도부의 민족 · 민족주의 담론 : 특징과 의미」.『북한연구학회보』제7권 제2호.

박광호. 2003.「김일성 통치에서 전통의 활용에 관한 연구」. 서울대 박사학위논문.

박한용. 2002.「북한의 연방제 통일방안 : 담론과 의도」. 서강대 공공정책대학원 석사학위논문.

배성인. 2001.「김정일 체제의 지배담론 : 붉은기 사상과 강성대국을 중심으로」.『북한연구학회보』제5권 1호.

______. 2003.「김정일 정권의 위기 극복을 위한 정치담론과 담론의 정치」.『통일정책연구』제12권 제2호.

배성인. 2000.「1990년대 북한의 지배담론 변화 : '우리식 사회주의' 에서 '강성대국론' 까지」.『북한연구』 제3권.

우혜경. 2001.「북한의 민족주의 담론과 민족문화유산 평가의 변화과정 분석 : 세계화 속에서의 통합 이데올로기 모색을 위하여」. 고려대 교육대학원 석사학위논문.

이승현. 2004.「1960년대 북한의 권력구조 재편과 유일사상의 대두 : 제한적 다원성에서 유일체제로」.『북한현대사 1』. 서울 : 한울아카데미.

이완범. 2009.「광복직후 좌익의 혁명론」.『대한민국 건국의 재인식』. 서울 : 기파랑.

______. 2006.「김일성의 국가건설사상」.『국가건설사상 3』. 일산 : 인간사랑.

전미영. 2001.「북한 지배담론의 형성과 전개에 관한 연구 : 사회주의, 민족주의를 중심으로」.『한국정치학회보』 제35호.

______. 2003.「북한의 통치담론과 전통문화」.『북한연구학회보』 제7권 제2호.

전상인. 1994.『북한 민족주의 연구』. 서울 : 민족통일연구원.

전성환. 2003.「김정일의 커뮤니케이션 행태에 나타난 욕망구조와 자아방어기제에 관한 연구 : 라깡의 담론분석을 중심으로」. 경희대 박사학위논문.

전효관. 1998.「남북한 정치담론 비교연구 : 의사소통 구조와 언어전략을 중심으로」. 연세대 박사학위논문.

______. 1998.「북한 정치담론의 의사소통 구조와 전략 : 정치언어에 대한 문화정치적 접근」.『현대북한연구』 제1호.

______. 1998.「분단의 언어, 탈분단의 언어 : 통일담론과 북한학이 재현하는 북한의 이미지」.『통일연구』 제2권 2호.

정성장. 1999.「김정일 체제의 지도이념과 성격 연구 : '붉은기 사상' 과 북한체제의 변용을 중심으로」.『국제정치논총』 제39집 3호.

정우곤. 2001.「주체사상의 변용담론과 그 원인 : 우리식 사회주의, 붉은기 철학, 강성대국을 중심으로」.『북한연구학회보』 제5권 1호.

정원영. 2002.「주체사상의 하위 정치담론 분석」.『공안연구』 제72집.

조현수. 2008.「맑스에 있어서의 언어와 정치」.『한국정치연구』 제17집 제1호. 서울대학교 한국정치연구소.

주봉호. 2002.「주체사상의 이론적 변용 담론」.『대한정치학회보』 제9집 제2호.

3

박정희 시대의 정치와 언어

박동천 | 전북대학교

I. 서론

김대중이 김정일과 남북정상회담을 한 것은 통일을 향한 순수한 충정 때문이었을까, 아니면 자신의 위신을 높이고 나아가 혹시 노벨평화상을 타보려는 이기적 타산 때문이었을까? 순(舜)임금이 우(禹)임금에게 왕위를 물려주면서 "人心惟危 道心隱微 惟精惟一 允執厥中" 열여섯 자를 당부한 것은 우로 하여금 도심을 항상 염두에 두면서 선정을 베풀기를 바라는 마음에서였을까, 아니면 물러나는 마당에 한번 미사여구로 자신의 품위를 과시해 보려는 마음에서였을까? 1866년 영국의 수상 존 러셀이 70이 넘은 나이에 선거법 개정에 앞장선 것은 인민주권과 정치적 평등을 향한 순수한 열망 때문이었을까 아니면 자신의 정치적 경력을 화룡점정으로 마무리하려는 야심 때문이었을까?

정치인들의 언어가 모종의 공공성이나 고원한 가치를 표상하는 것은 놀라운 일이 아니다. 또한 그들의 내심에 권력이나 명예나 자기 현시를 향한 욕망이 자리 잡고 있다는 것도 놀라운 일은 아니다. 그러므로 정치인들의 언어나 행태를 공익을 지향하느냐 아니면 사익을 지향하느냐에 따라서 판단하고 평가하려는 시도는 해당 정치인에 대한 개인적인 호불호의 표현은 될 수 있겠지만, 정치사회가 작동하고 있는 현실을 조망하고 그로부터 미래에 관한 어떤 전망을 얻어내는 데에는 도움이 되기 어렵다. 내 맘에 드는 정치인에 대해서는 그의 언어 중에서 공공성을 표상하는 측면을 애써 부각하면서 "순수한 의도"였다고 포장해 주고, 내 맘에 들지 않는 정치인에 대해서는 사적 야심을 파헤치면서 "불순한 의도"를 힐난하는 식의 담론은 단지 과거의 그림자에 몰각한 채 끝없는 패거리 싸움을 벌이는 수준에 지나지 않는 것이다. 정치인과 그의 행태에 관한 논의가 이처럼 화자의 말초적 감정 표현에 불과하여 가장 원시적인 수준의 패거리 다툼에 머무를 때, 그러므로 논쟁에 참여하는 쌍방 사이를 매개할 언어적인 공통요소가 구성될 수 없을 때 그 정치사회에서 문제를 해결하고 사람들이 더불어 살아가는 과정은 설득과 소통보다는 힘겨루기와 강제 및 억압에 의해서 주도될 수밖에 없다.

박정희의 언어는 여느 정치인의 언어보다 이와 같은 힘겨루기식 담론의 주제였고, 지금도 그러한 상황은 계속되고 있다. 예컨대 경제성장이 박정희 시대에 이루어졌으니 박정희가 표방한 "조국 근대화"라는 목표는 진심이었으며, 나아가 어느 정도 성공을 거둔 것으로 인정할 수 있지 않겠느냐는 정도의 온건론(백낙청 2005)마저도 배척해야 직성이 풀리는 사람들이 많이 있다(김대환 1997 ; 황대권 2005 ; 조석곤 2005). 물론 반대편에는 정재경(1979), 조갑제(1998), 이인화

(1997) 등으로 대변되는 영웅주의 해석이 있다. 박정희를 하늘이 내린 위대한 영도자로 묘사한 이들의 해석에 대한 반발은 다시 진중권(1998)의 조롱과 힐난을 유발했다.[1)]

이 글에서는 이와 같은 선악 이분법에 입각한 인물평의 시각을 배제한다. 권력이나 지배, 명예나 영광을 추구하지 않는 사람이라면 애당초 정치에 발을 디디지 않았을 것이다. 그런 점에서 권력과 명예를 향한 정치인의 개인적인 야심은 모든 정치인에게 일반적으로 해당되는 요소라고 보아야 한다. 한편, 어떤 공공성이나 높은 이상을 표방하는 그들의 언어는 개인적인 야심을 숨기고 거창하게 포장하기 위한 수사일 수 있는 만큼이나 적어도 그들의 주관성 안에서는 진정으로 실현하기를 원하는 목표의 표상일 수도 있다. 고상한 목표를 달성할 수만 있다면 정치인에게는 더 이상 바랄 나위 없이 개인적으로도 영광스러운 일이 되기 때문이다. 그렇기 때문에 이 글의 바탕을 이루는 시각에서는 예컨대 박정희가 평화통일을 명분 중 하나로 내걸고 유신을 감행했을 때, 집권연장을 위한 수사라는 의미와 그가 진심으로 평화통일을 원했다는 의미를 대립항으로 설정하지 않는다. 왜냐하면 그의 마음 속에서 평화통일과 집권연장은 완벽하게 양립 가능할 뿐만 아니라, 사실상 같은 의미를 가지고 유신이라는 하나의 초점에서 서로 만나기 때문이다.

다만 평화통일, 민족중흥, 민주주의 등의 단어들에 대해서 박정희가 부여한 주관적인 의미들이 곧 이러한 단어의 표준적인 의미

1. 이 밖에 박정희에 대한 찬반 양론의 포괄적인 목록은 정윤재(1995)와 김갑식(2007)을 참조할 것.

일 수는 없다. 박정희가 그러한 단어들을 통해서 표현한 의미와 그 단어들을 사용한 방식이 나름대로 내면적 정합성(coherence)과 대현실적 적합성(adequacy)을 갖추고 있다고 하더라도 그와는 다른 방식의 의미나 방식도 가능하다. 그가 원한 "평화통일"이나 "민족중흥", "한국적 민주주의" 등이 과연 얼마나 평화적인 통일이나 민족의 중흥, 민주주의에 사후적으로 평가할 때 도움이 되었는지에 착안하여 박정희를 비판할 수 있는 여지도 충분히 많다. 여기서 이런 문제들과 관련하여 박정희를 비판할 수 있다는 말은 이 문제들에 대하여 모종의 정답 같은 것을 찾고 그런 정답을 준거로 삼아서 박정희가 내놓은 답을 오답으로 판정할 수 있다는 말과는 다르다. 오히려 박정희야말로 정치사회의 진로와 관련되는 여러 가지 문제들에 관해서 하나의 정답을 찾고자 하는 선험주의(transcendentalism)의 틀에 입각해서 사유한 인물의 전형으로서, 자신이 생각하는 답과 다른 의견을 (중요하지 않아서 그냥 넘어가는 경우를 제외하면) 모두 오답으로 간주한 경우에 해당한다. 본고에서는 정치사회의 현안들에 관한 결정이 어떤 일반적인 이론이나 보편적인 이치를 개별적인 사례에 적용하는 방식으로써 이루어지기보다는 현실의 정치사회 안에서 구성원들 사이의 가치와 소원과 열망의 분포 여하에 따라서 이루어질 수밖에 없다는 사회적 결정(social determination)의 시각을 가지고 이 문제를 논할 것이다.

II. 박정희의 정치적 언어

박정희가 집권기간 동안에 행한 1,541개의 연설문 가운데는 "정치 · 사회 혼란", "경제위기", "북한위협", "국제사회 긴장" 등 위기나 혼란을 주제로 삼은 것이 623개(40%)에 이른다(구경서 2000, 168). 이처럼 박정희는 당대 한국의 현실을 위기 및 혼란으로 인식한 위에 자립경제와 자주국방이라고 하는 부국강병책을 통해서 민족의 중흥을 기하는 것으로써 권력장악의 명분을 삼았고 정치사회의 진로를 설정하였다. 그가 자주 사용한 구호로는 "민족중흥", "조국 근대화", "자립경제", "자주국방", "자조, 자립, 협동", "서정쇄신", "민족적 · 한국적 민주주의", "지도자, 영도자" 등이 있는데, 여기서는 이러한 구호들을 조국 근대화, 민족중흥, 지도자와 민주주의, 위기와 동원의 언어 등으로 나누어 살펴보기로 한다.

1. 조국 근대화

박정희는 한국사의 과거에 대하여 지극히 부정적인 인식을 가지고 있었다. 최고회의 의장 시절에 쓴 『국가와 혁명과 나』에서 그는 한민족의 역사를 "퇴영과 조잡의 침체사"로 규정하면서 특히 당파싸움을 "세계에서도 드물 만큼 소아병적이고 추잡한 것이었다"고 비판한다. 조선의 역사란 "두터운 봉건 속에서 빈곤과 나락과 안일주의의 악순환"(박정희 1997, 29-30)이었으며, "사대주의, 자주정신의 결여, 게으름과 불로소득 관념, 개척정신 결여, 기업심의 부족, 악성적 이기주의, 명예관념의 결여"(박정희 1962, 97-105) 등을 우리 민족이 반성해야 한다는 것이다. 조국 근대화란 과거의 잘못된 유산을 벗어던지고 새로운 모습으로 탈바꿈하는 것인바, 여기에는 정치, 경제, 외교, 사회, 문화, 정신 등등 사회생활의 모든 국면에서 변화가 필요하다. 이를 정재경(1991, 108-109)은 "민주질서", "민족자본", "자립경제", "자주국방", "부국강병", "정예국군", "한국의 위치를 세계 속에 부각", "정당한 보수가 무시되었던 과거의 고용조건 개선", "경제성장", "고용확대", "국적 있는 교육", "선진과학기술의 수용", "민족문화의 창조발전", "열등의식과 패배주의에서 … 탈피하여 … 보다 적극적이고 능동적인 인간으로 개조" 등의 문구를 가지고 요약했다.

2. 민족주의

박정희에게 민족주의란 곧 부국강병과 같은 의미였다. 연설문 가운데서 빈곤으로부터 해방을 지상과제로 설정하는 사고방식이 표현된 문구 몇 개를 열거하면 다음과 같다.

> 민족적 민주주의의 제1차적 목표는 '자립'에 있습니다. '자립'이야말로 민족 주체성이 세워질 기반이며, 민주주의가 기착 영생할 안주지인 것입니다.
>
> 「자립에의 의지 방송연설」, 1967년 4월 14일.

경제개발5개년 계획은 그대로 조국통일운동이요, 전쟁을 막는 일이요, 북한 동포를 구출하여 우리 민족의 평화와 복지를 약속하는 길이다.

「국군의 날 유시」, 1968년 10월 1일.

나를 확대한 것이 즉 우리 국가다 … 국가를 위해서 내가 희생을 하고 봉사를 하는 것은 크게 따지면 나 개인을 위해서 봉사하는 것이고 우리 자신을 위해서 희생하는 것이다.

「연두기자회견」, 1970년 1월 9일.

민족과 국가라는 것은, 이것은 영생하는 것입니다. 특히 하나의 민족이라는 것은 영원한 생명체입니다. 따라서 민족의 안태와 번영을 위해서는 그 민족의 후견인으로서 국가가 반드시 있어야 하겠습니다. 국가는 민족의 후견인입니다. 국가 없는 민족의 번영과 발전이라는 것은 있을 수 없는 것입니다.

「연두기자회견」, 1973년 1월 12일.

박정희의 문법에서 민족이란 곧 국가와 동의어이다. 국가 이전에 존재하는 민족의 도덕적 정체성과 같은 관념은 그에게 해당하지 않는다. 민족의 정체성이란 일단 생존하고 난 다음에 생성되어야 할 종류의 사항이다. 민족의 정체성과 생존 사이의 관계를 그가 이처럼 생존지상주의적으로 인식하고 있었다는 점은 그의 마키아벨리주의적 편력을 이해하는 데에 도움을 준다. 다음 절에서 다시 논하겠지만 수차례에 걸친 이른바 "변절"의 굴곡들이 외부의 시각에서는 변절이겠지만 박정희 개인의 주관성 안에서는 생존을 위한 당연한 선택에 해당했던 것이다. 민족의 생존과 발전을 최고의 목표로 설정할 때 일본과의 협상 역시 반드시 반민족적이라고 생각해야 할 까닭은 없게 되는 것이다.

3. 지도자와 민주주의

지도자와 절차적 민주주의 사이의 관계를 그가 어떻게 이해하고 있었는지는 쿠데타 직후인 1961년 6월에 《조선일보》에 기고한 「지도자도」에 잘 나타난다. "민주사상이 발달된 현대에 와서 지도자는 피지도자와 이해관계를 공통으로 가진 평등한 지위에서 일보 앞서 그들과 같은 길을 걷는 동지이다. 즉 피지도자를 호령하는 자가 아니라 피지도자를 가장 잘 대표하는 자이다." 그러나 지도자와 피지도자는 의지의 주체로서 대등한 관계가 아니라 우열관계에 있다. "건강하고 동등권을 가진 두 사람 중 갑은 을의 의식주를 무제한 제한할 수 없다. 그러나 을이 병이 들어 갑(의사)의 치료를 받아야 할 때에는 의사와 환자란 조건 하에 갑은 을의 식사 제한 및 조절을 할 수 있을 뿐만 아니라, 때로는 자기 집을 떠나 병원에 입원하도록 명령할 수도 있다."

지도자의 자격으로서 박정희는 ① 동지의식, ② 판단과 해결의 능력, ③ 선견지명, ④ 원칙에 대한 충실, ⑤ 용단, ⑥ 민주주의에 대한 신념, ⑦ 목표에 대한 확신, ⑧ 지도자단의 단결, ⑨ 성의와 정열, ⑩ 신뢰감 등을 든다. 그러나 여기서 동지의식이란 환자에 대해서 의

사가 가지는 종류의 동지의식이며, "원칙에 대한 충실"은 "자기에게 정직하고 남에게 정직하며 찬양을 받든 비난을 받든 오직 정의와 양심의 판단에만 복종하는" 형태의 충실, 다시 말해서 "목표를 향해서 원칙을 세우고" 그것을 달성해 나가는 데 흔들리지 않는 종류의 충실을 가리킨다. 지도자의 판단과 선견지명이 진행하려는 경로를 어떤 절차적 요건들이 방해하거나 지연한다는 것은 박정희의 지도자도에서 생각할 수 없는 일이다. 하물며 집권기 내내 한국 사회가 정치적·경제적·안보적으로 위기에 처해 있다고 생각한 위기의식이 여기에 겹치게 되면, 피지도자의 이익을 지도자가 헤아려서 피지도자의 "경험적 의사"에[2] 상관없이 강제수단을 써서라도 베풀어 주는 용단도 박정희가 이해하기로는 민주주의에 해당하게 되는 것이다. 차이에 대한 관용, 절차적 정의, 정부권력에 대한 반대의 권리를 본질로 삼는 자유민주주의적 사회조직 원리를 그는 이해할 수 없었던 것이다.

4. 동원의 언어와 위기의식

박정희는 자기가 설정한 국가목표를 달성하기 위해서는 인민의 역량을 얼마나 동원할 수 있느냐가 관건이라고 보고 "빈곤의 절망 속에서 자포자기로 깃들인 나태, 안일, 사행행위 및 의타심 등 침체된 악습을 구축하고 건곤일척 새 생활 건설을 위한 근면, 성실한 자립적

2. 벌린(Berlin 2006a)은 인간의 의사를 "경험적 의사"와 "진정한 의사"로 구분하고 "진정한 의사"의 이름으로 "경험적 의사"를 일반적으로 억압할 수 있다고 보는 태도가 바로 전체주의의 온상이라고 비판했다.

분기가 없다면 정부의 여하한 원조나 노력도 헛된 수고가 되고 말 것"[3]이라고 보았다. 나태와 안일과 패배주의에서 벗어나 적극적이고 능동적인 인간으로 인민을 개조하기 위해서 다양한 방면에서 동원의 기제들이 활용되었는데, 경제개발 5개년계획의 목표치를 각종 홍보매체를 활용하여 인민의 뇌리에 각인하는 데 더하여, 충효사상을 각급 학교와 사회단체들을 통해서 강조하고 이순신이라든지 화랑과 같은 영웅들의 이야기를 현창하며, 국민윤리 교육을 통해서 진취적이고 자주적이며 합리적인 근대인의 모형을 제시하고, 국민교육헌장을 제정해서 아동들로 하여금 암송하도록 하였다.

이와 같은 동원 메커니즘이 절정에 도달한 것은 새마을운동이다. 새마을운동은 자조(自助, self-help)의 원리에 따라서 더 잘 하는 마을에 더 많이 지원하겠다는 정책이었다. 그리하여 참여의 열성도와 실적 차이에 따라서 지원을 차등화함으로써 경쟁을 유발하였다, 동시에 모든 방송매체를 통해서 아침저녁으로 새마을 노래가 전국 방방곡곡에 울려퍼지도록 하는 동시에 새마을지도자 연수원을 건립하여 다양한 계층의 국민들을 교육했다. 1972-1979년 사이에 각종 합숙 교육을 받은 사람이 67만 7,900명, 비합숙 교육 인원은 무려 6,953만 3,000명에 달한다. 여기에 농촌진흥청에서 행한 영농지도자 교육과 겨울철 새마을 영농기술 교육 및 기타 각종 교육을 합하면 이 기간 동안 한국의 전 국민이 "일인당 평균 2회 정도의 비합숙 훈련을 받은 셈이 된다"(전인권 2006, 299).

이와 같은 동원의 바탕에는 상시적 위기의식도 자리 잡고 있

3. 「농민의 분발을 촉구하는 담화」, 1962년 3월 10일.

었다. 박정희는 "지금이 고비", "앞으로 3년", "지금부터 5년"이라는 식의 표현을 즐겨 사용했다. 매 시기를 비상시기로 인식하는 동시에 위기를 곧 기회로 보아 국난극복의 결정적인 고비가 도래했다고 인민의 참여를 고취했던 것이다. 1962년 『국가와 혁명과 나』에서는 "반만년 만에 처음 만난 신민족국가 창건을 위한 천재의 호기"를 만나서 "5·16을 기점으로 한 지금의 본인은 조국과 민족과 역사 앞에 자신의 생명을 걸지 않을 수 없게 되어 있다"고 했고(박정희 1997, 31-32), 1971년 대통령 선거유세에서는 "앞으로 몇 년 동안만 더 피땀 흘려 노력하면 보다 더 잘 살 수 있고, 공산당의 위협도 막을 수 있고, 우리 후손들에게 알차고 보람된 유산을 남겨줄 수도 있는 부강한 국가를 건설해 보자"고 했으며(박정희 1973c, 1108), 1976년 8·15 경축사에서는 "나는 앞으로 4, 5년이 우리가 항구적인 평화와 번영의 터전을 굳게 다질 수 있는 가장 중요한 시기가 될 것"으로 내다본다고 말했다(박정희 1979, 79). 위기를 극복하기 위해 모두가 허리띠를 졸라매자는 호소인 셈인데, 흥미로운 것은 18년 동안의 집권기 내내 위기를 상시화하고 "앞으로 몇 년만 더"를 외쳤다는 사실이다.

III. 박정희식 문법의 주관적 의미와 대현실적합성

박정희는 "조국 근대화", "자립경제", "자주국방", "총화단결" 등과 같은 구호만을 외친 것이 아니라 "민주주의", "민족복지", "교육

입국", "사회정의" 등의 구호도 외쳤다. 그럼에도 그의 시대를 경제 성장을 위해서 일로매진한 시기라고 자리매김할 사람은 많아도 "민주주의"나 "복지"가 실현된 시기라고 볼 사람은—이 단어들을 독특한 방식으로 재정의하지 않는 한—별로 없을 것이다. 교육과 관련해서도 박정희 시대는 일류대학의 좁은 문을 입신양명의 관건으로 삼는 입시경쟁이 본격화한 시대로서 인문학적 탐구정신이 퇴화하고 학문 연마를 출세의 방편으로만 간주하는 시각이 널리 확산된 시기였고, 정의와 관련해서도 법치의 원리에 입각한 절차적 정의보다는 최고권력자의 통찰력에 의존해서 정의 여부가 좌우되는 인치의 시기였다. 더군다나 민족주의와 관련해서는 한국 사회에 분포하는 여러 갈래의 민족주의 노선 중에는 박정희의 친일 경력이나 대일 국교 정상화를 민족주의에 역행한 것으로 간주하는 시선이 더 많을 것이다. 박정희가 사용한 구호와 그의 실천 사이에 괴리가 있다고 보는 시선이 이처럼 외부에는 많은데 박정희 자신은 구호와 실천의 관계를 어떻게 이해하였을까?

박정희는 인식론적으로 선험주의자였고 정치적으로는 국가주의자였다. 즉 국가를 하나의 실체로 보고 국가가 사회 전체를 위해 목표를 설정하고 사회를 인도하는 역할을 맡는 것이 자연스럽다고 보는 시각을 가지고 있었다. 국가 또는 사회에게는 나름대로 처한 상황에 따라서 마땅히 추구해야 할 목표가 있는데, 그러한 목표를 올바르게 포착하는 능력이야말로 그가 지도자의 조건에 포함시킨 "선견지명"이자 "판단능력"에 해당한다. 더구나 여기에 상시화된 위기의식과 어릴 적부터 체득해 온 병영식 서열구조의 모형이 병합되어 박정희의 마음 속에는 엘리트가 설정한 국가목표를 향해서 전 국민이

기립하여 사열식을 벌이는 형태의 일사불란한 총동원 체제를 가장 바람직한 상태로 여기는 사고방식이 자리 잡았다고 할 수 있다. 그러한 상태가 바람직하다는 말은 민족적으로도 바람직할 뿐만 아니라 민주적으로도 바람직하다는 말이다. 생존과 성장은 민족의 지상과제일 뿐만 아니라 인민에게도 지상과제라고 파악되었기 때문이다.

그러나 설사 그의 주관성 안에서는 구호와 실천 사이에 괴리가 감지되지 않았다고 하더라도 그의 민족주의나 민주주의에 관해서는 논란의 여지가 아주 많다. 우선 민족주의와 관련하여 전재호(2000, 21)는 과감하게 "일본 제국의 충실한 신민으로 만주에서 독립군을 때려잡던 박정희"라고 말하지만 만주 시절 박정희의 행적에는 어느 방향으로도 단언하기에 곤란한 불투명성이 있는 것이 사실이다.[4] 그렇지만 문경초등학교 교사직을 그만두고 혈서를 보내는 열의를 보여서 만주군관학교에 입학하였다든지, 만주군관학교 및 그후에 편입하는 일본 육사에서 학습한 일본 군국주의 병영사회의 구조를 일생 동안 사회조직의 모범으로 간주하였다는 점, 그리고 해방 후 분단된 한반도에서 통일보다 반공을 우선시하다가 일시적으로 "평화통일의 원칙"을 남북공동선언의 형식으로 천명하기는 하였지만 그것조차 결국에는 남북한 독재의 공고화를 위한 도구로 활용하고만 사례 등을 보면 박정희는 민족에 역행했거나 또는 적어도 그의 민족주의가 순수하지만은 않았다고 판정해야 할 이유가 적지 않은 것으로 보인다(한상범 2006 ; 정태헌 2002). 그래서 서중석(1995)은 "박정희

4. 박정희가 만주에서 팔로군 토벌을 목적으로 만들어진 일본군 특설부대의 일원이었다는 주목할 만한 증언도 있다(류연산 2004 ; 리광인 2005). 그러나 그런 증언만으로 박정희의 만주 행적이 확정되는 것은 아니다.

정권은 … 얼핏 민족주의적인 면도 보여주었고 … 민족적 자존심을 높였으며 … '주체성' 있는 교육 등 '민족주의'의 강조는 … 일정하게 교육적 효과를 지니게 했지만, 그러나 전반적으로 볼 때에는 반통일 세력으로 … 민족주의와 대립적인 '국가주의'의 행태를 보여주었다"고 판정한다.

반면에 김일영(2006)은 한국에 존재해 온 민족주의를 방어적 근대화 민족주의, 통일지향적 민족주의, 민족경제지향적 민족주의, 반미 민족주의 등 네 갈래로 분별하고 박정희의 민족주의는 방어적 근대화 민족주의였다고 자리매김한다. 반외세, 탈종속에는 상대적으로 소홀했지만 경제성장에 주안점을 두면서 정치적 민주화와 민족국가의 완성에도 어느 정도로는 관심이 기울여진 집체주의 체제였다는 것이다. 그리고 통일지향 세력이나 민족경제지향 세력, 반미 세력이나 각자 나름의 민족주의를 표방할 수는 있지만, 자신의 민족주의 모형에 부합하지 않는다는 이유만으로 박정희를 반민족으로 재단하는 것은 독선이라고 비판한다.

방법론적인 관점에서 생각할 때 이 쟁점과 관련해서는 김일영의 입장이 우세를 차지할 수밖에 없는 것으로 보인다. 무엇보다도 한상범이나 서중석이 생각하는 민족주의란 일제 시기에는 일제에 대한 저항을 뜻했고 분단 이후에는 분단에 대한 저항을 뜻하는 등 지향하는 가치가 적극적으로 제시되기보다는 자신들이 불만스럽게 여기는 현재를 부정하는 형태로 매우 어렴풋하게만 표상되었다. 민족주의가 하나의 가치로 구성되어야 한다고 주장하는 측일수록 그 하나의 가치를 명확하고 적극적인 형태로 보여주어야 할 터인데도 불구하고 현실의 못마땅함이라고 하는 충분히 치밀하지는 못한 정서의 주도를 방치하고 만 셈이다. 못마땅한 현실을 극복하기 위해서라도 단지 "못마땅한 현실을 극복하려는" 동기만으로 구성된 민족주의로는 지극히 미흡할 수밖에 없다. 왜냐하면 극복을 위한 "민족적" 추진력이 응집되려면 "가까운 자에 대한 사랑"이 "멀리 있는 자에 대한 사랑"으로 전이되고 확산되는 일이 일어나야 하는데, 이를 위해서는 예컨대 콘(Kohn 1988, 34–45)이 영국, 프랑스와 관련하여 부각하듯 자유라든지 자유, 평등, 박애라고 하는 민족 이외의 어떤 추상적인 가치나 원리에 의한 매개가 필요하기 때문이다.[5]

단 김일영의 경우 박정희식 민족주의의 가치지향성이 철저하게 박정희 개인(또는 그 주변의 극소수 집단)에 의해서 자의적으로 설정된다는 사실을 간과하고 있다. 가령 박정희 또는 박정희가 추구한 가치가 민족의 가치를 어떻게 대표하느냐는 질문을 상정해 보면 이는 이치로 따져서 답이 나올 수 있는 문제가 아니라 결국 실제 역사의 경로에서 현실을 추동한 힘의 보유 여부에 따라서 좌우될 일에 해당한다. 그리고 어쨌거나 박정희 시대를 거치면서 근대 한국(대한민국) 민족을 구성하는 여러 가지 요소들이 정형화되어 대한민국이라는 나라가 여러 가지 측면에서 분명한 형태의 정체를 확립하게 된 것은 부인할 수 없는 사실이다. 그러므로 박정희와 같이 역사를 상당기간 동안 주도하고, 그리하여 정형화되지 못한 상태의 정치사회에 일정한 정도로 틀을 부여한 입장에서는 가치지향의 내용이 무엇이든 자신의 노선을 "민족주의"라고 명명할 수 있다는 말이 되고 만다.

5. "가까운 자에 대한 사랑"과 "멀리 있는 자에 대한 사랑"은 니체의 표현이다. 콘의 입장에 대한 비판적인 논평은 박동천(2006, 448–456)을 참조할 것.

민족주의에 앞서서 한민족의 민족적 정체 자체가—박정희가 주도한 이른바 민족(nation)[6]형성의 과정 안에서—그의 행보에 따라서 규정되었기 때문이다. 자신의 노선을 형용하려는 듯이 민족을 말하지만 실상은 민족이 무엇인지가 자신의 노선에 의해서 규정되는 셈이다.

서중석이 말하는 민족은 박정희의 행위 바깥에서 규정되어 그의 행위에 관한 잘잘못을 평가하는 하나의 잣대로 작용한다. 반면에 김일영이 말하는 민족은 박정희에 의해서 구성되는 것이다. 그러므로 서중석이 말하려는 민족에 대해서는 그 잣대가 구체적으로 무엇인지, 그리고 누가 그 잣대를 정했는지를 따져 물을 수 있다. 반면에 김일영이 말하려는 것처럼 구성주의적으로 바라보게 되면 민족이라는 개념은 더 이상 잘잘못을 분별하는 기준이 될 수 없다. 박정희가 구성한 민족의 개념에 따라 박정희의 민족주의를 평가한다는 것은 무의미한 동어반복일 수밖에 없기 때문이다.[7] 더구나 우리 일상어의 용례에서 "민족"이라는 단어에는 부지불식간에 찬양의 의미가 살짝 섞이는바, 민족을 구성주의적으로 이해하는 방식은 그와 같

6. 고원(2006), 황병주(2004, 2005), 정태헌(2002), 김호기(1998) 등은 박정희 시대가 민주주의나 민족주의의 측면에서는 근대성을 충분히 확보하지 못했지만 산업화, 부국강병, 자본주의, 감시체제, 국가에 의한 제도적 폭력수단 등과 같은 측면에서는 한국에서 근대를 맞이한 시기였다고 보고 있다. 다만 이들은 이를 국민형성이라고 부르지만, 박정희가 민족주의를 자처한 어법에 따르면 그 시대에 형성된 "국민(nation)"이란 곧 "민족(nation)"이 형성되었다는 말과 같다.

7. 정윤재(1995, 269 각주)는 박정희의 민족적 민주주의를 "자아준거적"이었다고 평가했는데, 이는 뒤집어보면 현실의 필요를 위해서 권력이 민족이나 민주의 의미를 규정한 사례라는 말과 모순되지 않는다.

은 일상 용례와는 상반되는 인식임을 김일영이 분명하게 명시하지 않은 것은 분석의 미흡함에 해당한다. 다시 말해서 박정희가 "민족형성"의 한 주체였다는 말과 일관성을 유지하려면 무엇이든 형성한 공로를 인정할 수는 있겠지만 그가 민족을 형성했다는 것은 공로가 될 수 없는 것이다. 왜냐하면 시대를 주도한 그의 권력 안에는 민족이 무엇인지를 규정하는 권력이 포함되어 있었기 때문이다. 권력의 독점은 곧 언어의 독점이었기 때문에 그의 "민족주의"를 나름대로 인정할 수 있다는 말은 결국 그가 권력을 독점한 실력을 인정할 수 있다는 말을 다르게 표현한 수사에 불과한 것이다.

이러한 언어의 독점은 마키아벨리주의적 국가주의[8]에 바탕을 둔 박정희식 권력정치에서 파생하는 필연적인 결과로서 민주주의와 관련해서도 동일한 현상을 관찰할 수 있다. 박정희가 민주주의를 줄곧 말하면서도 또한 "행정 민주주의", "민족적 민주주의", "한국적 민주주의" 따위로 형용사를 첨가해서 구실과 변명을 시도했던 과정에 대해서는 이미 충분히 알려져 있다. 이처럼 민주주의라는 단어 앞에 형용사를 첨가한 표현으로써 그가 뜻한 바는 기본적으로 레닌식 민주집중제와 흡사한 형태의 의사결정 구조였다. 정치사회가 나아가야 할 "진정한" 진로가 있다고 보고 그 길을 따라 가는 것이 공동체 전체의 "진정한" 의지라고 보면 민주주의란 그와 같은 인민의 "진정한" 의지를 찾아서 실현하는 것으로 정의된다. 벌린식 표현으로 말하면 충분히 개명되지 못해서 "저열한 상태에 있는" 개인들의 "경험

8. 국익 또는 국가이성(ragione di stato)을 위해 잔혹한 일도 할 줄 알아야 한다는 발상을 이어받았다는 점에서 그렇다.

적"인 의지들은 단지 무시되어야 할 가짜 의지이기 때문에 그런 잡다한 요소들을 핵심적인 소재로 삼아서 공동체의 운명을 결정하는 절차주의적 원리는 박정희와 같은 선험주의자에게는 생소하기만 한 것이었다.[9)]

그러면서도 박정희는 자신이 민주주의라고 부르는 것이 곧 전체주의와 통한다는 사실은 전혀 깨닫지 못한 듯 전체주의를 공산주의와 동일시하면서 언표 수준에서 적대시했다. 민족주의의 경우에 그랬던 것처럼 민주주의와 관련해서도 박정희가 사용하는 어휘는 자신의 행태와 신조를 담아 표현하기 위해서 자신이 그런 용어를 사용한다는 사실 말고는 내용과 용어 사이를 연결해 주는 특별히 고유하거나 필연적인 연관은 찾아보기 어렵다. 자기가 사용하는 언어의 표면과 내용 사이에 타당한 연관이 있는지에 관하여 논란의 여지가 있을 수도 있다는 문제의식 자체를 그 자신이 경원하고 위험시했던 것이다.

그가 특별히 자의적으로 사용한 중요한 단어로는 위기의식을 강조하는 일군의 어휘들도 있다. 그는 "앞으로 5년", "앞으로 3년", "획기적인 시대", "위기의 시대" 등 현재를 중요한 역사적 계기로 인

9. 이를 두고 전인권(2006, 14-15)은 "성장과정과 생애에서 단 1년도 민주주의를 학습할 기회가 없었다"는 점에서 박정희는 민주주의를 실천하지 않았다기보다는 민주주의가 무엇인지를 몰랐다고 판정했다. 사실 김재준이나 장준하, 문익환 등 극소수를 제외하면 20세기 초반에 태어난 세대로 자유민주주의의 절차주의적 원리를 충분히 이해한 사람은 드물었으리라고 보는 것이 온당할 것이다. 정치사회의 진로에 관한 선험주의적 시각이 전체주의로 이어지는 경로에 관해서는 벌린(Berlin 2006b)을, 한국 사회의 정치의식이 얼마나 선험주의에 젖어 있는지에 관해서는 박동천(2007 ; 2008)을 참조할 것.

식하는 언표를 18년 내내 즐겨 사용했다(황인정 1985, 42-43). 그는 "과업성취 후 참신하고 양심적인 정치인들에게 정권을 이양하고 본연의 업무로 복귀하겠다"던 혁명공약을 번복할 때부터 유신이라는 궁정 쿠데타를 감행할 때까지 "이번 한 번만" 자신이 정권을 담당하겠다고 대외적으로 공표했다. 그런 말들을 반드시 거짓말로 보아야 할 필요는 없다고 본다. 결과적으로 "이번 한 번만"은 한 번도 지켜지지 않은 약속이 되었지만 집권을 시도할 당시에는 매번 스스로에게 진심으로 "이번 한 번만 하고 물러나자"는 다짐을 실제로 했을 수도 있기 때문이다. 현재가 위기상황이고 그 위기를 잘 헤쳐나가기만 하면 국운 상승의 획기적인 계기가 도래한다는 인식은 지난번에 "한 번만"이라고 했던 다짐을 다시 "이번 한 번만 더"로 번복할 수 있는 편리하고 영원한 구실이 된다. 그리하여 18년 내내 "비상한" 상황이 상시적으로 계속되는 결과가 빚어졌는데도 그는 자신의 언행이 모순임을 깨닫기보다는 오히려 나라가 계속 위기임을 더욱 강조하는 방향으로 나아갔다.

지금까지 민족주의, 민주주의, 위기의식과 관련하여 살펴보았듯이 박정희의 어휘는 정치적으로 중요한 의미를 가지는 대목일수록 언표와 내용 사이의 관계가 자의적으로, 권력에 의해서 설정되었다. 이런 결과는 언어의 의미를 왜곡하려는 특별한 의도를 그가 가졌기 때문이라기보다는 정치사회의 진로와 관련한 정답이 있고 그 정답을 자기가 알고 있으니 정답을 현실에 구현하기 위해서는 무력의 사용이 불가피하며, 그것이 민족이고 민주이며 정의라는 정치의식에서 비롯하였다고 보아야 할 것이다. 그렇다고 하더라도 여전히 민족, 민주, 위기 등의 단어를 그가 사용한 방식은 통상적인 용례와 어떻게 일관성이 유지될지 따져 물을 때 대답하기 어려운 것이었다. 그가 말하는 민족이나 민주나 위기의 의미는 그를 추종하는 사람들에게나 타당성을 가지는 종류였을 뿐, 이견을 가진 사람에게 이치로 설득할 수 있는 힘은 가지지 못한 수준이었다. 그러나 그런 수준의 어휘나마 반대자들을 힘으로 억압할 수 있기에는 충분할 만큼 다수 국민을 동원하는 도구로서 봉사하였고, 그만큼 현실세계를 주도하기에 충분할 만큼 많은 사람들의 순종을 자아내는 데에는 성공했다.

IV. 유산

언어를 단순히 사물의 이름을 표기하는 기호라고만 생각하면 사슴을 가리켜 말이라고 부르더라도 다소간의 불편만을 감수하면 불가능하지도 해롭지도 않은 일인 것 같다. 물론 진(秦)나라 환관 조고(趙高)의 시도는 단순히 자신의 권력을 확인하고 과시하는 외에 공적으로는 물론이고 사적으로도 어떤 이익을 자아내는 방향으로는 연결되지 않는다. 반면에 프랑스나 중국의 혁명기나 국난기의 한국에서처럼 일부 엘리트가 제정한 표준어에 의해서 인민의 실제 언어생활에서 사투리를 강제로 축출한 것과 같은 경우들은 민족형성을 위한 동원정책의 일환으로 그 필요성이나 정당성이 적어도 어느 정도로는 인정되는 것이 사실이다.

이 때문에 정치인, 특히 독재자의 언어에 관하여 논의하려는 관심은 으레 권력에 의한 자의적 언어사용이 어떤 사적 또는 공적 이익으로 연결되었느냐는 논의로 이어지기가 쉽다. 즉 어느 정도의 공적 이익으로 연결되었느냐에 따라서 자의적 언어 사용의 정당화 여부를 판가름하려는 논의이다. 실제로 박정희에 관한 논의들은 대부분이 이와 같은 차원에서 맴돌고 있다. 조갑제, 정재경, 이인화, 김일영 등은 일부 희생이나 억울함이 있었든지 없었든지 경제성장을 통한 민족중흥이라는 박정희의 업적이 워낙 크기 때문에 나머지 시비거리들은 모두 정당화될 수 있다는 입장인 반면에 김대환(1997), 전재호(2000), 조석곤(2005), 한상범(2006), 황대권(2005) 등은 박정희의 업적이라는 것은 따지고 보면 정권 연장이라는 사적 이익에 불과하였다든지, 또는 그 시대에 결과적으로 경제성장이 이루어진 것은 사실이지만 그것은 박정희의 업적이라기보다는 노동자들의 피와 땀의 결실이라는 이유로 그 시대의 억압과 강제는 정당화될 수 없다고 주장한다. 필자가 보기에 이러한 방향의 논의는 현실정치의 세력다툼과 너무나 긴밀하게 맞물려 있어서 이치에 입각한 토론이 진행할 여지가 거의 없다. 그렇다고 해서 전인권(2006)처럼 박정희의 자의적 언어 사용이 그의 성장배경이나 그때 형성된 심리구조에서 비롯된다는 식의 해명은 일종의 심리주의적 환원론으로서, 박정희 시대가 대한민국에게 남겨놓은 유산을 비롯한 사회적 차원의 의미에는 눈길을 돌리지 못하는 한계가 있다. 이제부터 논의는 그 시대, 특히 그의 자의적 언어 사용이 한국 사회에 어떤 흔적을 남겼는지에 초점을 맞춘다.

언어와 정치

1. 진실에 대한 감수성 위축

무엇보다도 먼저 강조할 점은 박정희식의 언어 사용으로 말미암아 한국 사회에 진실에 대한 감수성이 거의 상실되었다고 말할 수 있을 만큼 위축되었다는 사실이다. 김구 암살, 장준하의 죽음, 5 · 18의 사전 기획 여부 등 해방 이후 지금까지 정치적으로 의혹이 제기되었던 사건 또는 사고 가운데 진상이 명쾌하게 규명된 것은 거의 없다. 물론 정치적으로 심중한 무게를 지니는 사건의 경우 진상이 밝혀진다면 특정 정치세력이 치명적인 타격을 입고 현상(status quo)이 뿌리째 흔들릴 것이기 때문에 다른 나라의 경우에도—예컨대 미국에서 케네디 암살이나 레이건 정부의 니카라과 콘트라 지원과 관련된 의혹처럼—모든 진상이 속 시원하게 밝혀지지는 않는다. 그러나 한국 사회의 경우 필자가 부각하고 싶은 측면은 사건에 따라서 진상이 백일 하에 밝혀지지 않는 것들이 많다는 정도가 아니라, 어떤 사건이나 사고가 발생했을 때 그 사안 자체의 진상을 파고들어 가 드러내려는 관심이 충분히 이어져서 어떤 결실이 나타나기도 전에 적당한 단계에서 얼버무림으로써 초점이 흐려지는 경우가 일반적이라는 사실이다.

어떤 사고가 발생했을 때 그 원인을 정확하게 규명하기에 앞서 이른바 "지휘 책임" 또는 "물의를 일으켰다"는 이유로 고위직 공직자 한두 사람을 퇴진하는 것으로 사태가 수습되는 경향도 그와 같은 부류에 속하는 일이다. 노무현 정부가 정책적으로 무엇을 잘못해서 어떤 나쁜 결과가 초래되도록 원인을 제공했는지를 따지기에 앞서서 말투를 트집 잡아서 결국 탄핵소추로까지 몰고 간 사고방식 역시 같은 부류이다. 노무현이 열린우리당을 지지하고 선거에서 열린우리당의 승리를 원한다는 것은 박정희가 공화당을 지지하고 선거에서 공화당의 승리를 염원했던 것만큼이나 명약관화한 일이다. 이것은 노무현이나 박정희가 어떤 발언을 하든지 않든지 상관없이 당연하다. 그런 것을 두고 단지 노무현이 "열린우리당의 승리를 바란다" 또는 "열린우리당의 후보를 지지한다"고 기자와의 인터뷰에서 말했다는 이유로 공무원의 선거중립 의무를 위반했다고 판정한 선거관리위원회의 언어감각은 권력의 바탕 위에서 언어를 자의적으로 사용한 박정희의 경우와 닮은꼴이다.[10)]

왜냐하면 노무현의 발언이 중립적이지 못하다는 이유만으로—그의 발언이 중립적이지 않았다는 데에는 의문의 여지가 없다—그가 법률을 위반했다고 보아야 한다면 선거관리위원회의 판결 자체는 어떻게 되는가? 선거관리위원회의 판정은 애당초 결코 중립적일 수가 없다. 아무리 중립성을 표방하고 아무리 노력한다 할지라도, 심판기관의 판정은 언제나 한쪽의 손을 들어줌으로써 다른 쪽 편을 패자로 만들어 선거에 영향을 미치게 된다. 그 때문에 선거관리위원들

10. 박정희(「선거종료에 즈음한 치사」, 1963. 12. 2)는 자신의 남로당 전력을 들어 "상대방을 공산주의자로까지" 몰아친 윤보선 진영이 "악랄하고 추잡했지만" 자신은 "공명선거를 위해서 참았다"고 말했다. 그러나 1963년부터 그의 선거혐오증이 시작되어 결국 종신 대통령제를 선택하게 되었다는 해석이 필자가 보기에는 더욱 타당하다. 뿐만 아니라 "자유민주주의를 공통이념으로 하는 이 나라의 사상적 풍토에서 상대방을 공산주의자로까지 몰아치는 악랄한 수법"은 박정희 시대에 정적을 숙청할 때 동원된 전가의 보도였다.

이 공무원의 선거중립 의무를 위반했다고 한다면 말이 되겠는가? 선거중립 의무조항을 대통령과 같은 선출직 공무원에게 적용할 때에는 어떤 발언이 선거에 영향을 미칠 수 있는지, 영향을 미칠 의도를 가지고 있는지, 특정 정당에 유리한지 불리한지만을 볼 것이 아니라, 직무 수행과 관련하여 위임받은 공권력을 선거에 활용하는지 여부를 결정적인 시금석으로 삼아야 한다.

공권력의 동원 여부를 기준으로 삼을 때에만 중립의무를 위반한 공무원의 행위와 준수한 공무원의 행위 사이에 일관적인 분별이 가능해진다. 선출직 공무원들의 발언과 행위는 언제나 정파적인 반향을 가질 수밖에 없기 때문에 단순히 발언의 중립성 여부에만 초점을 맞추게 되면 모든 발언이나 행위가 중립의무에 저촉될 수밖에 없다.[11] 그 모든 행위들을 처벌할 수는 없기 때문에 결국 그 중에서 일부만을 처벌대상으로 삼아야 하는데, 공권력의 동원 여부를 잣대로 삼지 않고 단순히 발언의 중립성 여부만을 잣대로 삼게 되면 이때 선별의 기준이라는 것이 자의적일 수밖에 없는 것이다.

더욱 주목할 지점은 노무현의 발언이 선거법 위반인지 아닌지를 다투는 논쟁을 지켜보는 지식인 관객들 사이에서 선관위의 자의적인 의미해석을 문제 삼기보다는 노무현의 말투가 잘못이라는 입장을 취하는 사람들이 압도적인 다수라는 사실이다. "노 대통령 주장에 일리가 있지만 … 퇴임을 앞둔 대통령의 이런 행위에 대선 정국에서 주도권을 행사하려는 의도가 깔려 있다면 비판받아 마땅하다"

11. 2008년 국회의원 선거국면에서 이명박 대통령의 은평 뉴타운 건설현장 방문과 관련된 중립의무 위반 논란처럼 비생산적인 말다툼이 발생하는 데에는 선거관리위원회의 모호한 판단기준에 일정한 책임이 있다고 본다.

(《한겨레》, 2007. 6. 8.)고 한 김수진의 언표가 전형적이다. 선관위의 결정이 문제가 없는 것은 아니지만 노 대통령이 더 문제라는 이야기인데, 필자가 보기에는 선관위의 결정과 관련된 문제는 제도적 원칙의 문제이기 때문에 훨씬 엄격하게 비판을 받아야 하는 반면에, 노 대통령의 언행에서 김수진이 찾아낸 문제란 정치인의 행태에 대한 김수진 나름의 도덕적 판단에 해당하는 것이기 때문에 이 두 차원의 문제가 반드시 동일한 차원에서 서로 비교되어야 하는 것은 아니다. 그럼에도 불구하고 김수진처럼 그 두 차원의 문제를 종합해서 평결을 내리는 사고방식 안에는 후자의 차원, 즉 각 개인의 도덕적 가치 표명이라는 차원과 전자의 차원, 즉 언어의 논리적 적용, 다시 말해서 진실의 차원을 두루뭉수리로 뒤섞어 취급하면서 진실보다 도덕을 중요시하는 태도가 함축되어 있는 것이다.[12)]

2. 정치적 문법의 균열

언어생활에서 진실에 관한 관심이 뒷전으로 밀려나고 도덕이 전면으로 부각된다는 것은 정치적 진영의 분열에 상응하여 정치적 문법도 분열을 일으킨다는 의미를 가진다. 도덕이란 본질적으로 주관성의 표현이기 때문에 같은 가치지향을 가진 사람들끼리 연대를 자아내는 기반이 되지만 상이한 가치지향을 가진 사람에 대해서는

12. 이런 경우에 전형적으로 도덕은 선의 문제라기보다는 권력의 문제로 전락하게 된다(박동천 1999).

배척의 이유를 제공하지 않을 수 없다. 그러므로 도덕을 지향하는 측면에서만 보면 어떤 사회든 여러 갈래의 가치지향으로 갈라질 수밖에 없고, 그러한 다양성 사이에서 질서는 결국 물리력에 의해서 강요될 수밖에 없다. 한편, 도덕적 주관성의 다양성 사이를 관통할 수 있는 사회연대, 다시 말해서 권력에 의해 강요되기 전에 자발적으로 형성될 수 있는 사회연대의 기반은 오직 각종 쟁점과 관련하여 어떤 말이 맞고 어떤 말이 틀린지를 가늠하는 감수성이 사회구성원들 사이에서 얼마나 광범위하게 공유되는지에 달려 있다(박동천 2000).

권력자의 주관 안에서는 나름대로 의미를 가질 수 있지만 그의 주관성 바깥으로 나가는 순간부터 의미의 응집력이 흐트러지고 마는 문법이 박정희 시대에 경제 제일주의라는 만들어진 이데올로기에 대중적인 토대를 둔 동원의 권력에 의해서 상황을 주도한 결과, 그 뒤를 계승한 전두환 시대에는 광주라고 하는 대도시에서 수십만 명의 사람들과 관련하여 며칠 동안 백주에 벌어진 사태의 진상마저 국가권력을 장악한 군부세력과 거기에 순응한 일부 신문사들이 여러 해 동안 조직적으로 호도할 수 있는 사례까지 발생했다. 그것이 은폐이자 호도라는 사실이 밝혀지면서 1987년의 전환이 가능해졌다는 점은 물론 한국 사회에 진실을 향한 감수성이 완전히 숨을 죽인 것은 아니며, 진실을 매개로 한 사회연대가 실제 현실에서 어떤 힘을 발휘할 수 있는지를 적확하게 보여준 것이다.

그러나 1987년의 전환은 한국 사회 정치동력의 가장 밑바탕에 진실의 기반을 확립하는 데까지는 이르지 못하였다. 오히려 그 후로 정치적 담론이 정파적으로 분열되는 경향은 더욱 심화되어 김대중의 대북포용정책이나 남북정상회담 및 노벨평화상 수상마저도 정치공동체 전체를 위한 성과로서의 의미를 부각하는 한쪽 시각의 곁에서 "정략적 의도"를 의심하는 음모론적—그 자체가 정략적인—해석이 완강하게 똬리를 틀게 되었다.

이와 같은 담론의 분열 자체는 불행한 일이 아니다. 다양한 가치와 해석이 분출한다는 것은 자유로운 사회가 그렇지 않은 사회보다 낫다고 말할 수 있는 핵심 근거 중의 하나이기 때문에 담론의 분열은 병리현상이라기보다는 자유로운 정치의 본령에 해당하는 요소이다. 더구나 정치인들의 공개적 언사를 액면 그대로 해석하는 것이 얼마나 순진한 일인지를 깨달은 바탕 위에 성립한 것이 근대의 민주주의이고 보면, 정치적 주장의 숨은 의도나 배경을 캐물어 밝히는 방향의 관심은 필수불가결의 요소라고도 할 수 있다. 그러나 어떤 주장에 숨어 있는 의도를 밝히려고 노력하는 과정은 후건긍정의 오류가 아주 쉽사리 저질러지는 공간이다.

후건긍정의 오류란 명제 "p이면 q이다"와 "q"가 참이라는 데서 곧바로 "p"도 참임을 추론하는 오류를 가리킨다. q가 일어나려면 반드시 p가 먼저 있었어야 한다는 추가적 조건이 주어지지 않는 한, q를 일으킬 수 있는 전제로서는 p 이외에 여러 가지 가능성이 있을 수 있으므로 "p→q∨q"로부터 곧바로 "p"를 결론짓는 것은 오류가 된다. 이는 논리학 교과서에 나오는 기본 사항으로 양식을 갖춘 사람으로서 모르는 사람은 없을 것이다. 하지만 실제 정치담론에서는 이와 같은 오류에 기초한 주장들이 매우 자주 개진되고, 때로는 아무도 감히 그 오류를 지적할 수 없을 정도로 한 사회의 정치의식을 휘어잡아 버리는 경우마저 드물지 않게 발생한다.[13] 위에 거론한 김대중의 경우를 예로 들어서 살펴보자. 한국의 대통령이 노벨평화상을 받기 위해서 남북정상회담을 추진하는 사태는 일어날 수 있는 일이다. 그리고 김대중 대통령은 남북정상회담도 했고 그로 말미암아 노벨평화상도 받았다. 그러나 그가 실제로 노벨평화상을 받기 위해서 남북정상회담을 추진했다는 결론을 이로부터 도출하면 바로 후건긍정의 오류가 되는 것이다. 그러한 결론이 나오려면 "다른 이유는 없이 오직 노벨상만을 위해서" 또는 "다른 어떤 동기보다도 노벨상을 받으려는 동기가 특별히 강하게 작용해서" 남북정상회담을 추진했다는 사실적 증거가 있어야 한다. 그럼에도 불구하고 김대중을 비판하는 사람들에게는 그를 공격하려는 의도에 밀려서 이와 같은 세밀한 이치는 뒷전으로 밀려나고 마는 것이 보통이다.

환경단체, 여성단체, 노동단체, 농민단체, 종교단체, 그 밖에 각종 시민단체들에 의한 단일주제 정치(single interest politics)뿐만 아니라 일반적인 시민 개개인들도 어떤 정책이나 사법부의 결정이 자신에게 만족스럽지 않게 나오는 순간 "유전무죄 무전유죄"라는 식의 음모론적 해석에 쉽사리 빠지고 만다. 반면에 자신들에게 유리한 방향의 결정이 나왔을 때에는 "사필귀정"을 외친다. 이러한 상황은 정치적·사회적 쟁점들이 해소되는 과정에서 쌍방 모두가 어느 정도로 신뢰하는 공통분모로서 원칙이 충분히 자리 잡지 못하고 있음을 보여준다. 자기에게 불리한 결정이 나왔을 때 권력이나 부에 의한 농간 때문이라고 간주하는 심성을 연장해서 생각해 보면, 자기에게 유리한 결정이 나왔을 때 외치는 "사필귀정"에서 "정"이란 곧 자기가 승

13. 개명되지 못한 사회나 전체주의 사회뿐만 아니라 21세기의 미국처럼 비교적 개명된 사회에서도 2001년 9월의 테러 이후에 이런 현상이 관찰되고 있다(Wolin 2003).

자의 편에 속해 있다는 득의의 환호 이상이 될 수 없는 것이다. 정치적 경쟁의 와중에서 자파의 의도는 공공적이고 상대방의 의도는 사리사욕이라고 주장하는 전술은 동서고금의 역사에서 흔히 있는 일이지만, 공공성이라는 개념 자체가 독립적인 지평을 상실하고 이와 같은 정치적 공방에 휩쓸려 떠내려 가버리게 되면 조선 후기의 당파 싸움과 다르지 않은 운명을 만나게 되더라도 놀라운 일이 아닐 것이다.

이와 같은 정치적 담론의 분열에 대한 책임을 전적으로 또는 대부분 박정희에게 돌릴 수는 없는 노릇이다. 이러한 사태는 박정희의 권력에 기댄 언어 사용이 조장했다고 말할 수 있는 만큼 한국 사회의 전통이나 일제의 억압에 기인한다고 볼 수도 있고, 더욱 중요하게는 박정희에게 반대해서 탄압받았던 진영의 복수심이나 원한에 기인한다고도 볼 수 있다.[14] 다만 박정희의 어법이 이치보다 권력을 우선시했고, 아울러 모든 사태의 꼭대기에는 항상 대통령이 있다는 밑그림을 한국의 정치의식에 제공했기 때문에 그의 시대 18년을 지나면서 이와 같은 담론의 분열구조가 강화되었다는 점은 부인하기 어려울 것이다. 다시 말해서 권력에 의한 의도적 결정이라는 틀에 입각하지 않고 정치적 상황을 이해할 수 있는 길로 무엇이 있는지에 관

14. 박정희 시대의 비판적 지식인들이 주로 권력에 저항한다는 점에서만 일치를 보였을 뿐 내면에서는 잡다하게 균열되어 있었고, 대체로 선험주의에 입각한 엘리트주의자들이었다는 점은 강수택(2001)의 조망을 통해서도 확인할 수 있다. 선험주의와 복수심 사이에는 논리적으로 필연적이지는 않더라도 정서적 · 현실적으로 밀접한 관계가 있다(벌린 2006b, 박동천 2007 참조). 예컨대 박세길(1993), 진중권(1998), 한상범(2006) 등의 언표에서 복수심을 읽는 사람이 필자만은 아닐 것이다.

한 감수성 자체가 박정희 시대를 거치면서 심각하게 손상을 입은 것이다.

3. 위기 프레임

농구 경기에서 20초 타임아웃 중에 전술을 결정하기 위해 감독이 선수 개개인의 의견을 물어 토론을 벌일 수는 없다. 인간 사회에서 내려지는 모든 결정의 성격은 필요한 결정이 얼마나 절박한지에 따라서 달라질 수밖에 없다. 일반적으로 속임수는 상대에게 해를 입히므로 비도덕적이며 사람들 사이에 신뢰를 깨뜨리므로 반사회적이지만 전쟁터에서는 영웅의 지혜가 된다. 이처럼 평시를 전제로 해서 의미를 가질 수 있는 어떤 논의라도 위기라는 요소가 하나 첨가되면 완전히 그 의미가 뒤집힐 수 있다. 위기상황의 담론에서는 어떤 주장이 말이 되는 소리인지를 분별하는 데에 평시 상황의 담론에 비해서 다른 기준이 적용된다. 두 가지 점이 두드러지는데, 첫째는 공통의 목표에—대개의 경우는 생존—관해 의견일치가 자연스럽게 이루어진다는 점이고, 둘째는 정의나 정당성의 기준이 아예 적용되지 않거나 적용되더라도 매우 느슨해진다는 점이다(Hume 1975, sec. III, part I, 참조).

목표에 관해 의견일치가 이루어진다는 말은 언어의 적실성(relevance) 여부에 관한 분별도 단순하고 명쾌하게 이루어진다는 말과 같다. 아울러 스스로 처한 상황을 위기로 인식하는 발상은 인간적 품격, 자비, 예의, 평화, 선행, 정의, 절차 등등 각박함이나 악착스러움과는 본질적으로 대척될 수밖에 없는 가치들을 일종의 사치로 치부할 태세가 갖추어져 있다는 의미를 함축한다. "'기아선상에서 허덕이는 절망적인 민생고'에서 탈출할 수 있는 유일한 길이 '수출 제일주의'라는 것을 깨달은 온 국민은 똘똘 힘을 뭉쳐 수출에 매진했다"는 오원철(2006, 98)의 묘사가 당시의 정황을 반영한다. 이와 같이 설정된 목표를 "기회를 놓치지 말고 밀어붙"이라는 명령(오원철 2006, 98)에 따라 추구할 때 예의, 인권, 환경, 장기적 결과 등등 당면한 목표달성으로 직결되지 않는 모든 고려들은 부질없는(irrelevant) 논의로 치부된다. 인간이 사용하는 언어가 때때로 현실의 절박함을 망각하는 데서 지나 현실과 완전히 유리되어 버리는 경우가 자주 발생한다는 점을 염두에 두면, 위기의식 덕분에 "언어가 휴가 가는"(Wittgenstein 1967, I, §38) 일이 예방된다는 사실에는 언어를 통해 가치를 표상하려는 정치인이나 지식인들이 항상 유의해야 할 의미가 들어 있다.

그러나 동시에 적실성이라는 개념 자체가 다양한 해석을 허용할 수밖에 없다는 사실도 정치인이나 지식인이라면 잊어서는 안 될 것이다. 한국 사회는 한말 이후 150년 가까운 세월 동안 위기의 역사를 실제로 겪은 데다가 박정희의 위기어법이 겹치면서 위기상황이 하나의 프레임으로서 기성세대의 의식 안에 정파와 상관없이 내장되어 있다. 예컨대 지역 균형발전을 위한 혁신도시 건설이나 언론 브리핑룸 설치를 비롯한 여러 정책이 소기의 성과를 거둘 수 있도록 정지작업과 여론조성을 사전에 충분히 마련하지 않은 노무현 정부의 시도에서도 일종의 위기의식에 따른 성급함이 읽혀진다. 이번에 하지 않으면 언제 할 수 있을지 모른다는 불안감이 바탕에 있기 때문에 목표에만 시선이 집중되고 주위 사람들이 어떻게 생각하고 있는지에는 충분한 관심이 기울여지지 않은 것이다. 새만금 간척, 경부고속철도, 한미 FTA와 같은 사회적 쟁점과 관련해서 폭력사태, 장기 단식 또는 자살과 같은 극단적인 자아표현 방식이 등장하는 것도 위기의식 및 그것과 결부되어 있는 미래에 대한 불안과 절망 때문이다.

박정희 자신은 그 시대 한국 사회의 물리적 상황이 여타 모든 고려를 포기하고 오직 수출 증대에만 매진해야 했을 정도로 위기라고 확신했다. 그러나 절차적 정의나 표현의 자유 같은 자유 민주주의의 기본 원리들이 사치로 치부되는 것이 마땅했을 정도로 실제로 당시의 한국 사회가 위기였는지가 엄연히 하나의 질문으로서 성립한다는 사실은 당대 이후 실제 역사가 증명한다. 하물며 경제성장을 위해 그토록 애를 쓴 결과 물리적으로는 어느 정도 여유를 누릴 수 있게 된 1990년대 이후를 생각해 보면 총체적인 위기의식에서는 벗어나도 괜찮은 것이 아니냐는 반문이 충분히 가능할 것이다. 그럼에도 불구하고 한국 사회의 기성세대의 의식 안에는 여전히 위기가 매우 핵심적인 프레임으로 내장되어 있다.

그리고 이는 상상력의 발동을 제약하는 차꼬로 작용해서 미래에 대한 희망의 여지를 발굴하지 못하도록 심각한 걸림돌 노릇을 하고 있다. 일인당 소득이 20,000달러를 넘어섰고, 자기 임기 중에 40,000달러 시대를 열겠다는 청사진을 제시한 후보가 대통령으로 당선되는 상황에서도 한국인 대다수는 생계의 고민에서 해방되지 못한 상태이다. 물리적으로는 빈곤에서 벗어났지만 정신적으로는 빈곤의 덫에 아직 갇혀 있는 것이다. 이 역시 전적으로 박정희에게 책임을 물을 수는 없겠지만 그의 집권기 18년을 거치면서 하나의 프레임으로 자리 잡게 되었다는 사실 역시 부인할 수는 없을 것이다.

V. 결론

박정희의 집권기는 경제성장이라는 목표를 중심으로 인민을 동원하고 동원된 인민의 지지를 바탕으로 독재 권력이 행사된 시기였다. 박정희는 "조국 근대화", "민족주의", "민주주의", "위기이자 기회"라는 등의 표어를 사용해서 국정목표를 홍보하고 인민을 동원하며 독재를 정당화했다. 인민을 동원하는 데에 그처럼 성공한 사례는 한국의 역사에서 전례가 없었다. 그만큼 화려한 수사들이 활용되었는데, 박정희가 사용한 어법은 용어의 의미를 스스로 규정하고 그에 대한 비판은 권력의 그림자를 통해 덮어버렸다는 전형적으로 전체주의적인 특성을 지닌다.

그렇지만 박정희의 주관적인 언어체계에서 자신의 체제는 항상 민족주의 또는 민주주의의 형상과 겹쳐서 나타났다. "민족주의"나 "민주주의"라는 단어의 의미를 박정희 체제의 성격과 정반대되는 의미로 이해하는 사람들이 결코 적지 않기 때문에 이런 사람들은 박정희 체제를 전형적인 반민족이자 반민주라고 비판하면서 그의 언어를 단지 위선적인 수사에 불과한 것으로 일축한다. 그러나 일체의 정파적 입장에서 독립하여 순수한 이치에만 입각해서 살펴보면 이 문제를 그처럼 간단하게 답할 수는 없다.

민족이나 민주나 모두 인민이라는 집단이 하나의 실체로 존재한다는 그림에 의존해서 생겨난 개념들이다. 그런데 한국의 경우 수천만 명에 이르는 사람들이 하나의 집단을 이룬다는 말은 구체적으로 어떤 상태를 가리키는 것일까? 한국의 인구 사이에 정치적 가치나 의사가 하나로 통일되어 있지 않다는 것은 명백한 사실이다. 이러한 상황에서 어떤 정책이나 가치를 추구해야 민족적이라고 할 수 있을 것인지는 민족의 개념에 관한 표준적 정의를 먼저 내린 다음에 그것을 준거로 삼아 정책을 선택하는 방식으로 대답될 수는 없는 노릇이다. 왜냐하면 특수한 역사적 배경으로 말미암아 민족이라는 단어 자체에 특별히 무거운 정치적 비중이 실리는 한국과 같은 사회에서는 내용은 차치하고 누가 "민족"이라는 간판을 내걸 수 있느냐는 문제 자체가 이미 정치적 경합의 핵심부에 위치할 수밖에 없기 때문이다.

민주주의 역시 박정희의 의미규정은 레닌식 민주집중제와 비슷한 것으로서 자유민주주의와는 근본적으로 상치된다. 그러나 자유민주주의, 특히 개인의 권리와 개명된 이기주의를 본령으로 삼는 앵글로-색슨식 체제만이 민주주의를 대표하는 것은 아니다. 탤몬(Talmon 1952)은 루소식 일반의지를 중심축으로 삼는 민주주의를 전체주의적 민주주의라고 부르며 비판했지만, 때로는 영미 사회에서조차 (일례로, Laski 1940) 이익정치의 폐해가 두드러질 때에는 정치적 쟁점에 관해 선험적인 정답을 그리워하는 마음이 종종 나타나는 것이 사실이다. 이러한 성향은 상황을 위기로 인식할수록 더욱 강화된다. 그러므로 박정희 체제의 사회조직 원리와 실제가 자유민주주의보다는 오히려 공산주의나 전체주의에 더욱 가깝다고는 분명하게 말할 수 있지만, 그 때문에 그것이 민주주의가 아니라는 말은 민주주의의 한 특정 형태에게 표준의 지위를 자의적으로 부여하지 않는 한 할 수 없다고 필자는 생각한다.

민족이나 민주라는 단어에 규범적인 의미를 포함시켜서 박정희 체제를 평가하는 잣대로 삼는 작업은 본고의 의도 바깥에 놓인다. 대신에 필자는 박정희가 제창한 민족이나 민주, 근대화, 위기 등의 구호와 담론들이 각각 그의 문법 내부에서 어떤 의미인지, 아울러 그의 권력과 어떤 관계인지를 논의했다. 그리하여 그가 사용한 어휘들은 그가 주관적으로 정의한 의미로 사용된 것이고, 주관적 정의는 그의 권력에 의해 뒷받침을 받는 순환구조를 주장했으며, 그러한 순환구조를 통해서 민족 및 민주라는 한국어 단어의 의미에 추가 요소가 구성되었음을 밝혔다.

나아가 그의 언어 독점은 그 시대 이후를 살아가는 세대에게 해결해야 할 과제를 남겼다. 이는 진실에 대한 감수성의 위축, 정치적 문법의 균열, 그리고 위기 프레임으로 요약할 수 있다. 이것들을 해소해야 할 문제로 인식한다는 데에는 한국 사회가 현재 다원화의 과정을 거쳐가고 있고 다원화의 과정은 불가피하므로, 다원적인 사회에 알맞은 정치체의 작동을 위해서는 진실이 사회를 하나로 묶는 접착제로 기능해야 하며, 이익의 충돌을 개명된 방식으로 해소하기 위한 정치의식의 공통분모를 차근차근 마련해야 하고, 불안감에 찌들기보다는 다소 여유롭고 침착한 인식의 지평이 사회적으로 정착될 필요가 있다는 규범적인 전제가 깔려 있다.

이러한 관점에서 바라보면 생존을 지상과제로 파악한 박정희의 정치의식은 국난기에 적실성을 가지는 요소들이 융합된 결정체라고 볼 수 있다. 그리고 그러한 정치의식을 통해 인민을 동원하고,

다시 그럼으로써 인민에게 그러한 정치의식을 주입하는 데에 성공한 것은 그의 공로이다. 그러나 그러한 과정을 통해서 생존의 문제가 어느 정도 해결된 덕분에 바로 그와 같은 정치의식 자체의 해체가 정치사회 전체의 의제로 떠오르게 된 것은 역사에서 자주 발생하는 아이러니 가운데 하나라 할 수 있을 것이다.

참·고·문·헌

강수택. 2001. 「박정희 정권 시기의 지식인론 연구」. 『사회와 역사』 59집, 111-144.

고원. 2006. 「박정희 정권 시기 농촌 새마을운동과 '근대적 국민 만들기'」. 『경제와 사회』 69호(봄), 178-201.

구경서. 2000. 「박정희 정치연설의 정치커뮤니케이션적 의미 분석」. 건국대학교, 『政正』 제13집, 157-185.

김갑식. 2007. 「박정희 시대 연구경향과 재조명」. 서울대학교 한국정치연구소, 『한국정치연구』 16 : 1, 81-110.

김대환. 1997. 「'근대화' 와 경제개발의 재검토」. 한국경제발전학회, 『경제발전연구』 3 : 1, 21-39.

김일영. 2006. 「박정희 시대와 민족주의의 네 얼굴」. 김영작 편. 『한국 내셔널리즘의 전개와 글로벌리즘』. 백산서당, 335-367.

김호기. 1998. 「박정희 시대와 근대성의 명암」. 『창작과 비평』 99호(봄), 93-111.

류연산. 2004. 『일송정 푸른 솔에 선구자는 없었다』. 아이필드.

리광인. 2005. 「'특설부대원 박정희' 는 연변학계의 정설」. 『말』 12월호. 235호, 88-93.

박동천. 2008. 「대통령 노무현에 대한 평가 : 언행을 중심으로」. 서강대학교. 『사회과학연구』 16 : 1, 114-144.

______. 2007. 「노회찬의 리더십 : 실용적 변혁운동가의 리더십」. 호남정치학회 편. 『2007 대통령 후보 리더십 청문회』. 부키, 99-145.

______. 2006. 「내셔널리즘의 기원과 전개」. 김영작 편. 『한국 내셔널리즘의 전개와 글로벌리즘』. 백산서당, 437-468.

______. 2000. 「사회적 규칙과 사회연대」. 『정치사상연구』 3집, 67-94.

박동천. 1999.「위선의 문화 : 진실 규명의 정치철학적 의미」. 김인영 외.『비리와 합리의 한국사회 : 진단과 처방』. 소화, 9-51.

박세길. 1993.「인간 박정희, 변절과 권력욕의 화신」.『역사비평』 23호(여름), 157-167.

박정희. 1962.『우리 민족의 나갈 길-사회재건의 이념』. 동아출판사.

______. 1963.『국가와 혁명과 나』. 향문사.

______. 1973a.『박정희 대통령 연설문집 1 : 군정편』. 대통령비서실.

______. 1973b.『박정희 대통령 연설문집 2 : 제5대편』. 대통령비서실.

______. 1973c.『박정희 대통령 연설문집 3 : 제6대편』. 대통령비서실.

______. 1973d.『박정희 대통령 연설문집 4 : 제7대편』. 대통령비서실.

______. 1976.『박정희 대통령 연설문집 5(상) : 제8대편』. 대통령비서실.

______. 1979.『박정희 대통령 연설문집 5(하) : 제8대편』. 대통령비서실.

______. 1997.『국가와 혁명과 나』. 지구촌.

______. 1961.「指導者道」.《조선일보》(1) 6. 28, (2) 6. 29, (3) 7. 1.

백낙청. 2005.「박정희 시대를 어떻게 생각할까」.『창작과 비평』 128호(여름), 287-297.

서중석. 1995.「박정권의 대일 자세와 파행적 한일관계」.『역사비평』 28호(봄).

오원철. 2006.『박정희는 어떻게 경제강국 만들었나』. 동서문화사.

이인화. 1997.「『인간의 길』에 나타난 근대성 문제」.『상상』. 가을, 259-286.

전인권. 2006.『박정희 평전』. 이학사.

전재호. 2000.『반동적 근대주의자 박정희』. 책세상.

정윤재. 1995.「제3,4공화국의 성격과 리더쉽 : 박정희대통령의 근대화리더십에 관한 연구」.『동북아연구』, 1 : 1, 239-272.

정재경. 1979.『한민족 중흥사상 : 박정희 대통령의 정치철학』. 신라문화사.

______. 1991.『박정희사상서설-휘호를 중심으로』. 집문당.

정태헌. 2002.「민주적 민족적 국민 형성의 장정에서 본 박정희 시대」.『역사문제연구』 9호, 11-40.

조갑제. 1998.『내 무덤에 침을 뱉어라』. 조선일보사.

조석곤. 2005.「박정희신화와 박정희체제」.『창작과 비평』 128호(여름), 272-286.

진중권. 1998.『네 무덤에 침을 뱉으마』. 개마고원.

한상범. 2006.『박정희와 친일파의 유령들』. 삼인.

황대권. 2005.「지금도 계속되는 박정희 패러다임」.『창작과 비평』128호(여름), 257-271.

황병주. 2004.「박정희체제의 지배담론과 대중의 국민화」. 임지현 · 김용우 편.『대중독재 : 강제와 동의 사이에서』. 책세상.

______. 2005.「국민교육헌장과 박정희 체제의 지배담론」.『역사문제연구』15호, 129-175.

황인정. 1985.『행정과 경제개발 : 한국발전정부론』(증보판). 서울대학교출판부.

Isaiah Berlin. 2006a.「자유의 두 개념」. 박동천 역.『이사야 벌린의 자유론』. 아카넷. ("Two Concepts of Liberty", *Liberty*)

______. 2006b.「역사적 불가피성」. 박동천 역.『이사야 벌린의 자유론』. ("Historical Inevitability", *Liberty*)

David Hume. 1975. *An Enquiry concerning the Principles of Morals*, ed. by L. A. Selby-Bigge. Oxford University Press.

Hans Kohn. 1988. 박순식 역.「민족주의의 개념」. 백낙청 편,『민족주의란 무엇인가』. 창작과비평사. ("Introduction : The Nature of Nationalism", *The Idea of Nationalism*)

Harold Laski. 1940. *The American Presidency : An Interpretation*. New York : Harper & Brothers.

Jacob L. Talmon. 1985. *The Origins of Totalitarian Democracy*. Boulder, Colorado : Westview Press.

Ludwig Wittgenstein. 1967. *Philosophical Investigations*. trans. by G. E. M. Anscomb. Oxford : Basil Blackwell.

Sheldon Wolin. 2003. "Inverted Totalitarianism." *The Nation*. May 19.

4

레닌의 언어와 정치 : 연속혁명의 이론과 전술

이완종 | 국민대학교

I. 머리말

인간 의식의 사회적 규정성에 관한 맑스의 관점을 수용한 만하임(K. Mannheim)은 1929년 출간한 『이데올로기와 유토피아』에서 보수주의, 자유주의, 무정부주의, 사회주의를 현대 사회에서 경쟁하는 네 가지 이데올로기로 규정했다. 그는 기존 사회체제의 유지 또는 변화를 도모하는 각 계급이 자신에 고유한 사회의식과 세계관을 이상화하여 구성한 이론체계를 이데올로기로 간주했는데, 그에게 이데올로기란 상대화된 계급언어였다.

인권, 자유, 평등 등의 개념을 토대로 구성되는 자유주의는 언어적으로 그 나름의 논리성과 체계성을 갖는다. 인간소외, 자본, 노동, 계급 등의 개념에서 출발하는 맑스주의 언어체계는 그 자체로 일정한 완결성을 갖는다. 이런 사정은 무정부주의나 파시즘에서도 마찬가지이다. 자유주의에서 인간은 합리적인 보편적 존재로 묘사되지만 맑스주의에서 인간은 소외된 존재이며 동시에 소외를 지양하는 존재, 즉 노동자로 표상된다. 인권 개념에 의지하는 자유주의는 사회경제적 불평등과 자본주의적 참상에 직면하면 진보적 자유주의로 발전하기도 하고, 갈등과 대립의 소용돌이 속에서는 평화주의의 기치를 들기도 한다. 반면, 소외의 지양을 위해 계급투쟁을 설교하는 맑스주의는 자유주의적 언어들과의 소통이 불가하다. 다만 탈혁명화된 맑스주의는 현상학적 수준에서 진보적 자유주의와 접근한다. 이런 점에서 만하임의 상관주의(relationalism)는 학적(學的) 적실성을 갖는다.

레닌주의란 맑스주의 언어체계에 의존하여 레닌이 진술한 이론들 및 전술의 체계이다. 1917년 이전에는 노동자 혁명을, 이후에는 프롤레타리아트 독재를 설교했던 레닌의 이론들은 그 본질상 극좌적 노동운동에서 발전한 프롤레타리아트 계급언어였다. 레닌은 반(半)봉건적 러시아에서 자본주의적 관계들이 성장하고 있음을 논증했으며, 그럼으로써 노동자 혁명의 당위성을 역설했다. 10월혁명 후에는 소비에트 사회주의의 발전을 위한 이론을 제시하고 그것을 정치(전술)로 실현했다. 본 연구는 레닌의 구체적 언어를 통해 레닌주의의 이론적 내용과 그 발전 및 그것에 근거해 레닌이 구현했던 계급정치의 실제를 통시적으로 고찰하고자 한다.

레닌의 언어는 난삽하다. 시간과 장소에 따라 모순되기도 했던 그것은 그럼에도 불구하고 혁명과 독재를 위해 전체적으로 체계를 이룬다. 레닌의 언어는 권력이었다. 그가 양산한 많은 신조어 중에는 전혀 근거 없는 것들도 있었고 무단 도용된 것들도 있었다. 항상 소수자였던 레닌파를 볼셰비키, 즉 다수파로 규정했으며, 자신의 정치를 부하린(Н.И. Бухарин)의 국가자본주의 개념, 보그다노프(A. A. Богданов)의 전시공산주의 개념을 무단 차용해 합리화했다. 그럼에도 그의 언어는 역사가 되고 과학이 되기도 했다.

레닌은 자신이 혁명적 맑스주의의 전통을 계승했다고 자부했다. 자본주의에서 사회주의로의 전환을 위한 객관적 조건이 역사적 진화에 의해 실증적으로 발생하지 않았음을 주장하면서 사회주의를 합리적으로 선택된 하나의 윤리 이념으로 수용해야 한다고 주장한 베른슈타인(E. Bernstein)이나[1] 신칸트주의에 공감하면서 외적 세계에 대한 절대적 인식가능성을 부정한 보그다노프는 레닌이 보기에 맑스주의를 포기한 반동분자였다. 그럼에도 특히 부하린주의자들은 레닌주의를 사회민주주의적으로 분칠했다.

그러나 그것은 노동운동 진영 내에서도 그 지지자들이 소수에 불과했던 극좌적 언어체계였다. 소비에트 러시아에서 그것의 사회적 기반은 극히 협소했으며, 따라서 볼셰비키 정권의 유지 및 사회주의 발전을 위한 레닌의 정치는 폭압적이며 잔혹할 수밖에 없었다. 레닌주의가 기본 원칙에서 거의 변화가 없었다는 서비스(R. Service)의 주장은 옳지 않다.[2] 레닌주의는 1917년 "새로운 볼셰비즘"으로 질적 도약을 하며 더욱 좌경화했다. 레닌의 언어와 정치를 공시적 비평이 아니라 역사 속에서의 육성을 통해 분석하는 것은 레닌주의의 객관적 평가를 위한 유용한 계기가 된다.

1. 에두하르트 베른슈타인, 강신준 역, 『사회주의의 전제와 사민당의 과제』(서울 : 한길사, 1999), 319-351쪽.
2. 로버트 서비스, 정승현 · 홍민표 역, 『레닌』(서울 : 시학사, 2001), 44쪽.

II. 레닌주의의 키워드 : 노동자 혁명과 프롤레타리아트 독재

1. 노동 계급과 전위정당

1894년 레닌은 자유주의적 인민주의를 비판하는 책을 출간했으며,[3] 이를 계기로 러시아 운동권에서 맑스주의자로서 두각을 나타냈다. 레닌에 의하면 일하는 개인의 복지가 진보의 유일한 척도로 간주되어야 한다고 주장하는 자유주의적 인민주의자들이 범한 근본적 과오는 심화되는 사회경제적 관계의 모순들을 도외시한 것이었다. 자본주의적 발전은 러시아에서 이미 돌이킬 수 없는 추세가 되었고, 계급으로서의 노동자들이야말로 역사적 진보를 실현할 수 있는 유일한 세력이라는 것이었다. 그가 보기에 맑스주의자들의 기본 과제는 인민들로부터 노동자들을 추출하여 혁명을 위해 조직화하는 것이었다 : "사회민주주의자들의 정치활동은 러시아 노동운동의 발전과 조직화에 조력하고, 개별적이고 지도이념 없이 항의, '폭동', 파업이 전개되는 현 상태의 노동운동을 부르주아 체제에 대항하는 전체 노동 계급의 조직적 투쟁으로, 착취자에 대한 착취 및 근로자들에 대

3. 책의 원제는 『《인민의 벗》이란 누구이며 그들은 어떻게 사회민주주의자들에게 대항하는가?(Что такое《друзья народа》и как они воюют против социал-демократов?)』인데, 여기에 "맑스주의자들에 반대하는 《러시아의 부(富)》의 논문들에 대한 답변"이라는 부제가 붙어 있다.

한 억압에 기초한 사회질서들의 청산을 지향하는 전체 노동 계급의 조직적 투쟁으로 변환시키는 데 있다. 이 활동의 기초가 되는 것은 러시아 노동자가 러시아의 모든 근로자와 피착취 주민들의 유일하고 당연한 대표라는 맑스주의자들의 일반 신념이다."[4)]

책에서 레닌은 맑스-엥겔스의 저작들을 평하고 그 본질과 역사적 의미를 설명했으며, 특히 『자본』을 "과학적 사회주의를 진술하는 가장 중요하고 기본적인 작품"[5)]이라 평가했다. 그렇다고 해서 그가 맑스주의의 "과학"을 러시아 현실에 그대로 대입하려 했던 것은 아니었다. 혁명운동에서 이론 투쟁의 가치는 "과학"의 재창조로 담보됐다. 레닌은 말했다 : "우리는 맑스의 이론을 완전하고 불가침적인 것으로 간주하지 않는다. 반대로 그 이론은 사회주의자들이 삶에서 낙오되기 원치 않는다면 반드시 전방위적으로 발전시켜야 할 과학에 초석을 놓았을 뿐이라고 우리는 확신한다. 우리는 맑스의 이론을 독자적으로 발전시키는 것이 러시아 사회주의자들에게 특히 필요하다고 생각한다. 왜냐하면 그 이론은 프랑스에 비해 특히 영국에 다르게 적용되는, 독일에 비해 특히 프랑스에 다르게 적용되는, 러시아에 비해 특히 독일에 다르게 적용되는 그런 공통된 지도적 명제들을 제공할 뿐이기 때문이다."[6)]

1899년 출간된 『러시아에서의 자본주의 발전(*Развитие капитализма в России*)』은 맑스의 『자본』을 계승하는 레닌의 역작으로 평가됐다. 방대한 분량의 자료가 동원된 실증적 연구는 농민의 분해

4. Ленин В.И. Полн. собр. соч., т.1, с. 309–310.
5. Ленин В.И. Полн. собр. соч., т.1, с. 187.
6. Ленин В.И. Полн. собр. соч., т.1, с. 462.

와 농촌 경제의 자본주의적 진화에 대한 묘사부터 시작됐다. 그는 1861년 농노제 폐지 이후 농촌의 사회경제적 관계가 상품생산 및 자본주의 사회에 전형적인 모순들의 생성과 발전으로 규정되고 있음을 지적했으며, 자본주의적 농업 발전의 두 가지 가능성을 예상했다. 하나는 농노제에 기초한 지주제도가 점진적으로 자본주의적 경제로 전환하는 경우이며, 다른 하나는 농노제의 잔재들, 특히 대지주제가 혁명적으로 붕괴되는 경우로서 레닌은 후자가 자본주의적 관계에 기초한 생산력의 급속한 발전을 가능케 하면서 자본주의 타도와 사회주의적 경제변혁이라는 노동 계급의 향후 과제를 실현하는 데 유리한 조건을 조성할 것이라 보았다. 경제 연구를 통해 그가 도달한 결론은 아주 급진적이었다. 러시아에서 수백 만의 농민을 강력한 동맹자로 가진 프롤레타리아트가 선봉에 선 위대한 인민혁명이 성숙하고 있으며, 그 혁명은 짜리즘 타도에 국한될 수 없고, 프롤레타리아트는 더 멀리 자본주의 타도를 위해, 사회주의의 승리를 위해 나아간다는 것이다.[7]

레닌의 화두는 혁명이었고 많은 이론으로 그것을 모색했지만 그의 초기 언어는 인민주의를 비판하고 러시아 자본주의의 발전 및 노동 계급의 성장을 논증하는 데 집중됐다. 사회주의 혁명에 관한 그의 이론도 역사발전에 관해 맑스주의자들이 공유하는 수준에 머물렀다. 레닌주의적 이론의 등장은 1902년 출간된 『무엇을 할 것인가?(*Что делать*)』에서 확인되었으며, 그 요체는 노동 계급의 전위로서의 혁명가 정당에 관한 것이었다.

7. См : Ленин В.И. Полн. собр. соч., т.3, с.1–609.

『무엇을 할 것인가?』에서 레닌은 사회민주주의가 두 방향으로 발전하고 있음을 지적했다. 하나는 맑스주의의 혁명적 전통을 일관적으로 계승하는 것이고, 다른 하나는 맑스주의 이론의 기본 명제들을 왜곡하는 기회주의적 경향이었다. 프랑스의 밀레랑주의, 영국의 트레이드-유니온이즘, 독일의 베른슈타인주의, 그리고 러시아의 경제주의 등 다양하게 표현되는 사조들의 주장은 노동자들이 운동 속에서 사회주의 이념을 자연적으로 발전시킨다는 것이었으나 레닌이 보기에 그것들은 계급혁명을 반대하는 다양한 방식에 불과했다. 노동 계급은 단지 트레이드-유니온이즘적 의식 정도를 자주적으로 발전시킬 수 있을 뿐이며, 깊은 과학적 지식에 기초해 얻어지는 사회주의 의식은 프롤레타리아트 당에 의해 노동운동에 주입될 수 있었다. 노동 계급을 이끄는 "전위적 전사들의 역할은 오직 전위적 이론에 지도되는 당에 의해 수행될 수 있다"는 것이 레닌의 주장이었다.[8] 그는 말했다 : "사회민주주의의 이상은 트레이드-유니온의 비서가 되는 것이 아니라, 어디에서 발생하건 어떤 계층 또는 계급에 관련되든 상관없이 여하한 모든 종류의 모든 횡포와 억압에 응답할 줄 아는, 그 현상들을 경찰 폭력과 자본주의적 착취의 한 장면으로 일반화시킬 줄 아는, 자신의 사회주의적 확신과 민주적 요구들을 만인 앞에서 진술하는 데 여러 사소한 일들을 활용할 줄 아는, 만인과 각인에게 프롤레타리아트 해방투쟁의 세계사적 의미를 설명할 줄 아는 그런 인민의 호민관이 되는 것이다."[9]

8. Ленин В.И. Полн. собр. соч., т.6, с. 25.
9. Ленин В.И. Полн. собр. соч., т.6, с. 80-81.

"과학적 사회주의는 완전한 혁명 이론"이라 주장하며 러시아 사회민주주의에서 수정주의와 경제주의의 출현으로 시작된 "분열, 해체, 동요의 시기"를 청산해야 한다는 레닌의 외침은 플레하노프(Г. В. Плеханов)의 입장에도 부합했다. 하지만 레닌은 한 걸음 더 나아갔다. 플레하노프가 사회주의 운동에서 인텔리겐치아의 지도 역할을 강조한 데 비해 레닌은 혁명정당을 요구했다.

『무엇을 할 것인가?』에서 레닌은 아르키메데스의 아포리즘을 바꿔 자신의 속내를 드러내 외쳤다 : "우리에게 혁명가 조직을 달라. 그러면 우리는 러시아를 뒤엎을 것이다."[10] 그것은 직업혁명가들로 구성된 폐쇄적이고 강력한 중앙집권적 조직으로 활동의 비밀성과 규율성이 필수적이었다. 사실 레닌이 직업혁명가들로 구성된 전위정당이라는 개념을 처음 고안한 것은 아니다. 트카쵸프(П. Н. Ткачёв)는 혁명적 정당이 러시아 국가의 절대권력을 인수하여 그것을 강력한 혁명 독재기구로 전환시켜 모든 사회분야를 철저히 변혁하는 데 이용해야 하며, 혁명국가를 운영하는 혁명정당의 권위가 러시아 황제(짜리)의 그것에 버금가는 수준에서 확립되어야 한다고 주장한 바 있었다. 트카쵸프의 생각을 수용하면서 레닌은 자신의 블랑키즘으로 러시아사회민주노동당 내의 급진주의를 대표했으며, 독자 이론을 갖춘 당 지도자로서의 지위를 확립했다.

레닌의 급진주의는 이념적 사조에 머물지 않았다. 1903년 제2차 러시아사회민주노동당 대회에서 레닌은 직업혁명가 조직이라는 뜻의 당 개념을 관철시키는 데 실패했지만 자파 세력을 규합하며 자

10. Ленин В.И. Полн. собр. соч., т.6, с. 114.

신들을 볼셰비키(다수파)라 명명할 수 있었다. 그러나 대회 직후 그는 당 지도기관으로 규정된《이스크라》편집국에서 배제됨으로써 당권을 잃고 소수파로 전락했다. 1904년 출간한『일보 전진, 이보 후퇴(*Шаг вперёд, два шага назад*)』에서 레닌은 마르토프(Ю.О. Мартов)를 비롯한 온건파의 입장을 경제주의로 비판하며 자신의 신념을 변호했다 : "권력투쟁에 있어 프롤레타리아트에게 조직 이외에 다른 무기는 없다. 부르주아 세상에서 행해지는 무정부적 경쟁의 지배 하에 분열되어진, 자본에 예속된 노동으로 짓눌려진, 절대빈곤과 야수(野狩)화 및 퇴행의 나락으로 계속 팽개쳐지는 프롤레타리아트는 오직 한 경우에, 즉 맑스주의 원칙들에 의거한 이념적 단합이 수백 만 근로자들을 노동 계급의 군대로 결집시키는 조직의 물적 단결에 의해 강화되는 경우에만 불패의 세력이 될 수 있고 반드시 될 것이다. 이 군대 앞에선 러시아의 늙어빠진 전제권력도, 노쇠해 가는 국제적 자본권력도 버텨내지 못한다."[11]

2. 연속혁명(непрерывная революция)과 노동자 · 농민의 혁명적 민주독재

러시아 혁명의 성격과 그 주체에 대한 규정 문제는 다양한 혁명운동 세력과 이념적 사조들이 서로 연대하거나 편을 가르는 기준이었다. 러시아 사회민주주의가 멘셰비즘과 볼셰비즘이라는 두 분파

11. Ленин В.И. Полн. собр. соч., т.8, с. 403–404.

로 분열하게 된 데에는 당 조직론보다 혁명론상의 대립이 더 중요하게 작용했다. 멘셰비즘은 혁명이 부르주아적인 것이 될 것이며, 부르주아 계급에로의 권력 이전과 부르주아적 의회주의 실현을 위한 조건 창출이 혁명의 목적이 된다는 입장에 의거했다. 반면, 볼셰비즘은 혁명의 부르주아적 성격을 인정하면서도 임시혁명정부 수립을 그 과제로 제기했다.

1905년 여름, 레닌은 『민주주의 혁명에서의 사회민주주의의 두 가지 전술(*Две такитки социал-демократии в демократической революции*)』을 썼다. 여기에서 그는 멘셰비키의 "경제주의적" 혁명전술에 자신의 혁명론을 대조하면서 프롤레타리아 계급이 러시아 부르주아 민주주의 혁명의 지도자가 될 수 있으며 또 되어야 한다는 점을 강조했다. 나아가 프롤레타리아 계급이 부르주아 혁명의 성공에 만족해서는 안 되며, 사회주의를 향한 성공적 투쟁을 위해 "민주적 전복"을 최대한 활용해야 한다고 역설하면서 그 방법으로 노동자·농민의 혁명적 민주독재라는 개념을 제시했다. 레닌은 말했다 : "우리는 부단한, 연속된 혁명을 지지한다. 우리는 중도에 멈추지 않을 것이다."[12)]

레닌의 연속혁명론에 따르면 프롤레타리아 계급은 임시혁명정부에 대해 노동자·농민의 혁명적 민주독재의 확립을 통해 민주공화국 수립, 지주 소유 토지의 몰수, 8시간 노동일 확립 등 정치경제적 분야에서 당면한 민주적 요구들, 즉 최소강령의 실현을 주장할 것이지만 그것만으로 충분할 수 없었다. 사회주의 혁명의 조속한 실현

12. Ленин В.И. Полн.собр.соч., т.11, с.222.

을 위해 임시혁명정부에 대한 압박이 계속 가해져야 했는데, 그것은 우선 사회민주주의에 의해 지도되는 무장한 프롤레타리아트가 밑에서 부르주아 계급을 물리적으로 견제함으로써, 그리고 위에서는 "모든 반(反)혁명적 시도에 대한 가차없는 투쟁과 노동자 계급의 자주적 이익의 옹호를 위해 임시혁명정부에 사회민주주의 정당이 참여함으로써"[13] 실현될 수 있었다. 그럼에도 사회주의를 염원하는 프롤레타리아트의 계급적 지향과 부르주아적인 객관적 현실 사이에 존재하는 모순은 혁명 이후에 불가피한 것이었고, 레닌은 그런 모순의 해결방법을 프롤레타리아 계급의 정치적 인내 내지 자기 규제 속에서 발견했다.

1905년 러시아사회민주노동당 제3차 대회에 제출된 임시혁명정부에 관한 결의안에서 레닌은 당의 최소강령과 최대강령을 분명하게 구분했다. 그는 자기 혁명 이론의 논리를 이렇게 설명했다 : "본 결의안은 최소강령의 즉각적 실현에 관한, 그리고 사회주의 혁명을 위한 권력의 획득에 관한 반(半)무정부주의적인 어리석은 생각을 배제했다. 러시아 경제발전의 수준(객관적 조건)과 노동자 대중의 의식성 및 조직성의 수준(객관적 조건과 불가분의 관계에 있는 주관적 조건)은 즉각적인 노동자 계급의 해방을 불가능하게 한다. 오직 가장 무지한 자들만이 발발하는 민주주의 혁명의 부르주아적 성격을 무시할 수 있으며, 가장 순진한 낙천주의자들만이 아직 노동자 대중은 사회주의의 목적과 그 실현방법에 관해 거의 아는 바가 없다는 사실을 망각할 수 있다."[14]

13. Ленин В.И. Полн. собр. соч., т.11, с. 11.

중요한 사실은 러시아 사회민주주의 내에 트로츠키즘이라는 가장 급진적인 사조가 조직으로서도 존재하고 있었다는 것이다. 러시아 노동운동은 세 가지로 분열해 있었다. 트로츠키(Л.Д. Троцкий)는 영구혁명론에 의거하여 역사 진행을 추측했다. 그는 권력을 장악한 프롤레타리아트가 혁명을 부르주아 민주주의적 강령으로 제한하기를 원하지 않을 뿐만 아니라 또 제한할 수도 없으며, 그렇기 때문에 러시아 혁명은 부르주아 혁명이 아니라 사회주의 혁명이 될 것이며, 당연히 그렇게 되어야 한다고 설교했다. 트로츠키는 1906년에 저술한 『총괄과 전망』에서 이렇게 말했다 : "러시아의 경제적 상황하에서 노동자 계급의 사회주의 정책은 얼마만큼 진행될 수 있는가? 하나는 확실히 장담할 수 있다. 사회주의 정책은 나라의 기술적 후진성에 부딪히기 훨씬 이전에 정치적 장애에 봉착하게 될 것이다. 유럽의 프롤레타리아트가 제공하는 국가적 차원의 직접적 지원이 없이는 러시아 노동자 계급은 권력을 유지할 수 없으며, 자신의 일시적 지배를 장기간의 사회주의적 독재로 전환시킬 수 없다."[15] 러시아에 프롤레타리아트 독재정권을 수립하는 것은 시대적 당위이며 결과지만, 자본주의적 후진성으로 계급적 지지기반이 취약한 노동자 정권은 오직 사회주의 세계혁명을 통해 그 안정을 보장받을 수 있다는 것이 트로츠키즘의 요체였다.

레닌은 1905년 러시아 혁명 때 트로츠키의 노동자 정부 수립 요구를 비판했다. 당시 페테르부르크 소비에트를 지도했던 트로츠키

14. Ленин В.И. Полн. собр. соч., т.11, с. 16.
15. Троцкий Л.Д. Итоги и перспекитвы. // К истории русской революции. М., 1990, с. 108.

의 목표는 짜리즘을 타도하고 즉시 프롤레타리아트 독재권력을 수립하는 것이었다. 그것이야말로 최대강령을 표현하고 있었다. 자본주의 혁명이 실현되지 않은 러시아에서 프롤레타리아트 독재권력을 수립한다는 주장은 레닌이 보기에 시대착오적이며 비과학적인 것이었다. 트로츠키는 멘셰비즘과 볼셰비즘의 대립을 단지 혁명세력의 힘을 분열시키고 앞으로의 사회주의 혁명에 지장을 초래하는 그런 공허하고 불필요한 것으로 취급했다. 최소강령과 최대강령 사이의 구별은 현실에서 프롤레타리아 계급이 권력을 장악하자마자 소멸할 것이기 때문이었다.

엥겔스(F. Engles)는 『공산주의의 원리』에서 일국에서의 사회주의 혁명의 실현 가능성을 부정적으로 평했다. 레닌도 각국에서의 사회주의 혁명을 세계혁명의 한 구성부분으로 취급했다. 그러면서 그는 사회주의 혁명이 동시다발적일 수 없으며, 제국주의 시대에 문제가 보다 적극적으로 설정되어야 한다고 말했다 : "경제적 · 정치적 발전의 불균등성은 자본주의의 절대법칙이다. 이로부터 우선 일부 자본주의 국가들에서, 심지어 개별적으로 취해진 일국에서 사회주의의 승리가 가능하다는 결론이 나온다. 이 나라의 승리한 프롤레타리아트는 자본가들을 수탈하고, 사회주의적 생산을 조직하며, 다른 나라들의 피억압 계급들을 자기 편으로 끌어들이면서, 다른 나라들에서 자본가들에 반대하는 폭동을 선동하면서, 불가피할 경우 심지어 군사력을 동원하여 수탈 계급들 및 그들의 국가를 향해 진격하면서 나머지 자본주의 세계에 반대하여 궐기해야 할 것이다."[16] 물론 이는

16. Ленин В.И. Полн. собр. соч., т.26, с.354.

자본주의가 발전한 서구에 적용되는 문제였다.

레닌은 러시아 혁명의 독특한 성격을 무시하는 자들을 비판했다. 먼저 농민 계급의 혁명성을 부정하는 트로츠키가 비판대상이 됐다. 트로츠키가 "1905년 제기한 자신의 독창적 이론[즉 영구혁명론]에 의거해 사회주의 노동자 정부에 관한 좌익적 수사(修辭)를 반복하고 있지만" 실제로는 "러시아의 자유주의적 노동자 정치인들", 즉 멘셰비키를 돕고 있다는 것이 그 이유였다. 그들은 트로츠키의 주장에서 농민을 혁명과 무관한 존재로 취급하는 자신들의 입장에 대한 지지를 발견한다는 것이었다.[17] 트로츠키의 프롤레타리아트 독재론을 비판하면서 레닌은 임박한 러시아 혁명의 부르주아적 성격을 의심하지 않았다 : "권력 획득을 위해, 공화국을 위해, 토지 몰수를 위해, [중략] 군사봉건적 제국주의(=짜리즘)로부터 부르주아 러시아를 해방케 하는 투쟁에 비(非)프롤레타리아트 인민대중이 동참토록 하기 위해 프롤레타리아트는 투쟁했으며 또 헌신적으로 투쟁할 것이다. 프롤레타리아트는 농촌 노동자들과 투쟁하는 부유한 농민들을 지원하기 위해서가 아니라, 유럽 노동자들과 연대하는 사회주의 혁명의 성취를 위해서 짜리즘으로부터, 토지 및 지주권력으로부터 부르주아 러시아의 해방을 활용할 것이다."[18]

레닌의 연속혁명론은 사회주의 실현에 요구되는 역사과정을 단축하려는 강한 의지와 그 급진성으로 멘셰비키의 단계적 혁명론과 구별됐다. 하지만 레닌이 연속혁명 개념을 통해 볼셰비즘을 차별화

17. См. : Ленин В.И. Полн. собр. соч., т.27, с. 80–81.
18. Там же, с. 81.

하고, 그럼으로써 러시아에서 혁명적 맑스주의의 전통을 이어갈 수 있었다 하더라도 그의 입장은 영구혁명론과 크게 달랐다.

연속혁명론이나 영구혁명론은 모두 좌파적 극단주의의 산물이었으며, 엄밀히 말해 그런 개념의 원저자는 바로 맑시즘 창시자였다. 맑스는 1850년 봄, 공산주의자동맹을 상대로 이렇게 말했다 : "민주적 소부르주아가 혁명을 가능한 한 빨리 끝내려고 하는 그때 [중략] 우리의 이익과 과제는 대소를 망라한 모든 유산 계급이 권좌에서 완전히 밀려날 때까지, 프롤레타리아 계급이 국가권력을 완전히 장악할 때까지 혁명을 부단히 계속하는 데에 있다. [중략] 우리의 최종적 승리를 위해 [중략] 전투 슬로건이 공표되어야 한다. 그것은 바로 연속혁명이다!"[19] 혁명의 한 단계에서 다음 단계로의 계속된 교체를 의미하는 개념을 나름대로 압축된 형태로 제시한 연속혁명론과 영구혁명론은 모두 맑스의 명제에 의거했다. 각자의 혁명 이론에 공통된 사상적 기원을 갖고 있었음에도 불구하고, 또 그 이론적 친화성에도 불구하고 레닌주의와 트로츠키주의는 2월혁명 전까지 사회주의 운동권 내부에서 대립했다.

1914년 여름 전쟁이 발발하자 대다수 맑스주의자들이 "조국전쟁"의 승리를 지지하는 상황에서 레닌은 "제국주의 전쟁을 내전으로 전환시키라!"고 외치기 시작했다. 제국주의의 본질 해명 없이 전쟁에 대한 올바른 평가가 어렵다고 생각하면서 그는 평화주의의 구호란 자본주의 하에서 실현 불가능한 허황된 요구일 뿐이라고 일축했다.[20] 경제적 · 정치적 발전의 불균등성이 자본주의 발전의 절대법

19. Маркс К., Энгельс Ф. Соч., т.7, с. 261–267.

칙이고, 그 때문에 '자본주의의 최고 단계로서의 제국주의' 시대에 세계의 분할과 재분할을 위한 전쟁이 발발하는 것은 역사적 필연이라고 주장했다. 제국주의가 존재하는 한 침략전쟁의 경제적 토대와 전쟁 발발의 위험성은 상존한다. 세계평화는 인도주의적 구호들로 얻어질 수 없고, 오직 사회주의 하에서만 전쟁이 소멸하며 평화가 실현될 수 있다는 것이었다. 세계자본주의 경제의 새로운 현상들을 숙고하면서 레닌은 제국주의가 독점자본주의에서 국가독점자본주의로 전화되는 모습에 주목했으며, 자본주의의 모순들이 한층 심화되고 있다는 결론에 도달했다. "기생적이고 부패"한 자본주의는 사멸하고 있었다. 동시에 그는 '최고 단계의 자본주의'에서 사회주의로의 혁명적 이행을 위한 물적 조건들이 준비되고 있음을 확신했으며, 경제의 사회화나 생산 및 생산물의 분배에 대한 회계와 관리 등을 담당하는 기관들, 즉 사회주의 혁명의 승리 후에 프롤레타리아 계급이 사회주의 건설을 위해 활용할 수 있는 기관들의 등장을 발견했다. 그의 결론은 제국주의가 사회주의 혁명의 전야(前夜)라는 것이었다.[21]

1917년 1월, 레닌은 첫 번째 러시아 혁명 발발 12주년을 기념하여 스위스 노동자들이 마련한 집회에서 강연할 기회를 가졌다. 러시아 혁명의 독특함은 그것이 사회적 내용으로는 부르주아 민주주의적인 것이었지만 투쟁수단의 측면에서는 프롤레타리아트적이라는 데 있다고 말한 다음 그 실패의 원인들을 열거한 레닌은 "1905년 러시아 혁명이 미래의 유럽 혁명의 서곡으로 남아 있으며", 또 유럽

20. См. : Ленин В.И. Полн. собр. соч., т.26, с. 356.
21. См. : Ленин В.И. Полн. собр. соч., т.27, с. 301.

의 "깊은 고요함"에도 불구하고 제국주의 침략전쟁은 "가까운 시기에 인민들의 봉기로 이어질 것"이고, 금융자본과 자본가들에 반대하는 유럽 혁명은 곧 "프롤레타리아트 혁명이며 그 내용상 사회주의 혁명이 될 것"이라 예언했다.[22] 레닌은 유럽의 사회주의 혁명 가능성에 대해 말했지만 장래의 러시아 혁명에 관해서는 언급하지 않았다. 노동 계급의 미래를 낙관하며 볼셰비키 지도자는 강연을 이렇게 마무리했다 : "아마 우리 노인들은 미래에 있을 혁명의 결전의 순간까지 살지 못할 겁니다. 그럼에도 불구하고 내가 확신을 갖고 말할 수 있는 희망은 스위스와 전(全) 세계의 사회주의 운동에 있어 이렇게 훌륭한 역할을 해내는 젊은이들이야말로 투쟁하는 행복뿐 아니라, 미래의 프롤레타리아트 혁명에서 승리하는 행복까지도 누릴 것이라는 사실입니다."[23]

3. 영구혁명과 프롤레타리아트 독재

2월혁명 후 러시아로 돌아온 레닌은 「4월 테제」를 발표했고, 멘셰비키는 "러시아에 내전의 깃발을 세웠다"며 레닌을 비난했다.[24] 이에 레닌은 "계급투쟁을 인정하는 자는 모든 계급사회에서 당연하며, 또 필연적 계급투쟁의 결과로 나타나는 내전을 인정할 수밖에 없다"고 반박했다. 그리고 "내전을 부정하거나 또는 내전을 망각하는

22. См. : Ленин В.И. Полн. собр. соч., т.30. с. 311–327.
23. Там же, с. 328.
24. См. : Известия, 9 марта 1917 г.

것은 극단적 기회주의에 빠지거나 사회주의 혁명을 거부하는 것을 의미한다"고 일갈했다.[25]

레닌이 발표한 「4월 테제」의 내용은 이랬다 : (1) 혁명적 방위론은 단지 노동자와 빈농이 권력을 장악한 경우나 어떤 방식의 영토병합도 배제된 경우, 그리고 자본의 이익과 전혀 무관한 경우 등에 한해 수용될 수 있으며, 자본주의적 성격의 임시정부가 주장하는 혁명적 방위론은 거부되어야 한다. 자본주의 타도 없이 전쟁의 민주적 종결은 불가능하며, 이런 시각을 군대에서 적극적으로 선전한다. (2) 러시아에서 현 정세의 독특함은 프롤레타리아트의 의식성과 조직성 부족으로 부르주아에게 권력을 넘겨준 혁명의 첫 번째 단계에서 프롤레타리아트와 빈농이 당연히 권력을 장악해야 하는 두 번째 단계로의 이행에 있다. (3) 임시정부에 대한 어떠한 지지도 불가하며, 그가 행한 정책적 약속의 허구성을 폭로한다. (4) 소비에트에서 볼셰비키당이 절대소수라는 사실을 인정하면서 소비에트가 유일하게 가능한 혁명정부의 형태라는 점을 대중에게 설명한다. 우리가 소수인 동안에는 모든 국가권력이 소비에트로 이전되어야 할 필연성을 선전하면서 대중의 실수들을 해명하고 비판한다. (5) 의회공화국이 아니라 철저한 소비에트공화국, 경찰 · 군대 · 관료제의 폐지, 선거제도 및 소환제도에 기초해 선발되는 관리에게 지급되는 급료는 숙련노동자의 평균임금 수준을 상회할 수 없다. (6) 모든 지주소유 토지의 몰수 및 모든 토지의 국유화, 각 지방 소비에트에 토지처분권을 위임한다. (7) 모든 은행을 하나의 국립은행으로 통합한다. (8) 사회주의의 '도

25. Ленин В.И. Полн.собр.соч., т.30, с. 133.

입'이 아니라 사회적 생산과 분배에 대한 소비에트의 통제로 전환한다. (9) 즉시 당대회를 소집하여 특히 전쟁이나 국가, '국가-코뮌' 등에 대한 당 강령을 개정하고 당명을 공산당으로 바꾼다. (10) 혁명적인 새로운 사회주의 인터내셔널의 창설을 주도한다.[26] 이는 결국 사회주의 혁명을 하자는 말이었다. 레닌이 귀국 첫날 연설에서 "사회주의 혁명 만세!"라고 외친 것은 우연이 아니었다.

1917년 4월, 레닌의 정치적 입장은 트로츠키의 그것과 구별되지 않았다. 실질적으로 영구혁명론을 수용하면서 레닌은 볼셰비키에게 혁명사업에서 프롤레타리아트 영웅주의의 기적을 발휘하라고 촉구했다. "러시아에서 부르주아 민주혁명은 완결"되었으며, 이제 혁명의 두 번째 단계에서의 승리를 준비해야 한다는 것이었다.[27]

사회주의의 "도입"을 거부한다면서 실제로는 사회주의 혁명을 요구하는 레닌의 궤변은 볼셰비키당 내에서 거센 반발을 초래했다. 이제 막 시작된 부르주아 민주혁명을 사회주의 혁명으로 즉각 변환해야 한다는 레닌의 테제는 맑스주의자라면 당연히 거부해야 할 비과학적·비역사적 구상이라는 것이었다.[28] 레닌은 "예전과 같은 방식으로 부르주아 혁명의 종결 문제를 제기하는 자는 살아 있는 맑스주의를 희생시켜 사문화하고 있으며, 소부르주아적 혁명성에 완전히 굴복하고 있다"고 답했다.[29] 또한 그는 "전체적으로 볼셰비키의

26. 구체적으로 이에 관해 См. : Ленин В.И. Полн. собр. соч., т.31, с. 113-118.
27. Ленин В.И. Полн. собр. соч., т.31, с. 132-133.
28. См. : Правда, 8 апреля 1917 г.
29. Ленин В.И. Полн. собр. соч., т.31, с. 139.

구호와 이념은 역사에 의해 완전히 정당화되었으나 [지금의] 구체적 상황은 흔히 (그 누구였든지 간에) 기대할 수 있었던 것과는 전혀 다르게, 더욱 독창적으로, 더욱 독특하게, 더욱 복잡하게 성립되었으며", 따라서 "그런 사실을 무시하고 망각하는 것은 새롭고 살아 있는 활동의 독특함을 공부하는 것 대신 암기된 공식을 의미 없이 반복하는 늙은 볼셰비키와 흡사함을 뜻할 수 있다"고 강변했다.[30]

기왕에 레닌이 주창했던 연속혁명론의 과학성은 2월혁명 이후 형성된 이중권력 상황에서 검증될 수 없었고, 따라서 "낡은 볼셰비즘"은 폐기되어야 했다. 레닌은 괴테를 인용하며 자신을 합리화했다 : "나의 친구 이론이여, 그대는 잿빛이나 생명의 영원한 나무는 푸르도다!" 볼셰비키는 프롤레타리아트 독재론과 영구혁명론으로 자신을 무장해야 했으며, "새로운 볼셰비즘"으로 사회주의 혁명을 구상해야 했다.

러시아 맑시즘의 대부 플레하노프(Г.В. Плеханов)는 「4월 테제」를 "헛소리"라고 했다. 멘셰비키는 "일찍 권력을 장악한 계급은 파멸한다"[31]는 맑스의 묵시록적 예언을 지적하며 무정부주의, 블랑키즘 등의 용어로 레닌을 비난했다. 그들이 보기에 사회주의의 가능성은 일부 혁명세력의 의지가 아니라 생산력 발전 수준과 그에 조응하는 생산관계와의 모순, 그를 토대로 발전하는 계급 모순의 심화 수준 및 노동자들의 계급적 의지에 따라 결정되는 것이었다.

고립상태에서 레닌은 트로츠키에게 손을 내밀었다. 두 사람

30. Там же, с. 133.
31. См. : Маркс К., Энгельс Ф. Соч., т.7, с. 422–423.

사이에 이제 혁명노선상의 이견은 없었다. 레닌은 메쥐라이온찌(=트로츠키파) 협의회에 참석하여 "진정한 국제주의자들" 모두의 통합을 호소했다. 트로츠키는 레닌의 혁명노선에 원칙적 동의를 표하면서도 영구혁명론의 저작권이 자신에 있음을 분명히 했다. 그는 이렇게 말했다 : "나는 결의안에 모두 동의합니다. 그런데 나는 러시아 볼셰비즘이 국제주의화된 만큼만 동의하는 겁니다. 볼셰비키가 탈(脫)볼셰비즘화한 것인데 … 나를 볼셰비크라 부를 수 없으며, [중략] 우리에게 볼셰비즘을 인정하라 요구할 수 없습니다."[32]

1917년 여름, 레닌은 『국가와 혁명(*Государство и революция*)』을 썼다. 맑스의 예를 따라 그는 국가란 화해 불가능한 계급 적대감의 산물로서 피억압 계급을 착취하기 위한 도구라고 규정했다. 그의 설명에 따르면 자본주의와 공산주의 사이에는 프롤레타리아 계급 독재가 이루어지는 혁명적 이행시기가 놓여 있으며, 프롤레타리아 계급은 부르주아 국가를 폐지하고 대신 자신의 국가를 수립하여 계급독재를 실현해야 한다는 것이다. 공산주의 사회는 두 단계로 구별된다. 최초의 낮은 수준의 단계가 곧 사회주의로서, 사회주의 하에서는 계급 착취가 폐지되지만 자본주의적 권리가 완전히 청산되지 않으며, 사람들은 자신의 사회적 노동에 따라 공평한 분배를 받게 되면서 일정 수준의 불평등이 함축된다. 사회주의 발전에 따라 구현되는 최고 단계의 사회가 바로 공산주의로서, 이때는 정신노동과 육체노동의 대립이 사라짐과 동시에 능력에 따라 일하고 필요에 따라 분배받는 방식으로 인민의 사회적 삶이 영위되는데, 이 단계에 이르러야 계

32. Ленинский сборник IV. M. 1925, c. 303.

급 독재 기구로서 프롤레타리아트 국가가 소멸한다는 것이다.[33)]

『국가와 혁명』에서 레닌은 프롤레타리아트 국가가 소멸하기 위한 경제적 조건에 대해 기술했다. 그것은 훗날 레닌이 최고 단계의 공산주의에 도달하기에 장구한 시간이 필요하다 생각했다고 평가되는 근거가 됐다. 하지만 상반되는 사실도 있다. 1918년 러시아 볼셰비키공산당 제7차 대회에서 부하린은 당 강령을 수정하자고 제안했다. 강령의 이론 부분에 사회주의와 공산주의의 상세한 성격 규정과 더불어 가까운 장래에 이루어질 국가 소멸에 관한 명확한 언급을 포함시키자는 것이었다. 레닌은 그를 거부하며 말했다 : "지금 우리는 무조건 국가를 지지합니다. 국가가 존재하지 않는 미래의 사회주의에 관해 상세히 그 성격을 규정하자 말하는데, … 그때는 '각자는 능력에 따라, 각자에게 필요에 따라'라는 원칙이 실현된다는 것 말고 여기서 궁리할 게 아무 것도 없습니다. 하지만 그건 아직 요원합니다. [중략] 지금 우리는 사회주의의 성격 규정을 할 수 없습니다. [중략] 언제 비로소 국가가 소멸하기 시작할 것인가? '자, 보시오. 어떻게 우리의 국가가 소멸하는지'라고 말할 수 있기 위해서는 시간적으로 우리는 두 번 이상 당 대회를 소집할 수 있을 겁니다. [중략] 미리 국가 소멸을 선언하는 것은 역사적 전망에 대한 교란이 될 겁니다."[34)] 당장 국가의 소멸을 계획하자는 제안에 레닌은 2-3년 후에나 그것을 할 수 있을 것이라 반박했다. (당시는 당 대회의 매년 개최가 원칙이었다.) 그들의 비현실적 이상주의가 가능했던 것은 바로 세계 사회주의

33. См. : Ленин В.И. Полн.собр.соч., т.33, с. 1-120.
34. Ленин В.И. Полн.собр.соч., т.36, с. 65-66.

혁명이 임박했음에 대한 확신 때문이었다.

볼셰비키가 10월혁명으로 임시정부를 타도하고 권력을 장악한 날 레닌은 트로츠키 주재 하에 열린 페트로그라드 소비에트 비상총회에 나타나 이렇게 말했다 : "그 필요성에 대해 볼셰비키가 늘 말해온 노동자 · 농민의 혁명이 완수되었습니다. [중략] 오늘부터 러시아 역사의 새로운 시대가 시작되는 것이며, 이 세 번째 러시아 혁명은 궁극적으로 사회주의의 승리로 귀결될 것입니다." 소비에트 정권의 당면과제를 열거한 후 레닌은 이렇게 연설을 끝냈다 : "러시아에서 우리는 지금 프롤레타리아트 사회주의 국가 건설에 매진해야 합니다. 세계 사회주의 혁명 만세!"[35)]

III. 레닌의 계급정치

1917년 여름부터 볼셰비키가 소비에트에서 다수 인민들의 지지를 받았다는 사실에는 의심의 여지가 없다.[36)] 혁명 직후 레닌은 병사에게 평화, 농민에게 토지, 노동자에게 공장을 주겠다는 약속을 법령으로 이행하면서 볼셰비키 정권의 민주성을 과시했다. 하지만 그의 목적은 인민혁명의 완수가 아니라 프롤레타리아트 독재를 통한

35. Ленин В.И. Полн.собр.соч., т.35, с. 2–3.
36. 존 리드, 서찬석 역, 『세계를 뒤흔든 열흘』(서울 : 책갈피. 2005) 참조.

사회주의 사회의 건설에 있었다. 10월혁명 후 러시아 인민들이 흘려야 했던 피와 땀은 레닌의 정치적 목표와 인민들의 사회경제적 요구 수준 간의 격차에서 비롯됐다. 혁명은 지주와 자본가 등 지배 계급을 타도·청산하며 사회를 전복시킨 것만으로도 엄청난 역사적 의미를 지녔다. 그런데 그것은 한 단계 더 나아가, 그것도 사회경제적으로 후진적인 러시아에서 사회주의 사회 건설을 지향하고 있었다. 당시 그런 일이 가능하며 또 그렇게 해야 한다고 생각한 사람은 지구상에 단 두 사람, 즉 레닌과 트로츠키밖에 없었다.[37)]

레닌의 영구혁명론은 서유럽에서 사회주의 혁명이 임박했으며 곧 세계 자본주의가 붕괴할 것이라는 확신에 의거해 있었다. "제국주의의 약한 고리"인 러시아에서의 사회주의 혁명이 세계 사회주의 혁명의 출발이며, 서유럽에서의 사회주의 혁명이 자기 토대가 빈약한 러시아 사회주의를 구원할 것이라는 게 그의 변증법이었다. 결국 레닌의 정치는 우선 볼셰비키 정권을 유지·강화하는 데 집중됐다. 그는 그것을 위해 그 어떤 것도 마다하지 않았다. 사회경제적·정치적 기반이 빈약한 정권이 위기에 처할수록 그의 프롤레타리아트 독재정치는 더 많은 폭력과 강제를 수반했다. 언어는 미래를 지향했으나 정치는 야만 그 자체였다.

레닌은 자신의 정치를 국가자본주의 및 전시공산주의라는 언어로 합리화했다. 원래 국가자본주의는 부하린이 현대 자본주의를 묘사하기 위해 고안한 개념이었고, 전시공산주의는 보그다노프가 10월혁명을 준비하는 레닌을 비판하며 사용한 말이었다. 그러나 레닌

37. См.: Троцкий Л.Д. Дневники и письма. М., 1994, с. 103.

에게 그것의 원뜻은 중요하지 않았다. 그는 국가자본주의와 전시공산주의라는 말로써 비노동 계급에 가해진 탄압과 폭력을 호도했고, 소비에트 러시아에서 벌어진 비인도적 참상을 은폐했다.

1. 국가자본주의(госкапитализм)

10월혁명 직후 레닌은 소비에트 권력의 당면 과제에 관해 숙고했다. 그는 자신의 구상을 국가자본주의로 규정했는데, 『국가와 혁명』에서 일부 표현되었던 그것은 무자비한 노동자 계급 정치를 내포했다. 1918년 봄, 레닌은 이제 소비에트 권력이 모든 역량을 "사회주의 혁명의 가장 중요하고 또 가장 어려운 측면", 즉 경제 재편이라는 과제에 집중시킬 수 있는 가능성을 얻었다고 말했다. 그는 경제 재편을 위한 과제가 "생산 및 생산물 분배에 대해 매우 광범하고 세밀하며 보편적 형태로 행해지는 회계와 관리, 그리고 노동생산성 향상"이라는 두 개의 항목으로 나누어진다고 강조했다.[38] 그는 부르주아 계급에 대한 프롤레타리아트의 승리라는 기본 과제가 해결되었고, 불가피한 내전의 시기가 끝났다고 생각했다.

레닌은 기업에서의 노동규율 확립 및 경영의 단독책임제 도입, 독립채산제 실시, 부르주아 전문가의 활용, 개수임금제 도입, 경쟁의 조직화, 테일러 시스템의 적용, 협동조합 조직의 활용 등 경제분야에서의 조치들을 제안했다. 스스로 그런 조치들을 "파리코뮌 원칙

38. Ленин В.И. Полн.собр.соч., т.36, с. 130.

으로부터의 일보 후퇴" 내지 "계급 청산이라는 과제에 부응하는 사회주의적 원칙으로부터의 후퇴"를 의미한다고 말했다. 그러면서 그는 경제 재편이라는 과제 해결에 있어서 자본주의적 요소의 효율성을 역설하는 동시에 중앙권력의 조직성이 강화되어야 한다고 말했다 : "강제와 독재 없이 자본주의에서 사회주의에로의 이행이 가능하다고 믿는 것은 엄청난 우둔함이며 황당한 이상주의일 것이다. [중략] 시간이 필요하며, 철권(鐵拳)이 필요하다."[39] 프롤레타리아트의 철권이 확립되고 모든 경제분야에 국가독점이 정상화될 때 도입된 자본주의적 요소들은 자신의 경제적 기반을 상실하고 순순히 노동자 정부에 봉사할 것이라고 레닌은 주장했다. 자본주의에서 사회주의로의 이행을 위해 국가라는 강제의 불가피성을 인정해야 한다는 것이 그의 지론이었다.

국가자본주의 구상은 먼저 '좌익 공산주의자들'의 완강한 저항에 부딪혔다. 그들은 자본주의적 요소의 도입뿐 아니라 국가권력의 조직화라는 측면에 있어 파리코뮌의 원칙에서 후퇴하는 것에 반대했다. 그러자 레닌은 반대파가 자본주의에서 사회주의로의 이행의 경제적 본질과 이행기에 있는 러시아 경제의 독특성을 이해하지 못했다고 비판하면서 국가자본주의에 대한 성격 규정을 시도했다. 레닌은 소비에트 러시아에 다섯 개의 사회경제적 생활방식, 즉 우클라드(уклад)가 존재한다고 설명했다 : "(1) 원시적인, 즉 매우 자연경제적인 농민경제, (2) 소상품 생산(여기에 곡물을 생산하는 농민들의 대다수가 관계된다), (3) 사경제적 자본주의, (4) 국가자본주의, (5) 사회

39. Там же, с. 194–195.

주의. 이처럼 다양한 사회경제적 우클라드가 뒤엉켜 있을 정도로 러시아는 광대하고 복잡하다. 바로 여기에 상황의 독특함이 있다."[40]

레닌에 따르면 러시아와 같은 소농(小農) 국가에서는 소위 "소부르주아적 광풍"이 지배적이었다. 때문에 사회주의 실현의 문제는 자본주의와의 투쟁뿐 아니라 소부르주아적 광풍과의 투쟁까지 포함한다는 것이다. 광풍이 갖는 위력은 "국가자본주의의 덮개(곡물독점, 국가통제 하에 있는 기업가와 상인, 부르주아 협동조합 운영자들)를 도처에서 파열시키는 투기꾼들"이 충분히 증명하고 있으며, 투기의 주된 대상인 곡물은 사회주의를 위해 치명적인 것이었다. 그럼에도 레닌의 말에 따르면 국가자본주의가 타영역에 비해 "경제적으로 비할 바 없이 우위에 있고", 또 "내부에서 노동자와 빈민의 힘"을 확보한 소비에트 권력이 그를 지원하는 한 사회주의의 승리는 보장된 것이나 다름없었다.[41]

레닌은 '좌익 공산주의자'들이 드러낸 "문제 핵심에 대한 완전한 몰이해"를 비난했다. 생산수단에 대한 최대한의 사회화를 요구하는 그들의 주장에 레닌은 다음과 같이 대답했다 : "어제 국면의 핵심은 최대한 단호하게 국유화하고, 몰수하고, 부르주아를 쳐부수고, 완전히 타도하고, 태업을 분쇄하는 것이었다. 지금 장님들만이 우리가 아직 집계가 불가능할 정도로 엄청 많이 국유화했고, 몰수했고, 충분히 격파했고, 완전히 분쇄했다는 사실을 보지 못한다. 사회화는 확실히 단순한 몰수와 구별되는 것으로, 몰수는 정확히 회계하고 분배

40. Ленин В.И. Полн.собр.соч., т.36, с. 296.
41. См.: Там же, с. 296–299.

하는 능력 없이 확고한 결의로도 가능하지만 그런 능력이 없는 상태에서 사회화는 불가능하다."[42]

레닌은 사회주의 건설을 위한 전제로서 국가자본주의에 큰 의미를 부여했다 : "지금 국가자본주의를 실현한다는 것은 자본가 계급이 실행시킨 바로 그 회계와 관리를 실시하는 것을 뜻한다. [중략] 국가자본주의는 우리에게 구원이 될 것이라고 나는 말했다. 우리가 러시아에서 국가자본주의를 갖는다면 완전한 사회주의에로의 이행은 용이해지고 우리 수중에 장악될 것이다. 왜냐하면 국가자본주의는 중앙집권화된, 집계된, 관리된, 사회화된 그 어떤 것이기 때문이다."[43]

국가자본주의의 정책방향은 두 가지였다. 하나는 공업기업에 대한 국유화였고, 다른 하나는 소부르주아적 광풍의 원천인 농민과의 투쟁이었다. 전자는 공업생산력 강화를, 후자는 부족한 곡물 확보를 목적으로 했다. 레닌의 말처럼 볼셰비키에겐 자본가 계급의 박멸보다 농민과의 투쟁이 훨씬 더 어려운 과제였다. 도시와 농촌 간의 곡물 유통이 마비된 상황에서 도시 노동자 및 병사들의 급양을 위해 볼셰비키는 1918년 봄, 곡물에 대한 국가독점을 규정하는 일련의 법령을 공포하며 잉여곡물의 몰수 및 사적 곡물거래의 금지라는 식량정책의 원칙을 확립했다. 잉여곡물을 갖고도 매도하지 않은 농민들은 "인민의 적"으로 낙인찍혔다.

레닌은 노동 계급에 "곡물투기꾼, 부농, 국가자본주의적 질서

42. Ленин В.И. Полн.собр.соч., т.36, с. 294.
43. Там же, с. 255.

의 파괴자들에 대한 대규모 십자군 원정"을 조직하라고 선동했다. 또한 레닌은 러시아에 곡물이 없어서가 아니라 부르주아, 농촌의 졸부 및 부농들이 곡물의 국가 분배체계를 파괴하고 투기행위를 했기 때문에 기근이 발생했다고 말했다. 그는 곡물투쟁이 농촌에서의 사회주의 혁명과 직접 관련되고 있다고 보았다 : "의식화된 전위 노동자들이 자기 주위에 빈농대중을 결집하고, 강철 같은 규율과 가차없이 엄격한 권력 및 진정한 프롤레타리아트 독재를 확립하고 승리하든가, [중략] 아니면 부농의 지원 하에 부르주아가 소비에트 권력을 타도하든가 [중략] 둘 중의 하나이다. 다른 방도는 없다."[44] 빈농위원회(комбед)가 창설됐고, 여기에 농민들이 가진 잉여곡물을 몰수하는 것 등의 임무가 부여됐다. 특히 이때부터 볼셰비키 정권은 농촌에서 본격적으로 노동자 계급 정치를 실현했다. "인민의 적들"의 생명과 재산을 가차없이 박탈했고, 사회경제적 적대 계급을 처참히 말살했다.

국가자본주의가 지향했던 것은 사회주의 국가의 경제에 대한 지배권 확립이었다. 레닌이 국가자본주의라는 용어를 쓴 이유는 노동자 국가가 자본가를 대신하여 소비에트 러시아에서의 생산력 발전을 강제 · 촉진한다는 뜻이었다. 그러나 국가자본주의는 원래 선진 자본주의를 위한 개념이었다. 1915년 출간한『세계경제와 제국주의』에서 부하린은 국가가 단순히 지배 계급의 정치적 도구이거나 또는 부르주아 집단들 간에 이루어지는 자유로운 시장경쟁의 객관적 중재자가 아니라, "금융자본을 매개로 하여 직접적인 경제조직자 및 소유

44. См. : Там же, с. 360–362.

자가 되어 있는" 현대 서구 자본주의를 국가자본주의라 규정하며 분석한 바 있었다.[45] 레닌은 그 용어를 다른 방식으로 활용했는데, 부하린은 자기 개념을 무단으로 표절하여 후진적 러시아에 적용하는 것이야말로 이론적 무지의 소치라고 레닌을 비난했다.

2. 전시공산주의(военный коммунизм)

1918년 여름, 내전이 본격 시작되면서 레닌은 적색(赤色) 테러를 정당화하는 법령을 공포했다 : "소브나르콤은 이 상황에서 테러를 통한 후방의 안전 확보가 절대 필요하다는 것과 [중략] 계급의 적들을 강제수용소에 격리시킴으로써 그들의 위협에서 소비에트 공화국의 안전을 보장함이 불가피하다고 여기면서, [중략] 백군 조직 및 모반, 반란에 참여한 모든 자들을 총살시킬 것을 결정한다."[46] 그는 사회주의 정권의 수호를 위해서라면 어떠한 비상수단이라도 마다하지 않았다. 공산당 독재가 최대한 강화됐고, 사회적 수탈과 폭력과 야만은 공산주의의 이름으로 정당화됐다.

레닌은 후에 자신이 전시공산주의라고 부른 정책을 추진하기 시작했다. 내전기의 치열함과 생존 의지가 반영된 그 정책의 독특함은 (1) 식량자원에 대한 징발정책, (2) 모든 중소기업의 전면적 국유화, (3) 중앙집권적 계획경제를 위한 총관리위원회 제도, (4) 임금의

45. См. : Бухарин Н.И. Мирное хозяйство и империализм (Экономический очерк). М., 1923.
46. См : Декреты Советской власти, т.3, с. 291.

현물화 및 분배의 평등주의, (5) 모든 인민에 부과된 강제노역 의무 등에서 표현됐다.

전시공산주의의 가장 특징적 모습은 모든 식량자원에 대한 징발정책에서 찾아진다. 내전 확대에 따라 적군(赤軍)과 도시 노동자 등 소비에트 국가의 근간을 부양하는 것이 절대과제가 됐다. 볼셰비키는 실질적 보상 없이 농민에게서 잉여곡물을 강제 몰수하기 시작했다. 식량징발정책이 갖는 특징은 곡물조달에 수반되었던 무(無)보상적 강제성뿐만 아니라, 국가에 의한 생산물의 강제적 지정 및 생산량의 사전 결정에 있었다. 그 목표는 농촌을 사회주의 권력에 예속된 곡물생산 공장으로 변화시킴과 동시에 농업을 완전히 장악·계획화함으로써 소비에트 권력의 안정을 실현하는 것이었다.

곡물징발정책은 도농(都農) 간의 정상적인 경제적 연결관계를 붕괴시키고 전시공산주의 체제에 전형적이었던 일련의 현상들을 확대·심화시켰다. 인민 경제의 현물화가 급속히 전개되는 가운데 화폐가 소멸했으며, 상업이 거의 완전하게 폐지됐다. 화폐의 폐지 또한 가속화됐다. 레닌은 현실적으로 진행되고 있는 화폐 소멸을 매우 긍정적으로 평가했다. "부르주아 분자들이 개인 소유로 아직 남아 있는 화폐를 투기와 돈벌이, 근로자들에 대한 약탈 등의 수단으로 계속 이용"하고 있기 때문에, 그리고 인민 경제에 대한 관리를 강화하기 위해서도 화폐의 역할은 감소되어야 했다.[47] 자본주의적 가치법칙의 영역 및 매매형태로 표현되는 가치관계들은 볼셰비키에 적대적인 것이었으며, 그것은 당연히 폐지되어야 했다.

47. КПСС в резолюциях.., т.2, с. 56.

노동 문제와 관련해서 소비에트 헌법은 "일하지 않는 자, 먹지도 말라!"고 선언하며 "사회 기생적 계층들의 박멸과 경제 조직화를 위해 전면적 노역의무가 도입된다"고 규정했다.[48] 레닌은 이렇게 말했다 : "부자들에 적용되는 노역의무로부터 소비에트 권력은, 아니 그와 함께 소비에트 권력은 당연히 도시의 근로인민, 노동자, 농민 대다수에게도 노역의무에 상응하는 원칙을 적용할 것을 당면 과제로 설정해야 한다. [중략] 노역의무의 확립이라는 과제는 노동자와 농민의 작업영역에서는 노동규율 및 노동자율의 확립이라는 과제를 의미한다."[49] 이런 원칙은 점차 법률적으로 강화됐다. 소브나르콤은 비(非)근로자들을 위한 '노동수첩에 관한 법령'을 의결했고, 그에 따라 16세부터 50세까지 노동능력이 있는 모든 인민은 노역 이행 관련 사항이 기재되는 노동수첩을 손에 쥔 후에 할당된 강제노동을 수행한 후에 배급식량을 수령할 수 있었다.

농업, 공업, 유통, 노동력 등 경제 전 분야에 걸친 국가통제의 확립과 극단적 중앙집권화 및 군사화는 전시공산주의의 특징적 모습이었고, 그것은 분명 내전과 연관이 있었다. 그러나 그것은 순전히 내전으로 강요된 임시적 조치만이 아니었다. 레닌은 전시공산주의 정책을 합리화하는 가운데 그 정책으로 결과된 소비에트 러시아의 사회경제적 상황 속에서 공산주의의 맹아가 성장하고 있음을 확신했다. 내전이 종료된 1920년에도 전시공산주의는 그대로 유지되었을 뿐만 아니라 오히려 추진력을 갖고 심화·확대됐다. 레닌은 국유화

48. Декреты Советской власти, т.1, с. 322.
49. Ленин В.И. Полн. собр. соч., т.36, с. 144–145.

가 기본이 된 사회주의적 생산과 분배를 지향하는 당의 정치적 입장을 강령에 분명히 규정했고, 내전은 그의 공산주의적 이상을 더욱 가속화하여 실현할 수 있게 하는 계기가 됐다. 바로 그런 이유에서 레닌은 전시공산주의 정책들에서 자기 본래의 이념적 지향과 모순되는 바를 발견할 수 없었다. 전시공산주의는 레닌의 국가자본주의 이론에 의해 계획된 정책이 가속화되어 발전된 형태에 다름 아니었다. 레닌의 확신에 의하면 소비에트 러시아에서의 사회주의적 생산관계라는 공허한 형식은 서유럽의 사회주의 혁명으로 곧 확보될 사회주의적 생산력이라는 실질적 내용으로 채워질 것이었다. 후에 레닌은 이렇게 말했다 : "농민들이 징발정책에 따라 우리에게 필요한 양의 곡물을 내주고 우리가 곡물을 공장과 작업장으로 배분할 때 우리에게서 공산주의적 생산과 분배가 실현될 것이라고 생각했습니다."[50]

부하린은 1920년 출간한 『이행기의 경제학』을 통해 전시공산주의 정책을 정당화했다. 여기에서 그는 재생산 과정의 축소와 생산력 저하로 귀결되는 "혁명비용"이라는 용어를 구사했다. 부하린에 따르면 사회주의 건설에 있어서 "혁명비용"의 지불은 당연한 것이기 때문에 사회주의적 본원 축적은 불가피하게 "산 노동력의 동원"으로부터 시작되어야만 했다. 그의 결론은 이러했다 : "하나의 생산구조가 다른 것으로 바뀌는 이행기에 있어서 그 산파는 혁명적 강제이다. [중략] 이 경제 외적인 힘이 크면 클수록 [중략] 이행기의 비용은 더욱 적어지며 이행기는 더욱 단축된다. [중략] 국가권력은 집중화되고 조직화된 사회적 강제력이다. 혁명적 국가권력은 경제적 대변혁

50. Ленин В.И. Полн.собр.соч., т.44, с.157.

을 위한 막강한 지렛대이다."[51] 레닌은 부하린의 의견에 완전 동의했다 : "경제 외적인 강제 없이 사회주의는 실현 불가능하다."[52]

레닌은 1921년 4월 저술한 『식량세론(О продовольственном налоге)』에서 처음으로 전시공산주의라는 말은 따옴표로 묶어 사용했다. 그 말은 물론 레닌이 고안한 용어가 아니었다. 역설적이게도 그것은 한때 볼셰비키당의 핵심 멤버였지만 "철학적" 입장 차이로 레닌과 결별한 보그다노프(А.А. Богданов)의 개념이었다.

보그다노프는 제1차 세계대전을 치르는 서구 제국에서 등장한 새로운 현상들을 지적하며 전시공산주의라는 말을 사용했다. 그에 의하면 대개 군대란 국가에 의해 유지되는 "소비코뮌"이며, 전쟁의 영향으로 발전되고 있는 특히 중요한 현상은 생산과 분배에 대한 국가통제의 확립에 따라 군대에서 사회 전체로 이어지는 "전시-소비공산주의"의 점차적 확산이었다. 그는 레닌을 포함한 "최대강령주의자들"에게 단지 전시에 나타나는 독특한 사회적 소비형태인 전시공산주의를 사회주의와 혼돈하지 말 것을 경고했다 : "최대강령주의자들이 갖고 있는 현재의 믿음과 희망에 담긴 사회주의적 내용은 현실 자체에 일정한 뿌리를 두고 있다. 그것은 바로 엄청나게 발전하고 있는 전시공산주의의 이데올로기적 반영이다. 그래도 전시공산주의도 역시 공산주의이며, 또 개인적 취득의 통상적 형식에 대한 전시공

51. Бухарин Н.И. Экономика переходного периода. М. 1920, с. 138-139.
52. 레닌은 『이행기의 경제학』이 출판되기 전에 부하린의 요청에 따라 책의 내용을 검토하였고, 원고의 여백에 써넣은 많은 지적을 통해서 자신과 부하린 간의 완전한 의견일치를 표현했다. См. : Ленинский сброник. XI. М., 1929, с. 348-403.

산주의의 뚜렷한 대립은 사회주의의 어렴풋한 미래상을 사회주의의 실현으로 여기게 하는 환상을 조장한다."[53] 그는 "전시공산주의는 프롤레타리아 계급투쟁의 발전 결과가 아니며, 따라서 서유럽에서 사회주의 혁명은 실현되지 않을 것"이라 단정하는 가운데 임박한 세계혁명에 대한 확신으로 러시아에서 프롤레타리아트 독재권력의 확립을 시도하는 레닌의 환상을 비판했다.[54]

레닌은 보그다노프의 주장에 동의하지 않았다. 그렇지만 내전으로 폐허가 된 나라에서 실현된 공산주의를 반추하며 그것이 전쟁으로 강요된 것이었다는 것을 부각시키기에 전시공산주의라는 말이 적당해 보였을 것이다. 어차피 말이란 사용하기 나름이다. 레닌은 자신의 정책을 이렇게 변명했다 : "우리가 만약 대공업이 지배적인, 아니 지배적이 아닐지라도 적어도 대공업이 고도로 발달한, 그리고 대규모적 농업생산이 매우 발달한 그런 국가를 보유하고 있다면 공산주의로의 직접적 이행이 가능합니다. [중략] 우리가 수행했던 전쟁이라는 조건 하에서 기본적으로 그 정책[=식량징발정책]은 옳은 것이었습니다. 우리는 어떤 보상도 없이 모든 잉여곡물을 징발하는 것까지도 포함하는 즉각적인 [곡물에 대한] 독점을 최대한으로 활용하는 것 이외에 그 어떤 다른 가능성도 갖지 못했습니다. 그렇지 않았다면 우리는 식량징발을 시도하지 않았을 겁니다. 그것은 잘 만들어진 경제제도를 의미하는 게 아닙니다. 그것은 [중략] 전쟁이라는 상황에 의해 야기된 조치였습니다."[55]

53. Богданов А.А. Вопросы социализма. М. 1918, с. 90.
54. См : Там же, с. 87.
55. Ленин В.И. Полн. собр. соч., т.43, с. 79.

3. 네프(нэп)

1920/1921년 겨울, 농민봉기 및 노동자의 시위와 파업, 그리고 크론쉬타트 해군기지 수병들의 반란은 볼셰비키 정권을 위협했다. 특히 수병들은 '모든 권력을 당이 아니라 소비에트로!' 라는 구호를 내걸고 "빨갱이 없는 소비에트"를 만들어 그곳에서 정부를 새로 구성하라고 요구했다.

당내 사정도 복잡했다. 반대파들은 레닌을 공격했고, 이들에 대한 레닌의 비난과 탄압은 잔혹했다. 제10차 당대회 때 노동자 반대파의 리더 쉴랴프니코프(А.Г. Шляпников)는 연단에서 격앙된 어조로 말했다 : "만약 귀하[즉 레닌]가 광범한 대중들과 유리되길 원한다면, 만약 귀하가 혁명의 급류와 단절되길 원한다면 자, 지금까지 귀하가 해온 그대로 계속하십시오. 여기에 또 노동자 반대파에 대한 사냥과 우리들에 대한 중상을 추가하십시오."[56] 레닌은 이렇게 데답했다 : "왜 저런 연설을 하는 쉴랴프니코프를 재판에 회부하지 않는 겁니까? 조직된 당 내에서 과연 우리가 규율과 단결에 관해 진지하게 말하고 있는 겁니까? 아니면 지금 크론쉬타트와 비슷한 집회에 앉아 있는 겁니까? 이것[즉 노동자반대파의 테제]은 장총으로 대처해야 할 무정부주의적 정신의 크론쉬타트적 수사(修辭)요."[57]

동시에 레닌은 전시공산주의 정책을 지속해야 할 필요성을

56. Десятый съезд РКП(б). Стенографический отчёт, с. 75-76.
57. Там же, с. 123.

부인했다. 그동안 당이 군사적 방식에 집착하여 "이론적 · 정치적으로 필요했던 것보다 훨씬 지나치게 행동했음"을 지적하며 레닌은 말했다 : "우리는 너무 멀리 나아갔으며, 많은 과오를 저질렀습니다. 상업과 공업에 대한 국유화를 추진하고 지방 유통망 폐지를 추진함에 있어 우리는 너무 멀리 나아갔습니다."[58)]

곡물징발정책을 현물세로 대체하면서 신경제정책, 즉 네프의 조치들이 이어졌다. 레닌은 "자본주의 발전을 금지하거나 막으려 시도하지 말고 그것을 국가자본주의적인 방향으로 나아갈 수 있게 하도록 노력"하자고 호소하기 시작했다. 그는 곡물징발정책의 식량세로의 교체, 외국자본의 투자유치 및 이권(利權) 허용, 자본가에게의 기업 임대, 잉여농산물의 자유거래 승인 등의 조치들을 열거하며 그 필요성을 강조했다. 레닌은 그런 조치들이 사회주의로부터의 후퇴와 자본주의에 대한 양보를 의미한다고 말하면서 그러한 후퇴가 가능한 이유를 설명했다 : "우리는 엄청나게 많은 진지(陣地)들을 싸워 획득했으며, 만약 1917년부터 1920년까지 그 진지들을 공략하지 못했다면 우리에게 지역적 의미에서도, 경제적 · 정치적 의미에서도 후퇴할 공간은 없었을 겁니다."[59)]

1921년 여름, 제3차 코민테른 대회에서 볼셰비키공산당의 전술에 관해 연설하며 레닌은 말했다 : "이미 [10월]혁명 전에, 그리고 그후에 우리는 자본주의적으로 더욱 발전한 다른 나라들에서 바로 지금, 아니면 적어도 매우 빠른 시기에 혁명이 시작될 것이며, 그렇지

58. См. : Ленин В.И. Полн.собр.соч., т.43, с. 63–64.
59. Ленин В.И. Полн.собр.соч., т.45, с. 10.

않을 경우 우리는 당연히 파멸할 것이라 생각했습니다. 이런 인식에도 불구하고 우리는 우리 자신을 위해서만이 아니라 세계혁명을 위해서도 일하고 있다는 것을 알기 때문에 어떠한 상황에서도, 그리고 무슨 일이 있어도 소비에트 체제를 유지하기 위해 모든 것을 다 했습니다."[60] 그의 말에 따르면 묘하게 얽힌 상황이 부르주아 계급을 방해하여 그들이 수행하는 소비에트 러시아에 대한 전쟁을 지체시키고 있으며, 또 "그런 시도들이 앞으로도 계속될 것이라는 사실이 자명한" 지금, 볼셰비키는 실용적으로 행동하면서 러시아에서 프롤레타리아트 권력의 보존을 위해 짧은 휴식을 활용해야 했다.[61]

볼셰비키가 기대한 만큼 국제혁명의 발전이 적극 진행되지는 않았지만 그럼에도 역시 혁명은 전진할 것이라고 레닌은 확신했다. 신경제정책이란 "자본주의에의 공물(貢物)"을 의미한다고 하면서 단상에서 레닌은 말했다 : "그러나 우리는 시간을 벌고 있습니다. 시간을 번다는 것은 특히 우리 외국 동무들이 철저하게 그들의 혁명을 준비하고 있는 균형 시기에는 모든 것을 얻는다는 것을 의미합니다. 혁명이 철저하게 준비될수록 승리는 더욱 확실할 겁니다. 자, 그때까지 우리는 공물을 지불할 수밖에 없습니다."[62]

레닌은 기본적 경제권력이 볼셰비키의 수중에 있는 한 자본주의를 두려워 할 필요가 없다고 수차례 반복 강조했다 : "가장 중요한 대기업들과 철도 등 이들 모두는 우리 수중에 있다. 임대가 지방에서 아무리 광범하게 발전한다고 해도 전체적으로 사소한 역할만

60. Ленин В.И. Полн.собр.соч., т.44, с.36.
61. См.: Там же, с.37.
62. Там же, с.49–50.

수행할 뿐이며, 전체적으로 그것은 완전히 사소한 부분일 뿐이다."[63]

물론 레닌의 생각은 서유럽의 "동무들"이 러시아를 지원하러 올 때까지 네프를 활용한다는 소극적인 것이 아니었다. 볼셰비키는 자본주의에 양보하면서 동시에 차후의 혁명적 진격을 준비해야 했다. 레닌에게 네프는 "많은 어려움과 장애에도 불구하고 부단히 계급 폐지와 공산주의를 위해 나아가는 프롤레타리아트 권력을 유지하고 강화할 수 있는 한도 내에서" 의미가 있었다.[64] 1920년 말 인민 경제의 물질적·기술적 토대 발전을 위한 장기계획으로 고엘로(ГОЭЛРО, 러시아의 전기화를 위한 국가위원회)를 창설하여 전력발전소 건설사업을 추진하겠다는 구상을 밝히면서 레닌은 다음과 같은 테제를 제시했다 : "공산주의는 소비에트 권력 더하기 전국의 전기화이다."[65]

네프의 첫해, 소비에트 러시아의 경제는 위기상황에서 벗어나지 못했다. 기근이 계속됐으며, 파괴된 공업 중심지들에서 산업예비군이 넘쳐났다. 소비에트 정부의 재정수입과 재정지출 간 불균형 및 그 결과로 나타난 통화 증발은 물가상승과 경제적 불안을 가중시켰다. 인민생활에 필요한 공산품 소비재의 만성적 부족현상(=상품기근)도 위기가 지속됨에 있어 중요한 역할을 했다. 그럼에도 자본주의적 "부패"는 사회 속으로 급속히 확산됐다.

1922년 3월 개최된 제11차 당대회의 과제는 네프를 총괄하고 사회주의 건설을 위한 향후 계획을 결정하는 것이었다. 대회에의 정치 보고를 위해 등단한 레닌은 "후퇴하는 자들"을 가차없이 비판했

63. Ленин В.И. Полн. собр. соч., т.45, с. 95.
64. Ленин В.И. Полн. собр. соч., т.43, с. 320.
65. Ленин В.И. Полн. собр. соч., т.42, с. 159.

다. 그동안 볼셰비키는 자신들의 경영능력 부재를 완벽하게 입증했다는 것이 그 이유였다. 레닌은 외쳤다 : "우리는 일 년 동안 후퇴했습니다. 지금 우리는 당의 이름으로 마땅히 말해야 합니다. 이제 충분합니다! 후퇴함으로써 추구했던 목표는 달성되었습니다. 이 [후퇴] 시기는 끝나고 있거나 이미 끝났습니다. 지금은 다른 목표가 설정되어야 합니다. 그건 바로 힘의 재편입니다."[66]

후퇴 중단을 요구하면서 레닌은 자본가들이 농민과 제휴하는데 성공했다고 지적했다. 프롤레타리아트 국가권력의 공고화를 위해 볼셰비키는 자신이 농민에게 유용한 존재라는 것을 입증해야 했다. 레닌에 따르면 "자본주의와 사회주의 간의 생사를 건 투쟁에서" 볼셰비키가 자본가에 승리했을 때 노동 계급과 농민들의 제휴가 이루어질 수 있으며, 그때 볼셰비키당은 러시아에서의 사회주의 건설을 위한 "투쟁무대"에서 불패의 세력이 될 수 있었다.[67] 국가권력과 거대 경제자원을 갖고 국가를 운영하는 볼셰비키에게 부족한 것은 경제운영에 필수적인 "문화역량"이었다. 후퇴의 중단 및 공산당의 경제헤게모니 확립, 이것이 1922년 봄 레닌이 연설한 내용의 핵심이었다. 레닌의 적극적 정치활동은 여기까지였다.

66. Ленин В.И. Полн.собр.соч., т.45, с. 87.
67. Там же, с. 77.

IV. 결론

레닌의 언어체계는 1917년을 기점으로 이전의 "낡은 볼셰비즘"과 이후의 "새로운 볼셰비즘"으로 구분된다. 1917년 이전의 그것은 당 조직론과 혁명 이론을 축으로 구성됐다. 당 조직론의 기본 내용은 운동의 성공을 위해 노동 계급의 전위로서의 혁명정당이 구성되어야 하며, 그것은 활동의 비밀원칙과 엄한 규율을 준수하는 직업혁명가들로 구성된 폐쇄적 조직이어야 한다는 것이다. 혁명 이론은 노동자 · 농민의 혁명적 민주독재의 수립을 지향하는 연속혁명론으로 그 내용이 구성되는데, 그것의 기본 관념은 부르주아 혁명의 단계와 프롤레타리아트 혁명의 단계를 평면적으로 연결한 데 있었다. 그 외에도 자본주의 불균등발전론, 제국주의론 등이 많은 설(說)들이 그 내용에 포함된다.

"새로운 볼셰비즘"으로의 변화는 레닌의 혁명 이론이 영구혁명론으로 발전하면서 이루어졌다. 그런 변화의 계기는 제국주의론과 사회주의 세계혁명이 임박했다는 확신이었다. 프롤레타리아트 독재론, 국가자본주의론, 전시공산주의론, 후퇴론 등이 "새로운 볼셰비즘"을 구성하며 그것들은 레닌이 실현한 계급정치의 이론적 기반을 이룬다.

대개 레닌의 언어들은 과학적 엄밀성이 아니라 그의 정치적 신념과 판단에 의거해 있으며, 강령적 성격을 가졌다. 강령도 과학적 현실 분석에서 도출됐기에 이론으로, 과학으로 규정됐지만 1917년 이후 레닌의 언어와 정치가 의거했던 것은 "지금 당장 아니면 아주 빠른 시기에 서유럽 선진자본주의 국가들에서 혁명이 시작될 것"이라는 신념이었다.

10월혁명 후 레닌의 정치에 반전(反轉)이 있다는 주장도 있다. 그의 언어는 종종 서로 모순되기도 한다. 그러나 그의 정치는 전체적으로 지극히 목적합리적이었다. 그에겐 세계혁명을 위한 러시아 소비에트 권력의 유지와 사회주의 건설이라는 정치적 목표가 윤리적 선악과 법률적 정사의 기준이었다. 그는 그것을 위해 무엇도 마다하지 않았다. 1918년 여름, 곡물 확보를 위해 그는 지방의 볼셰비키에게 "부농(富農)촌의 반란에 대한 가차없는 진압"을 명령하면서 다음과 같이 지시했다 : "(1) 이름난 부농, 부자, 고리채업자들을 100명 이상 교수형에 처할 것(반드시 만인 앞에서 행해져야 함), (2) 그들의 이름을 공개할 것, (3) 그들에게서 모든 곡물을 압수할 것 … ."[68] 목적은 수단을 정당화한다는 것이 레닌의 지론이었다.

레닌의 언어는 철저히 노동 계급적이었다. 계급기반이 취약한 사회에서 노동자 · 농민 혁명을 도모했다는 점에서 "낡은 볼셰비즘"은 좌파적 급진주의 범주에 속했다. 1917년 소비에트에 집결한 노동자, 농민, 병사들의 지지를 토대로 임시정부를 타도하고, 국내 계급기반 대신 유럽의 지원을 전제로 프롤레타리아트 독재국가를 수립하고 노동자 계급정치를 실현했다는 점에서 레닌주의는 극좌적 급진주의로 발전했다. 레닌의 계급정치는 무단 차용된 그럴듯한 개념들, 즉 국가자본주의와 전시공산주의로 규정됐지만 그것에 담긴 폭력성,

68. Комсомольская правда, 12 февраля 1992 г.

극단성과 비(非)휴머니즘이 간과될 수는 없다.

언어는 정치를 구속한다. 혁명과 독재를 화두로 구성된 레닌의 언어체계에서 제 계급 간의 조화를 도모하는 민주주의가 도출될 가능성은 없었다. 더욱이 그 언어가 사회에 대한 과학으로 선언되면서 소비에트 인민은 목적적 존재가 아니라 미래를 위한 사회변혁의 수단으로 전락했다.

레닌의 육성을 통해 확인한 바와 같이 1917년 후 레닌주의는 세계혁명에 의지하는 극좌적 계급정치의 이론이었다. 그것은 노동운동에서 가장 급진적인 일부 세력을 표현했다. 맑스주의의 분열은 자본주의 붕괴론에 대한 믿음의 정도를 기준으로 했다. 현실에서 자본주의 붕괴 조짐을 발견한 세력은 사회주의 혁명을 준비하고 나섰으며, 자본주의의 발전 가능성을 확인한 세력은 사회주의를 과학이 아닌 인류적 가치로 이해하려 했다. 제국주의를 사회주의 혁명의 전야로 규정하며 이른바 제국주의의 약한 고리인 러시아에서 프롤레타리아트 세계혁명을 미리 준비한 레닌주의는 가장 혁명적이고 극단적인 노동 이데올로기였다. 무심코 레닌 숭배에 젖은 개혁주의적 운동세력이 제시하는 레닌주의에 대한 평가는 역사적 사실에 대한 완전한 왜곡이기 쉽다.

참·고·문·헌

로버트 서비스, 정승현 · 홍민표 역. 2001. 『레닌』. 서울 : 시학사.

아이작 도이처, 김종철 역 . 2005. 『무장한 예언자 트로츠키 1879-1921』. 서울 : 필맥.

안드레이 발리츠키, 장실 역. 1997. 『계몽사조에서 맑스주의까지』. 서울 : 문예림.

에두하르트 베른슈타인, 강신준 역. 1999. 『사회주의의 전제와 사민당의 과제』. 서울 : 한길사.

에른스트 피셔, 노승우 역. 1986. 『레닌주의의 이론구조-레닌 어록을 통해 본 레닌』. 서울 : 전예원.

존 리드, 서찬석 역. 2005. 『세계를 뒤흔든 열흘』. 서울 : 책갈피.

Bell, Danial. 1962. *The End of Ideology : On the Exhaustion of Political Ideas in the Fifties*. N.Y. : The Free Press.

Brown, Archie. (ed.) 2004. *The Demise of Marxism-Leninism in Russia*. N.Y. : Palgrave Macmillan.

Cohen, Stephen. 1973. *Bukharin and the Bolshevik Revolution : A Political Biography, 1988-1938*. N.Y. : Alfred A. Knopf.

Read, Christoper. 2005. *Lenin : A Post-Soviet Re-evaluation*. N.Y. : Routledge.

Десятый съезд РКП(б). Стенографический отчёт. М. 1963.

Декреты Советской власти. М.

КПСС врезолюциях ирешениях съездов, конференций и пленумов ЦК. М.

Седьмая Всероссийская конференция РСДРП(б) : протоколы. М. 1958.

Ленин В.И. Полное собрание сочинений(Издание пятое).

Ленинский сборник IV. M. 1925.

Маркс К., Энгельс Ф. Сочинения (Издание второе).

Сталин В.И. Сочинения.

Архив Троцкого. Коммунистическая оппозиция в СССР 1923-1927. М., 1990.

Биография В.И. Ленина. М. 1987.

Богданов А.А. Вопросы социализма. М. 1918.

Бухарин Н.И. Мирное хозяйство и империализм (Экономический очерк). М. 1923.

______. Экономика переходного периода. М. 1920.

Волкогонов Д.А. Леини. Политичеикий портрет. М., 1994.

Пайпс Р. Русская революция. М. 1994.

Троцкий Л.Д. Дневники и письма. М. 1994.

______. К истории русской революции (Сб. статей). М. 1990.

______. Моя жизнь. М. 1990.

Шляпников А.Г. Семнадцатый год. М. 1925.

5

히틀러의 '존재냐 죽음이냐' 문법과 그 정치지배 형태 : '이성의 파괴'

조현수 | 국민대학교

I. 서론

언어는 사회맥락적 의미에서 인간의 사고와 감정을 형성하고 조종하는 데 핵심적인 역할을 행한다. 즉 언어는 청자와 화자 사이에 이루어지는 소통수단 이상의 의미를 지닌다. 화자는 일정한 맥락 속에서 언어를 통해 자신의 입장을 표현하며, 동시에 청자는 화자의 단어 및 문장들을 자신의 인지구조 속에서 재해석하여 담론화한다. 이 경우에 언어가 정치권력과 결합하게 될 때 언어의 정치적 행위 혹은 언어의 정치담론화는 두드러지게 나타난다. 이 점은 특히 '일체'나 '합치성'의 문법을 강조하는 히틀러 체제에 거의 예외 없이 잘 적용되고 있다.[1] 히틀러 체제 혹은 나치 체제는 히틀러 개인에 대한 숭배,

1. 그렇다고 해서 이것이 민주주의 정권에서 언어의 정치화 현상이 나타나지 않는다는 의미는 아니다. 민주주의 정권 역시 '자유', '평등', '정의' 등의 언

사회 전반에 걸친 개혁과 자신들의 정치적 목표를 달성하고자 하는 의도에서 언어를 대중선동 및 대중조종을 위한 선전수단으로 적극적으로 활용하였다. 덧붙이자면 히틀러 체제에서 언어는 대중의 감정적 표상세계를 자극하여 일정한 방향으로 대중의 마음을 사로잡는 중요한 통치책략적 도구로 기능하였다. 히틀러 체제는 상징성의 언어 혹은 언어의 정치화를 통해 '적'과 '동지'라는 이미지를 창출함으로써 대중들에게 일정한 사상을 주입 및 강요하고 나아가 지배체제의 정당성을 도모하였다.

히틀러 개인에 대한 언어적 이미지는 어떻게 표현되고 있을까? "피와 약탈에 굶주린 사악하고 탐욕스러운 괴수", 이 언어적 용법은 히틀러가 러시아를 공격한 지 4일째 되는 날 라디오 방송에서 처칠이 히틀러를 두고 한 표현이었다. 1934년 11월, 무솔리니는 시온주의 지도자인 골드만(N. Goldmann)에게 히틀러에 관해 이렇게 평가하고 있다[2) : "나는 히틀러를 잘 알고 있습니다. 그는 멍청이일 뿐만 아니라 불량배이며, 그것도 미친 불량배입니다. 그리고 그는 비위에 거슬리는 공론가입니다 …."

표를 전면에 내세우면서 언어의 정치화가 나타나고 있다.

2. 반면에 1937년 9월 말 무솔리니가 베를린을 방문했을 때 히틀러는 무솔리니를 "역사에 의해 길들여진" 인물이 아니라 "오히려 역사를 들어내는 시대의 고독한 인물" 중의 한 명으로 평가했다. 유니폼 착용, 칼라셔츠, 인사법 등은 히틀러가 무솔리니에게서 배운 것이며, 준군사적 방식, 전투단원, 지도자 원칙, 군국주의, 극단적 민족주의, 투쟁적 반볼셰비즘은 이탈리아의 파시즘이 강령으로 창안한 것이며, 국가사회주의 체제는 이것들을 자신들의 필요에 따라 채택했다. 또한 웅장한 제식을 통해 권력을 연출하고 대중정치에 토대를 둔 카이사르주의의 창시자는 무솔리니였다. 이 역시도 히틀러는 자신의 권력체체 유지 및 확장을 위해 채택했다고 볼 수 있다.

다른 한편으로 "독일 민족의 메시아", "총통", "독일 민족의 지도자"인 히틀러가 자살 직전에 자신의 후계자로 지목했던 칼 되니츠(Karl Dönitz)는 이렇게 말한다 : "총통에 비하면 우리는 보잘것 없는 가련한 존재입니다." "나의 손자들이 쓰레기 같은 유태인 정신을 교육받게 되고 그로 인해 정서를 해치게 된다면 차라리 혀를 깨물고 죽겠습니다." "독일에 국가사회주의가 존재하지 않았다고 한다면 지금 어떻게 되었을까. 수많은 정당들과 유태인들은 모든 기회를 이용해서 비판하고 해를 끼치고 분열시키려 했을 것입니다. 총통 덕분에 이 모든 나쁜 상황에서 벗어난 것입니다." 즉 "국가사회주의가 독일 민족에게 이 모든 것을 선사하셨습니다." 그래서 "우리의 목숨은 국가의 것입니다. 우리의 명예는 임무를 완수함에 있습니다. 우리들 중 그 누구도 사생활을 요구할 권리는 없습니다." "가장 중요한 것은 국가사회주의가 우리에게 선사한 가장 아름답고 좋은 것, 즉 우리 민족공동체의 단결을 지키는 초병이 되어야 한다는 것입니다."

1929년 제국친위대장으로 임명된 힘믈러(Himmler) 역시 친위대의 도덕관과 관련된 연설에서 히틀러를 영웅 중의 영웅으로 묘사하고 있다 : "독일 민족이 더 이상 어쩔 수 없는 큰 어려움에 직면했을 때 그분이 나타났다. 그는 게르만 민족이 육체적 · 정신적 · 영적으로 큰 어려움에 빠져 있을 때 언제나 나타나는 위대한 인물 중의 한 분이다. 괴테는 정신적인 영역에서, 비스마르크는 정치분야에서, 총통은 정치, 문화, 군사 등 모든 분야에서 두각을 나타내셨다." 요컨대 "총통은 언제나 옳다."[3] 이렇듯 히틀러 체제 혹은 국가사회주의 체제

3. 히틀러 체제의 권력핵을 담당하고 있었던 인물들에 관해서는 Guido Knopp,

의 문법에 있어 개인의 자유, 평등 등의 언표가 들어설 공간은 사라지고 오로지 민족공동체 혹은 국가, 그리고 이를 구현할 히틀러를 위한 언어적 연출 및 문법만이 독점적 위상을 점하게 된다.

주지하다시피 나치 체제의 연출기법은 목적지향적인 정치적 조치 혹은 정책을 통해 지탱되었으며, 이는 이른바 카리스마 정치와 지도자 국가(Führerstaat)의 확립으로 나타난다(Herbst, 2000 : 171-191). 이에 덧붙여 먼저 지적해야 할 사항이 있다. 나치 체제의 파시스트들의 성격구조는 경건함, 추상적이며 윤리적인 이상을 달성하기 위한 극기, 지도자의 신적 사명에 대한 절대적 믿음 등으로 이루어져 있다. 국가사회주의 체제 속에서의 대중은 주인 인종에 대한 믿음을 가지고 있으며, 이는 지도자에 대한 충성과 헌신이라는 언표의 동기로 작용한다. 대중은 지도자와의 동일시 속에서 자신을 '작은 히틀러'로 간주함으로써 자긍심과 정체성을 확인한다.[4] 이러한 규정성 속에서 히틀러라는 인물과 대량선전 문구 속에 담겨 있는 연극조의 탁월한 기교 사이에 존재하는 긴장관계를 파악할 수 있게 된다. 분명히 히틀러의 국가사회주의 체제가 저지른 유태인종에 대한 인종학살, 즉 "특별대우(Sonderbehandlung)" 내지 "유태인 문제의 최종 해결(Endlösung der Judenfrage)"은 "금세기에 일어난 대규모 살인 중에 가장 극적이고 잔인한 사례"임에 틀림없다.

본 연구에서는 히틀러가 사용하고 있는 언어 및 문법이 나치

Hitlers Helfer(München : Bertelsmann, 1996) ; 신철식 옮김, 『히틀러의 뜻대로. 히틀러의 조력자들』(서울 : 울력, 2003) 참조.

4. Reich, Wilhelm, *Die Massenpsychologie des Faschismus*(Infant Trust Fund, 1997) ; 황선길 옮김, 『파시즘의 대중심리』(서울 : 그린비, 2006), 130-131쪽.

체제 지배담론의 토대를 형성하고 있으며, 나아가 지배담론의 정당화에 기여한다는 인식 하에서 그의 언어 및 문법을 분석하려 한다. 덧붙이자면 본 연구에서는 『나의 투쟁』에서 드러나고 있는 언술을 중심으로 히틀러 혹은 국가사회주의 체제의 지배체제의 특징을 언어와 정치의 상호작용 관계—언어의 정치화—속에서 논의하려 한다. 다시 말해 히틀러가 사용한 언어와 문법 속에 담겨 있는 정치 이데올로기 내지 정치적 성격을 규명함으로써 나치 체제의 정당화 및 이 체제의 확대 재생산 방식을 고찰하려 한다.

II. "더 이상은 안 된다"는 감성적 합의와 히틀러[5]의 등장 : 대중의 감성과 '민족' 문법

이 절에서는 신비주의와 적자생존의 사회진화론을 바탕으로 "계몽의 변증법"을 부정하고 살생의 정치를 추구하려 했던 히틀러의 언어적 문법은 어떠한 역사적 배경 및 사회분위기 속에서 형성되었

5. 히틀러에 관한 유명한 저서로는 Joahim Fest, *Hitler : Eine BIographie*(Berlin : Ullstein, 1998) ; Ian Kershaw, *Hilter : 1889-1936*(London : The Penguin Press, 1998) ; *Deutsche Ausgabe*(Stuttgart : Deutsche Verlags-Anstalt, 1998) ; Alan Bullock, *Hitler und Stalin : Parallele Leben*(Berlin : Siedler, 1991) 등을 참조. 요하임 페스트의 책은 번역되었다. 안인희 옮김, 『히틀러 평전』(서울 : 푸른숲, 2001). 이하에서 인용표기는 저자를 적되 쪽수는 번역본에 따르기로 한다. 번역본이 있을 경우 다른 문헌의 인용도 이 원칙에 의거한다.

는지를 탐색하려 한다. 제1차 세계대전에서의 패배와 이로 인해 초래되는 독일적 상황은 사회구성원들에게 어떤 공통적인 감정과 이 감정을 해결할 수 있는 영웅에 대한 하나의 환상을 심어주었다고 할 수 있겠다. 이 감정은 "더 이상은 안 된다"는 언표로 표출되었으며, 이는 곧 히틀러, 나치즘의 등장을 합리화시켜 주었다.

그렇다면 '더 이상은 안 된다'는 언표 속에 내재되어 있는 심리적 공포는 어디에서 비롯된 것일까? 이 점을 논의하기 위해 히틀러의 국가사회주의 체제가 등장하기 전의 독일의 사회적 · 정치적 · 경제적 배경을 간단히 검토할 필요가 있다.[6] 왜냐하면 이러한 역사적 배경이 히틀러의 등장에 아주 중요한 요인으로 작용했기 때문이다. 하지만 이 배경들에 대한 논의에 있어서도 주목해야 할 점은 이 배경들이 하나의 독립변수로 작용하는 것이 아니라 상호작용 속에서 히틀러의 역사적 등장에 기여했다는 점이다. 이 배경들로는 1918년 1차 세계대전에서의 패배, 굴욕적인 베르사유 조약, 인플레이션, 중산층의 추락 및 공포, 세계경제의 위기 등을 들 수 있으며, 이로 인한 나

6. 여기서 이 검토는 히틀러의 국가사회주의 체제가 등장하기 전의 독일의 상황에 관해 한정될 뿐, 이른바 독일 파시즘의 성격에 관한 논쟁을 하자는 것은 아니다. 왜냐하면 이 문제는 이 글의 연구주제를 넘어서기 때문이다. 파시즘의 성격규정과 관련하여 국가독점자본주의 관점에서 파시즘을 자본주의 지배의 특수 형태 내지는 특정 방식으로 보는 견해가 있는가 하면, 또한 파쇼 운동과 국가의 상대적 자율성을 강조하면서 파시즘을 자본주의에 고유한 위기해결 방식, 즉 경제위기의 해결방식으로 간주하려는 관점도 존재한다. 경제위기 해결방식의 관점에서 파시즘에 대한 해석은 세 가지 논거에 그 기초를 두고 있는데, 그것은 대공황으로 인해 망가진 경제를 치유하기 위해 국가의 간섭 및 조정의 필요성, 군수 육성과 내부 저항세력의 제거, 노동자 계급을 억압함으로써 이들로부터 상당한 정도의 잉여가치를 착취하여 자본주의를 공황에서 벗어나게 해야 할 필요성 등이다.

치 이데올로기의 역동성은 증폭되었다. 하지만 이 모든 현실적인 특징에 더하여 시대적 변화가 다가온다는 정서들이 국가사회주의 운동을 대중운동으로 전환시켰던 것이다(Fest, 1998).[7]

제3제국이 성립하기 이전에 이미 존재한 '위기의 일상'은 산업적 계급사회에서 발생한 경제위기 이상의 것이었다. 이 위기는 제2제국의 몰락과 함께 일어난 전통적인 사회적 가치와 태도의 전복이 맞물린 위기였다. 또한 독일의 정치체제는 1930년대 초에 또 다시 붕괴하게 된다. 이 정치위기는 단지 의회주의의 위기를 넘어서는 산업적 계급사회 전체의 포괄적인 위기였다. 이에 관해 간단히 논의해 보자(Peukert, 1982 : 40-63).

제2제국에서 행한 정치체제의 통치는 중간 계급에 대해서는 우호적인 접근방법을, 반면에 노동자들에 대해서는 엄격한 정치적 배제와 점진적인 최소한의 경제적 개선조치를 취하면서 이루어졌다. 하지만 바이마르 공화국에서 들어와서는 초기에 사회민주당과 노동

7. 1933년 4월 프라이부르크 대학 총장이 된 이후에 국가사회주의노동자당(NSDAP)의 당원이 된 하이데거는 1933년 11월 "독일 학생들"에 대해 다음과 같은 연설을 하였다. "국가사회주의 혁명은 우리 독일의 실존에 총체적인 변형을 가져오고 있습니다. (…) 여러분들은 독일 정신을 구현하는 미래의 대학을 창조하기 위해 깨닫고 함께 행동해야 할 의무가 있습니다. (…) 여러분들의 충성심과 추종의지를 나날이, 시시각각 강화하십시오. (…) 우리 민족의 본질을 수호하고 우리 민족의 가장 내밀한 힘을 국가 내에서 고양하기 위해 필수적으로 요구되는 희생을 수행할 수 있게 될 것입니다. 히틀러 만세!" Jeff Collins, *Heidegger and the Nazis*(London : Icon Books, 2000). 이경현 옮김, 『하이데거와 나치』(서울 : 이제이북스, 2004), 39쪽에서 재인용. 하이데거의 이 연설은 이러한 시대적 변화를 예감하고 나온 것은 아닐까? 비록 하이데거가 1934년 4월 총장직을 사임하고 나서 나치 체제에 대한 찬사의 연설을 행하지 않았지만 말이다.

조합으로 대표되는 노동자들에 대해 적극적인 통합정책을 추구했다. 바이마르 공화국의 등장과 함께 특권적인 역할을 상실한 중산 계급은 인플레이션으로 인해 경제적 강등을 경험하게 되었고, 그 결과 바이마르 공화국에서 이탈하기 시작했다. 더욱이 호경기가 끝나면서 바이마르 공화국을 지탱해 주었던 중간 계급과 노동자 계급의 사회적 타협 내지 합의가 동요하기 시작했다. 특히 1928년 루르(Ruhr) 철강 분규에서 거의 대부분의 정당들이 공장폐쇄를 당한 노동자 계급을 지원하자고 주장했을 때 중공업 산업자본가들은 노동조합 국가에 대한 공포를 되새기면서 격노했다.

사회민주당과 노동조합총연맹은 이들 자본가들과 타협을 하려고 하였지만 자본가들은 이들 존재 자체가 위기를 이용하여 복지체제를 붕괴시키고자 하는 자신들의 전략에 위협이 될 수 있다고 예단하였다. 복지국가의 축소 및 해체는 라인-베스트팔렌(Rhein-Westfalen) 지역의 중공업 자본가들이 대공황 발생 이전에 강력하게 요구했던 절대적인 정치적인 사안이었다. 물론 이러한 요구사항이 자동적으로 나치 체제와 같은 폭력적 독제체제를 수립하자는 것으로 귀결되는 것은 결코 아니었다. 슈테그만(D. Stegmann, 1973)의 주장처럼 나치 체제 혹은 국가사회주의당에 동조했던 자본가들은 소수에 불과했다. 이들 자본가들(특히 중공업에서의) 대부분은 위기의 탈출구로서 권위주의적 신분국가의 수립, 군주정의 복고, 대통령 독재 등을 제시하였다.

그렇다면 히틀러가 보기에 총체적 위기상황에 빠져 있는 독일국가를 구원할 방법은 무엇인가? 독일 국민이 지니고 있는 무력감, 무언가 하지 않으면 견딜 수 없는 초조함, 그리고 이로부터 발생하는 공포감을 가장 효율적으로 통합시킬 수 있는 매개체는 무엇인가? 히틀러는 이렇게 진술한다. 대중은 "단순한 사고체계와 단순한 감정체계"를 가지고 있다. 대중이 "정리할 수 없는 것은 대중을 불안하게" 만든다. 특히 대중집회에서 "사고는 차단된다." 히틀러의 진단에 따르면 총체적 위기상황을 탈출할 수 있는 매개체는 대중의 감성을 최대한 이용하고 조종할 수 있는 언어의 마술에 있었다. 그렇다면 어떠한 언어를 사용해야 할 것인가? 그것은 곧 하나의 통일, 통합체를 지시하는 '민족' (Volk)이었다.

히틀러에 있어 '민족' 이라는 문법은 무엇을 의미하는가? '민족' 이라는 문법은 히틀러가 자신의 지배체제를 정당화하고 유지하는 데 있어 가장 즐겨 사용하였다. '민족' 은 계급과는 대조적으로 인종적으로 통일된 단위로서 순수성 자체를 의미하며, "피와 대지" 사상에 입각한 역사적으로 운명지워진 개념이었다. 그리하여 '민족' 이라는 문법은 오로지 '독일 민족' 만을 지칭하는 배타적 개념으로 등장한다. 이러한 의미에서 유태민족과 공산주의는 "독소와 세균" 으로 비유되었던 것이다. '민족' 을 기본 세포로 성립하는 "민족공동체(Volksgemeinschaft)"는 다양한 이해관계를 지향하는 각각의 사회계층들이 '피와 대지' 로 하나가 되는 운명공동체로 결집되어 '하나' 가 되어야 함을 지시한다. 히틀러의 연설문에서 "민족의식", "민족문화", "민족복지", "민족의 땅", "민족보호", "민족의 고향", "민족신체", "민족영혼", "동포", "민족적 삶의 신장", "민족적 발전", "민족적 생활질서", "민족경제" 등은 히틀러 개인과 나치 체제의 정치적 세계관을 직접적으로 반영하고 있는 언어들이다. 하지만 이 용법은 언어의 정치화를 통해 대중을 의식화시키고, 나아가 "하늘의 섭리에 의해 독일 전체의 운명의 주인"인 히틀러의 리더십과 "지도자 원칙"을 강화하는 도구로 사용되고 있다.[8] 동시에 히틀러에 있어 '민족'이라는 문법은 '적과 동지'라는 정치구도의 핵심적 토대를 형성하고 있다.

III. '존재냐 죽음이냐'의 문법과 그 정치지배 형태

1. 적과 동지 : 절대성의 정치

히틀러는 누구보다도 언어의 감정적 표출을 지시하는 연설이 대중에게 미치는 파괴력을 잘 파악하고 있었고, 그런 까닭에 감정에 호소하는 언어를 사용하여 수많은 연설을 행하였다. 연설은 히틀러의 지배담론을 형성함에 있어 가장 중요한 역할을 했다고 할 수 있겠다. 그에게 있어 연설은 곧 국가사회주의 체제의 정당성을 부여해 주는 열쇠였다. 연설, 즉 언어가 가지는 마력에 대한 그의 입장을 인용해 보기로 하자.

8. 히틀러가 연설을 할 때 보이는 현란한 어법과 몸짓의 언어만큼이나 그의 정치적 숙청은 상당히 빠른 속도로 진행되었다. 그는 1933년 1월 30일 힌덴부르크 대통령으로부터 제국수상에 임명되자 거의 곧바로 독일공산당을 금지시키고 새로운 선거(3월 5일)를 실시하였다. 또한 3월에 수권법(enabling act)을 제정하여 상임비상통치권을 확립하고 4월에는 유태인의 관공서 출입금지, 5월에는 독일노동조합연맹 해체, 7월에는 정당들의 활동금지 조치들을 단행하였다.

> … 즉 이 세계에서 가장 위대한 혁명은 결코 타조의 깃으로 만든 펜에 의해 인도된 것이 아니란 점을! 그렇다. 펜은 언제나 혁명을 이론적으로 기초하는 일만 할 뿐이다. 그러나 종교적 · 정치적 방법으로써 위대한 역사적인 사건을 일으킨 힘은 옛날부터 이야기되는 영원한 '말의 마력' 뿐이었다. 대다수의 대중은 특히 언제나 연설의 힘에 의해서만 움직여질 수 있다. 그리고 위대한 운동은 모두 다 대중적인 운동이며, 인간의 정열과 정신적 감수성의 화산 폭발이며, 잔인한 곤궁의 여신에 의해 선동되거나 대중에게 던져진 횃불에 의해 선동된다 … (MK, 165–166).

하지만 통치철학의 관점에서 히틀러의 이념을 검토해 볼 때 사실상 히틀러는 그 자신의 독특한 생각을 가지고 있지 않았다. 『나의 투쟁』에서 진술되고 있는 그의 관념들은 통틀어 사회적 다윈주의 사상으로 소급될 수 있으며, 그런 한에서 그의 세계관은 원시적이고 폭력적인 논리에 그 기반을 두고 있다. 요컨대 자연의 기본 원칙은 존재에 대한 투쟁이며, 이는 동물이나 사람에게 마찬가지로 적용된다. 인간은 사회적 존재인 까닭에 인류사의 기본 범주들은 가족, 민족 그리고 인종이라는 것이다. 역사는 본질적으로 "생활공간"을 위한 민족들의 생존투쟁이며, 각각의 민족은 살아남기 위해 특정한 "생활공간"을 필요로 한다. 전쟁은 한 민족의 보존을 위해 지극히 자연적이고 정상적인 행위이며, 정치는 한 민족의 생존투쟁을 관철시키기 위한 수단인 것이다. 자연 속에서 '생활의 더 높은 배양' 을 위한 수단으로서 더 강한 자의 승리라는 귀족주의적 기본 이념이 드러나고 있으며, 이것이야말로 모든 인간 진보의 전제인 것이다. '저질의' 생명은 사라져야 하며, 아리안 족만이 '창조적'이며 '가장 높은' 생명체인 까닭에 지배자가 되어야 한다. '더 열등한' 인종은 '헌신'하기 위해 태어났을 뿐이라는 것이다(Auerbach, 1986 : 136-137). 히틀러가 사용하고 있는 '생활공간'이라는 개념은 필연적으로 전쟁과 연결되며, 게다가 전쟁의 정당성 혹은 폭력의 정당성으로 이어진다. 동시에 전쟁은 자연적이고 정상적 과정일 뿐이다. 이는 곧 이성이 지시하는 언어이며, 그래서 이 과정에 대한 윤리적 · 도덕적 책임을 느낄 하등의 필요가 없다. 전쟁은 민족의 자존을 위한 성스러운 행위인 것이다.

이러한 맥락에서 국가사회주의 운동은 무엇보다도 "적과 동지"라는 구도 속에서 '열등한 인종'에 대한 '강한 자'의 지배논리를 대변하고 있는 특징을 지닌다. 이 운동에서 중간노선은 결코 존재하지 않으며, 압도적으로 생존을 위한 상대방의 부정, 즉 파괴의 정치가 존재한다고 해석할 수 있을 것이다. 히틀러는 이 점을 『나의 투쟁』에서 분명하게 말하고 있다.

> 어떤 운동의 미래는 지지자가 오로지 그 운동만이 정당하다고 주장하며, 이것을 유사한 성질의 다른 조직에 대해 최후까지 밀어붙이는 열광 내지는 불관용에 달려 있다 … 운동에 있어서는 시간적으로 당장의 성과를 가져오는 것이 아니라 절대적인 불관용에서 생기는 오랜 투쟁의 지속을 통해서 장기적인 성장을 부여하는 형식으로 이 승리가 추구되어야 유익하다 … 어떤 이념을 이 세계에서 구현하고 있는 모든 강력한 조직의 위대성은 그 조직이 열광적으로 자신의 정당성을 확신하고 다른 모든 것에 대해 그의 의지를 비타협적으로 관철하는 종교적 열광과 불관용 속에 존재한다(MK, 498-499).

히틀러에 있어 '적과 동지'의 드라마는 민족주의 세계관에 그 기초를 두고 있으며, 그런 까닭에 민족주의 세계관에 균열이 발생할 경우 '적과 동지'의 정치공간 역시 그 생명력을 잃게 된다. 히틀러가 주장하고 있는 민족주의 세계관이란 도대체 어떠한 담론을 담지하고 있는가? 그의 민족주의 세계관은 '반유태인주의'와 '반국제주의'[9]에 그 근거를 두고 있다. 『나의 투쟁』에서 제시되고 있는 민족주의 세계관을 인용해 보기로 하자.

… 민족주의 세계관은 인류의 의의를 인종적 근원요소(필자 강조)에 둔다. 그것은 원칙적으로 국가를 단지 목적을 위한 수단으로 보고, 국가의 목적을 인종으로서의 존재를 유지시키는 것으로 생각한다. 그러므로 민족주의 세계관은 결코 인종의 평등을 믿지 않으며, 오히려 인종의 가치에 우열의 차이가 있음을 인정하고, 그러한 인식에서 이 우주를 지배하고 있는 영원한 의지에 따라 우자(優者)나 강자의 승리를 추진하고 열자나 약한 자의 종속을 요구함이 의무라고 생각한다. 따라서 원칙적으로 민족주의 세계관은 자연의 귀족주의적 근본사상에 기여하며, 이 법칙이 모든 개체에까지 적용된다고 믿는다. 그것은 단지 인종 사이에 존재하는 다양한 가치들의 차이를 인식할 뿐만 아니라 각 개인의 가치에도 차이가 있음을 인정한다. 군중으로부터 인격의 중요성을 추출하고, 이렇게 함으로써 민족주의 세계관은 해체적인 맑스주의와는 대조적으로 조직적으로 움직인다. … 어떤 윤리적

9. 나치 체제에서 어휘 사용에 있어 '유태인의(judisch)'와 '국제적(international)'이라는 어휘는 거의 동의어가 되었다. 좀 거칠게 표현하면 '유태인', '국제주의', '맑스주의'는 동일한 의미를 지니는 어휘로서 히틀러가 주장하고 있는 '민족공동체'의 '적(Feind)' 개념이다.

> 이념이 더 높은 윤리를 가지고 있는 인종의 생존을 위협하는 경우에 민족주의 세계관은 그 이념에 생존권을 용인할 수 없다 … .
>
> 유럽 대륙에서 인간문화와 문명은 아리아 인종의 현존과 불가분하게 결부되어 있다. 아리아 인종이 멸망하거나 몰락한다면 이 지구상에는 … 문화가 없는 암흑의 베일에 싸인 시대가 도래할 것이다. 민족주의 세계관에서 볼 때 인류문화의 담당자를 멸망시킴으로써 그 존립을 손상시키는 일이야말로 가장 저주받아야 마땅할 죄이다.
>
> … 민족주의 세계관은 자연의 내적 의지에 순응한다. 왜냐하면 그것은 보다 뛰어난 상대방을 육성할 것이 분명한 힘의 자유로운 경쟁을 부흥시켜 마침내 가장 우수한 인류가 이 지상을 획득함으로써 지구 안팎의 여러 영역에서 자유롭게 활약할 길을 열 것이기 때문이다. … 최고의 인종만이 지배민족으로서 온 지상의 모든 수단과 가능성의 도움을 받아 문제를 이겨낼 준비를 갖추게 되리라는 예감을 갖고 있는 것이다(MK, 29-30).

이 인용문에서 분명하게 드러나는 바와 같이 민족주의 세계관은 "자연의 내적 의지"에 순응하는 것으로 인종[10]과 각 개인들의 인격에 토대를 둔 세계관으로 해석할 수 있을 것이다. 히틀러에 있어 인종은 반유태인주의, 반국제주의, 그리고 반맑스주의 행동강령과 연결되는 것으로 '적'이라는 표상을 만들어내며, 동시에 나치 체제의 이론적 지축을 형성하고 있다. 달리 표현하면 "세계 음모"의 주역

10. 히틀러는 인류를 세 가지 인종으로 구분하고 있다. 즉 문명을 창조하는 인종, 문명을 전달하는 인종 그리고 문명을 파괴하는 인종이 바로 그것이다. 아리아 인종은 문명을 창조하는 인종인 반면에 유태인은 문명을 파괴하는 인종이다. 또한 일본과 중국인과 같은 민족은 문명을 전달하는 인종이다.

으로 히틀러 혹은 나치 체제는 전통적인 적, 즉 유태인, 볼셰비키, 자본가 등을 상정하였고, 그러한 점에서 나치 이데올로기는 반유태주의, 반볼셰비즘 그리고 반자본주의가 상호 교환이 가능하며, 지지자들의 상상력 속에서 이것들은 결코 모순된 것으로 간주되지 않았다(Peukert, 1982 : 54-5). 이 '적'은 타협의 여지가 전혀 없는 대립물로서 만약 이 적과 타협을 한다면 그것은 인간성의 종말을 의미한다. 즉 "혈통과 인종에 반하는 죄는 이 세상의 원죄"이며, 이 죄는 "인간성의 종말"로 귀결된다. 동시에 히틀러가 제시하고 있는 인종론은 다윈이 주장한 적자생존 혹은 자연도태의 원리에 따라 움직이는 자연의 법칙을 대전제로 한다(Reich, 1997 : 123). 또한 개개인의 가치 내지 인격에 대한 강조는 엘리트 집단에 대한 정당성을 부여해 줌과 동시에 나아가 지도자에 대한 절대적 충성 및 헌신이라는 담론과 연결된다. 달리 표현하면 "인종의 역사는 자연의 역사"이며, "혈통과 종교의 역사는 민족의 흥망, 민족의 영웅들과 사상가들, 그리고 발명가와 예술가들에 대한 세계사"이다.

히틀러의 문법에서 볼 때 인종혼합은 민족과 민족공동체의 타락이며, 이 타락은 "인류의 영원한 박테리아(ewiger Spaltpilz der Menschheit)" 혹은 "기생충"인 유태인과의 혼합 혹은 교배를 통해 이루어진다. 국가사회주의의 정치 이데올로기와 반유태인주의의 주 원천 중의 하나는 매독에 대한 비합리적 두려움으로 히틀러가 주장하는 영혼과 영혼의 순수성에 대한 환상은 다름 아닌 '성적 순수성'에 대한 세계관을 지칭한다(Reich, 1997 : 132-135). 매독이라는 '세계적 전염병'에 대해 히틀러는 『나의 투쟁』에서 다음과 같은 방식으로 '적'에 대한 이미지를 강화시키고 있다 : "매독에 의한 대규모 오염이 초래하는 가장 뚜렷한 결과는 우리의 아이들에게서 나타난다. 특히 아이들은 저항할 수 없을 정도로 오염이 만연된 정신생활의 슬픈 산물이다. 부모의 타락행위는 아이들의 질병으로 나타난다."

요컨대 혈통의 투쟁, 민족의 흥망, 혈통의 타락, 유태인의 세계적 전염병 등과 같은 언표들은 언어의 정치화라는 과정 속에서 결국 맑스의 '유태인의 유물론', 즉 "질병"인 맑스주의에 대한 폭력으로 이어진다고 하겠다(Reich, 1997 : 134). 히틀러는 지금까지 다른 정치세력들의 맑스주의에 대한 대응을 "돌팔이 의사의 치료행위"로 폄하하고, 국가사회주의 운동이야말로 맑스주의에 대한 진정한 대항세력이라고 주장했다. 그에 있어 혈통의 보존, 인종의 순수성을 위한 투쟁은 이미 합법의 범위를 넘어서서 존재하는 고귀한 신의 언명인 것이다.

그리하여 지도자와 엘리트 집단은 인종 혹은 혈통의 순수성을 보존하기 위해 대중을 지도하며, 나아가 민족공동체라는 이상을 구현한다. 인간이 존재하는 최고 목적이란 곧 "인종의 보존"에 있는 까닭에 국가사회주의독일노동자당은 "영원한 창조자의 의지", 즉 자연의 의지를 받들어 "혈통과 인종을 순수하게 지키는" 숭고한 역사적 과업을 완수하기 위한 지도체인 것이다. 요컨대 국가사회주의 지배체계의 강령은 "아돌프 히틀러"[11]이며, 그와 "진정한 국가사회주의자에게는 오로지 하나의 신념만이 존재"하는데, 그것은 곧 "민족과 국가이다"(MK, 306). 또한 그의 세계관 혹은 세계사는 "겁쟁이 민족

11. 히틀러의 추종자들에게 흔히 나타나고 있는 생각은 이렇다. "우리의 강령은 두 단어들로 작성된다. 즉 '아돌프 히틀러'"(Unser Programm lautet mit zwei Worten : 'Adolf Hitler').

을 위해서 있는 것이 아니다"(MK, 152). 인간 존재의 궁극적 목적이 "국가의 유지나 정부의 유지에 있는 것이 아니라 종의 보존에 있는" 것처럼 말이다.[12] 이 모든 것은 '운명'이 "독일 민족의 메시아"인 히틀러에게 암시해 주었던 선물이었다. 그리하여 국가사회주의독일노동자당(NSDAP)의 궁극적 지향점은 정해졌다.

> 우리들이 투쟁해야 할 목표는 우리 인종, 우리 민족의 존립과 증식의 확보, 민족의 아들들의 부양, 피의 순결 유지, 조국의 자유와 독립이며, 우리 민족이 만물의 창조주로부터 위탁받은 사명을 완수할 때까지 생육할 수 있게 하는 것이다(MK, 302).

이러한 맥락에서 국가사회주의 운동은 "부패하고 비겁한 부르주아 사회와 마르크시즘의 큰 파도와 같은 정복의 개선행렬 가운데 숙명의 수레바퀴를 최후의 순간에 멈추려고 하는 새로운 힘"이다(MK, 15).

이렇듯 국가사회주의의 정치담론에 있어 '국가', '인종', '민족의 존립'이라는 이데올로기를 통한 언어의 정치화는 히틀러의 정치 이데올로기의 재생산, 정치권력의 유지 · 확대 재생산을 배경으로 자리매김한다고 볼 수 있다. 특히 '민족' 혹은 '민족의'(völkisch)는 '피와 대지'에 기반한 인종공동체와 직결되는 것으로 태양의 민족인 아리안 혈통의 순수한 보존이라는 언어적 정치행위는 '생활공간'의 창출이라는 구실 하에 전쟁의 정당성을 제공해 주는 결정적 계기로

12. MK, 151.

기능한다고 하겠다. 언어의 정치화는 히틀러 시대의 정치적 상징을 잘 대변해 주는 것으로, 이를 통해 민족공동체의 정체성을 담보하려 하였다.

하지만 히틀러의 국가사회주의 문법은 어떤 감정, 즉 "광분으로 격렬하게 자극된 열정"이며, 국가사회주의의 정치적 세계상은 현실정치에 대한 해법에서 비롯되는 것이 아니라 "낭만주의의 세계 관념에서 발생"되었다고 하겠다. 요컨대 '국가사회주의 언어', '나치 언어'는 단지 의사소통의 수단이라는 단순한 차원을 넘어서서 파토스적 언어 내지는 "사이비적 웅장한 문체"를 대중에게 전달함으로써 이루어지는 정치 지배 이데올로기적 담론을 담고 있다. 히틀러의 나치 언어는 또한 상당히 신비주의적이다. 이에 대한 문장을 예로 들어보자.

> 한 인종의 영혼이 지니는 가치, 즉 세계에 대한 새로운 개념을 지탱하는 원동력인 이 가치는 아직 살아 있는 의식이 되지 않았다. 그러나 영혼은 내면에서 본 인종을 의미한다. 이를 뒤집어 생각해 보면 인종은 영혼의 외부 세계인 것이다(Reich, 1997 : 134 재인용).

그리하여 베르닝(Berning, 1962)은 나치 언어를 '위장과 은폐의 언어'로 규정하면서 이 언어의 특징을 "종교적인 어법은 국가사회주의가 지니고 있는 허무주의와 전체주의적 권력추구를 '동포들'에게 속일 의도를 지닌 것"이며, "경제공동체나 혹은 민족공동체 등과 같은 조어는 허구적인 것이며, 이는 개인의 권리 상실, 행동의 자유 및 사고의 자유의 상실을 보완"하고자 하는 것이고, "전투적이고 역동적인 어법은 국가사회주의의 권력욕에 혁명적인 행동 충동의 분위기"를 전달해 주는 것으로 규정하고 있다.

국가사회주의 체제에서 이 체제의 권력의 장악·유지·확대는 이를 위해 극화한 연출기법, 언어정책과 직접적인 연관성을 지니고 있다. 이제 우리는 질문을 던진다. 아우어바흐가 주장하는 바와 같이 "국가사회주의는 전쟁 후의 노이로제적인 분위기가 만들어낸 산물"이라고 해석할 경우, 정치권력의 장악을 위해 히틀러와 그가 이끄는 나치 지배체제가 즐겨 사용했던 언어적 기법 및 연출기법은 무엇이었던가? 대표적인 연출기법을 예로 들어보자. 횃불이 타오르고 북소리가 울려퍼지는 가운데, 때로는 촛불을 담은 수많은 쟁반에 의해 밝혀지는 조명 속에서 이루어진 히틀러에 대한 대중들의 충성맹세,[13] 즉 "나는 아돌프 히틀러에게 운동의 파수꾼이 될 것을 맹세합니다. 그가 내게 내려준 지도자들에게 무조건 충성할 것을 맹세합니다." '횃불'의 언어는 감정을 고조시키고, '촛불'의 언어는 감정을 순화시키며 특정한 대상이나 인물에 대한 경건함과 존경심을 지시한다. 결국 모든 대중은 오로지 하나의 결론만을 받아들인다. "독일이 히틀러인 것처럼 히틀러는 독일이다"라고. 부언하면 나치 지배체계의 존재론적 기반 및 정당성은 "피와 대지(Blut und Boden)"의 토대 위에서 성립된 "민족공동체(Volksgemeinschaft)"라는 정치적 수사와 연결된다.

13. 히틀러의 연설은 주로 야간에 이루어졌다. 이는 대중에 대한 연설의 효과를 극대화하기 위해서였다. 히틀러에 따르면 "아침에는—낮에도 역시—인간의 의지력은 자기와 다른 의도와 의견을 강요하려고 하는 시도에 대해서 상당한 에너지를 가지고 저항하는 것으로 간주된다. 이에 반해 밤에는 그 의지력이 한층 더 강한 의지의 지배력에 더욱 쉽게 굴복한다"는 것이다. MK, 158.

이 정치적 수사의 토대에는 "맹목적 믿음이 산을 무너뜨린다(Blinder Glaube stürzt Berge um)"는 히틀러의 언표가 자리잡고 있다.

언급한 바와 같이 히틀러는 대중을 효과적으로 선동하고 설득하기 위하여 대중의 감성에 호소해야 한다는 생각을 견지하고 있었다. 그는 특히 연설에서 나타나는 은유적 표현, 대중들의 환상을 자아내게 하는 신비로운 단어의 사용, 상황에 대한 언어적 표현이 대중의 행동에 미치는 영향을 잘 인식하고 있었다 : "사람을 설득할 수 있는 것은 글보다는 언변이며, 이 세상에 있어서 위대한 운동은 모두 위대한 문필가가 아니라 위대한 연설가에게서 그 진전의 혜택을 입고 있음을 나는 알고 있다"(MK, 17-8). 이러한 맥락에서 그에 있어 언어는 소통수단 이상의 의미를 지닌다. 언어는 대중을 설득 및 조종하고 자신의 이데올로기를 구현하며, 나아가 자신의 지배체제를 정당화하기 위한 하나의 전술적 무기였다고 볼 수 있다.

2. '우리(Wir)'와 '민족(Volk)'[14)]

히틀러의 언어, 국가사회주의의 언어는 간단히 표현하면 일체성과 완결성을 지향하고 있는 특징을 지닌다. '우리'와 '민족'이라는 문법 역시 궁극적으로 일체성을 지향하는 단어로서 불가분의 관계를 형성하고 있다. 특히 히틀러가 권력이양을 한 이후로 명사인 '민족'과 형용사인 '민족의' 혹은 '민족적'이라는 단어는 가장 빈번

14. 이 부분에 대한 논의는 김종영, 2003 참조.

하게 등장한 단어이자 과거에 대한 향수를 담고 있는 단어로서 국가사회주의 운동의 핵심적 단어이자 이 운동의 정치적 세계관을 지칭한다고 볼 수 있다. 예를 들어, '민족의식', '민족문화', '민족복지', '민족노동자', '민족신체', '민족정신', '민족적 발전', '민족적 생활질서', '민족적 사고' 등의 언어적 표현을 들 수 있다. 계속적으로 논의될 것이지만 '민족'은 '피와 대지'의 사상을 내포하는 총체적 개념이며, 이 개념을 위해 등장하는 화법이 '우리'이다. "피와 대지의 불가분한 결속은 한 민족의 건강한 생활을 위한 필수적인 조건"이며, 이를 수행할 역사적 임무가 다름 아닌 '우리'에게 부과된다.

그렇다면 '우리'라는 문법은 어떠한 정치담론의 기능을 수행하고 있는가? 나치 언어에 있어 '우리'는 단지 군집적인 의미만을 담지하는 것이 아니라, 근본적으로 마음 속 깊이 동일한 것을 열망하면서도 이 열망을 세밀하게 표현할 말을 찾지 못하고 방황하는 수많은 사람들 전체를 포괄한다고 볼 수 있다. 하지만 '우리'라는 용법은 달리 구사됨으로써 지도자와 대중 사이의 경계선과 역할인식을 분명하게끔 하도록 "언어를 통한 폭력"을 대중에게 강요하는 전체주의적 성격을 지니고 있다.

그런데 '우리'라는 용법은 국가사회주의 언어에서 유기적 구조를 가지면서 세 가지 다른 차원에서 행해지고 있다. 즉 "내포적 우리", "배타적 우리" 그리고 "지도적 우리"가 바로 그것이다(김종영, 2003 : 138-150). '내포적' 우리는 화자가 '우리'라는 단어를 사용할 경우, 이 단어 속에는 청자를 포함하는 것으로 청중과의 연대감 내지는 일체감을 창출하기 위한 하나의 설득적인 기능을 한다. 나치의 언어는 '내포적' 우리라는 용법을 사용함으로써 히틀러, 국가사회주의 독일노동자당, 그리고 대중이라는 삼위일체를 통해 하나의 민족공동체 혹은 운명공동체의 존재를 절대적 진리체로 상정한다. '내포적' 우리는 주변세계에 대해 일방적으로 부정적인 견해를 피력하면서 현재의 긴급한 상황에 대한 극적인 묘사와 동시에 이에 대한 '적'의 등장을 예견하면서 결국에는 민족의 생존을 위해 단결할 것을 강제하는 화법이다.

> 우리는 엄청나게 어려운 문제를 해결해야 합니다. 그러나 우리 스스로가 이 문제들을 해결해야 합니다. … 주위환경은 이에 대해 몰이해나 아니면 어리석은 소견만을 가지고 있을 뿐입니다(Mass, 1984, 김종영, 2003 : 140 재인용).

> 우리 민족을 사로잡았던 교리는 만물이 소생하는 완연한 봄날을 증오와 동포 간의 불화, 반목과 번민의 날로 바꾸려고 하였습니다. 이날은 점점 더 우리 민족의 이탈과 분열을 분명하게 보여주는 것처럼 보입니다. 그러나 깊은 고뇌가 우리 민족을 사로잡고 난 후에 마침내 자각의 시간도 찾아왔습니다. 우리 민족이 심사숙고할 수 있고 서로 단결할 수 있는 그러한 시간이 말입니다.

> … 수백만의 우리 민족은 옛날처럼 일하고 있습니다. 수백만의 농민들은 옛날처럼 쟁기를 앞세워 걷고 있습니다. 수백만의 노동자들은 시끄러운 모루 앞에 서 있습니다. 수백만의 우리 민족은 일을 하고 있습니다. 그러나 나머지 수백만의 국민들은 일을 하고 싶어하나 할 수가 없습니다. 수만의 사람들이 스스로 목숨을 끊었습니다. 그들에게 있어 삶이란 단지 고통과 궁핍

의 연속이었던 것입니다. 그들은 삶을 내세와 바꾸었습니다. 내세에서의 보다 나은 것을 꿈꾸었던 것입니다 … 그저 절망감만이 있습니다. 이제 우리는 묻습니다. 도대체 무엇 때문에 이렇게 되었습니까?[15)]

히틀러의 연설문에 언제나 일관된 논조로 등장하고 있는 바와 같이 독일의 상황이 상당히 어렵게 된 것은 기존의 정치가 역할을 제대로 하지 못하고 오류를 범했기 때문이다. 따라서 이러한 시대사적 난국 속에서 자신은 '민족의 구세주' 임을 대중들에게 확신시키며, 나아가 독일 민족은 이 '민족의 구세주' 에게 절대적 복종과 충성을 해야 한다는 것이다. 요컨대 '지도자' 에 의한 지시만이 민족공동체의 완성을 통한 '독일 민족 만세' 가 환호 속에 울려퍼질 수 있다는 것이다. 간단히 말해 '내포적' 우리라는 문법 속에는 주인에 대한 하인의 절대적 복종이 암시되어 있다.

'배타적' 우리는 대중을 지도하는 엘리트 집단과 대중을 경계 짓는 개념으로 이 용법에 있어서는 청중이 배제되어 있으며, 동시에 핵심 권력 지도부를 의미한다고 할 수 있다. '배타적' 우리는 무기력한 대중과 국가를 위해 희생과 봉사를 다한다는 점을 청중에게 부각시킨다. 하지만 '배타적' 우리가 행하는 희생과 봉사의 정신은 민족을 위한 헌신적 행위이므로 결국 대중의 충성과 복종을 강제하며 지배체제의 공고화에 기여하는 수단으로 기능한다(김종영, 2003 : 143-147).

15. Max Domarus, Hitler. reden und Proklamationen 1932–1945. Kommentiert von einem deutschen Zeitgenossen, Bd. 1–4, Leonberg. 위의 인용문은 김종영(2003 : 205–216, 재인용).

> 우리는 독일 민족의 국가를 꿈꿉니다. 이 세상에서 다시금 우리 민족에게 매일 빵을 보장해 줄 수 있는 그러한 국가를 꿈꿉니다. 그리고 우리는 이를 위해 민족의 결집된 힘이 필요하다는 점을 알고 있습니다.[16]

또한 '배타적' 우리는 곧 민족의 메시아임을 자처하는 언표이다. 즉 "우리는 이 민족이 오로지 민족으로서만 존속할 수 있으며, 개인이나 정당 등의 집단으로서는 존속할 수 없다는 확신을 이 민족에게 심어주었으며", "… 우리가 … 어떠한 지시를 내린다면 이것은 돼지를 사랑해서가 아니라 독일 민족을 위해, 독일 민족을 참담한 실망과 궁핍으로부터 구제하기 위해 그렇게 한 것입니다"가 그것이다.

히틀러는 '배타적' 우리라는 문법을 사용하면서 대중과 일정한 간격을 유지하고, 그런 다음 '내포적' 우리를 사용하여 민족의 일체감을 조성하려 한다. 하지만 이 두 가지 문법은 분리되어 나타나는 것이 아니며, 하나의 연설문 속에서 복합적으로 등장하고 있다. 즉 '배타적' 우리와 '내포적' 우리의 일체감을 조성하면서 동시에 '배타적' 우리의 권위를 더 고양시키는 의도로 말이다. 특히 '배타적' 우리라는 문법은 나치 체제의 핵심체와 지도자의 권위에 대한 복종과 충성, 나아가 민족공동체에 대한 절대적 헌신을 지시한다고 할 수 있겠다.

'배타적' 우리와 '내포적' 우리의 토대 위에서 이제 '지도적' 우리가 등장한다. 다시 말해 '지도적' 우리는 '배타적' 우리와 '내포

16. 히틀러, 1933년 5월 1일 연설문. 김종영(2003 : 209, 재인용).

적' 우리가 제대로 기능할 때 비로소 그 영향력을 발휘하게 된다. '지도적' 우리라는 문법은 '배타적' 우리가 의도하는 방향으로 청중을 나아가게 하고자 하는 수단이며, 국가사회주의 체제가 계획하고 행하는 사업이 공동체의 공동선을 추구하기 때문에 이를 따를 것을 강제하고 있다(김종영, 2003 : 148-149). 또한 히틀러의 연설문에서 자주 등장하는 것처럼 신이 이를 축복해 주고 도와줄 것이라는 점을 명시하고 있다. 예를 들면 "우리가 이 길을 의연하게, 부지런하고 성실하게(redlich) 계속해서 나간다면, 우리가 착실하고(brav) 충실하게(treu) 우리의 의무를 이행한다면 내가 확신하기로는 또한 미래에도 신께서 우리를 항상 도와주실 것입니다"(Maas, 1984 : 66 재인용). 이 인용문에서 사용되고 있는 '우리'는 '지도적' 성격을 지니고 있으며, 동시에 종교적 어법을 사용하여 '지도적' 우리는 곧 신의 섭리를 받들어 이루어지고 있음을 암시하고 있다. 히틀러는 1933년 5월 1일 행한 연설에서 신의 축복을 빌려 나치 체제의 과업을 지정하고 있다.

> 우리는 우리의 근면함, 우리의 끈기, 우리의 불굴의 의지를 통해 국가의 재도약을 성실하게 이루어낼 것입니다. 우리는 주님께 '주여 우리를 자유롭게 하소서!' 라고 청하지 않습니다. … 우리는 일하고 싶습니다. 형제같이 사이좋게 지내고 싶습니다. 언젠가 그 시간이 오면 함께 진력하려 합니다. 그 때 우리는 주님께 다가가 간청하려 합니다. '주님, 당신께서 아시다시피 저희들은 변했습니다. 독일 민족은 더 이상 불명예스럽고 치욕스럽고 스스로 괴로워하며 소심하고 확신이 없는 민족이 아닙니다. 주님, 독일 민족은 다시금 의지와 인내가 강하고 어떠한 희생이라도 참을 수 있을 만큼 강합니다. 주님 우리는 당신을 포기하지 않습니다. 이제 자유를 위한 우리의 투쟁을 축복하

시고, 아울러 우리 독일 민족과 조국에 축복을 내려 주시옵소서' (김종영, 2003 : 215-216 재인용).

현실정치에서 신의 섭리라는 문법은 지도자의 명령으로 구현되며, 이에 대한 그 어떠한 거부도 용납되지 않는다. 그리하여 신의 지시를 대행하는 지도자는 민족의지의 총화인 '민족공동체'를 구현한다. '우리'와 '민족'의 담론 속에서 "개인적인 자유의 권리는 인종보존의 의무 앞에서" (MK, 365), 요컨대 민족공동체의 구현이라는 역사적 과업 앞에서 각하된다. 사정이 이러하듯이 국가사회주의 체제가 "민족혁명"을 통해 다양한 사회세력 및 정치세력들의 다원주의적 합의에 기반을 두었던 기존의 체제를 해체하고 수립한 체제는 사실상 모든 피지배계층들을 직접적인 정치적 영향력에서 배제시키고 이데올로기 기관들을 나치 체제의 지배 및 통제체제에 직접적으로 통합시킴으로써 이들의 자율성을 강탈하였던 체제였다. 즉 국가사회주의 체제가 반자본주의를 외쳐댔기는 하지만 사실상 이 체제는 자본주의 구조를 유지한 채 헤게모니 체제를 재편성한 체제였다고 볼 수 있을 것이다(Peukert, 1982 : 58). 이러한 헤게모니의 재편성 과정에서 '우리'라는 문법은 중요한 역할을 행하였다.

3. 국제주의와 민족공동체

요하임 페스트가 옳게 지적하고 있는 것처럼 '국가사회주의(Nationalsozialismus)'에서 사용하고 있는 '사회주의'라는 단어는 히틀러 자신이 직접 시인하고 있듯이 사실상 경제구조와는 전혀 상관이 없다. 이 단어는 노동자 대중을 자신의 지지세력으로 결집하기 위해 정략적 차원에서 행해진 정치적 언어유희일 뿐이다. 동시에 이 언어유희는 전체에 대한 개인의 헌신을 의미하는 '민족주의'라는 단어에 대한 보충 개념으로 개인에 대한 전체의 책임, 지도자에 대한 절대복종과 충성을 지시한다. 그래서 국가사회주의라는 단어는 단지 이 둘을 합친 용법에 불과하다. 요컨대 국가사회주의노동자당은 대중영합적인 분위기를 이용하기 위해서 '사회주의'라는 단어를, 동시에 역동적인 사회적 힘을 확보하기 위해 '노동자당'이라는 단어를, 그리고 보수적인 가치관을 대변하기 위해 '민족의'라는 단어를 채택하였다(Fest, 1998 : 474-475). 슈트라서와의 논쟁에서 권력을 장악한 경우에 생산관계들은 변하지 않은 채로 남아 있는지에 관한 질문을 받았을 때 히틀러의 답변은 더 이상의 정치적 수사법을 필요로 하지 않았다.

> 당연합니다. 당신은 경제를 파괴할 정도로 내가 그렇게 미쳤다고(wahnsinnig) 생각합니까? 사람들이 민족의 이익에 따라 행동하지 않을 경우에만 국가는 간섭할 것입니다. 그러나 이를 위해 재산몰수나 공동결정권(Mitbestimmung)이 필요하지는 않습니다(Fest, 1998 : 474 재인용).

이처럼 히틀러의 '사회주의'는 그 자신이 '사회주의자'라고 주장하고는 있지만 생산수단의 사적 소유에 기초한 그러한 사회는 결코 아니었다.[17] 바이마르 공화국의 정국 및 국가사회주의 지배체제의 실현과 관련하여 히틀러의 언어의 정치화 내지 정치담론은 이렇게 표현되고 있다.

> 오늘날의 노동자가 민족공동체를 향해 접근해 가는 경우에 가장 어려운 장애는 그들의 신분상의 이익 옹호가 아니라 그들의 민족 및 조국에 적대하는 국제주의적 지도와 태도에 놓여 있다(MK, 485).

히틀러는 국가사회주의 운동의 관점에서 민족공동체의 실현을 위해 삶과 죽음의 투쟁 속에서 극복되어야 할 대상으로 국제주의, 즉 맑스주의를 상정하고 있다. 사실상 그의 사유지평에서 볼 때 유태인주의, 맑스주의, 볼셰비즘 및 국제주의는 동일한 의미의 다른 단어 사용에 불과할 뿐이다. 그는 국가사회주의 운동이 지향하는 민족공동체의 구현을 위해 무엇보다도 맑스주의의 핵심체를 구성하고 있는 노동자 대중을 자기 편으로 안아야 한다는 점을 역설하고 있다. 하지만 그는 사회구성원 전체를 총괄하는 민족공동체의 구현이라는 맥락에서 노동자와 자본가의 당파적 이해관계에 치우친 행위를 비

17. 히틀러는 슈트라서와의 논쟁에서 이렇게 진술하고 있다. "나는 사회주의자입니다. 예를 들어 나는 레벤트로프 백작과는 전혀 다릅니다. 나는 단순노동자로 시작했습니다. 오늘날에도 내가 나의 운전기사와는 다른 음식을 먹는다면 이해할 수 없습니다. 그러나 당신이 이해하고 있는 사회주의는 단지 극단적인(krass)인 맑스주의입니다. 수많은 노동자들이 빵과 놀이만을 원한다는 사실을 당신은 알고 있습니다 … 우리는 상당한 수의 노동자들을 획득하리라고는 결코 계산할 수 없습니다. 우리는 어떤 도덕적 연민에 따라 움직이지 않고 자신들이 더 나은 종족이라는 이유에서 지배할 권리를 확신하고 광범위한 대중에 대한 이 지배를 가차없이 내세우고 확보하는 새로운 주인계층을 선택하려는 것입니다 … 당신의 모든 체계는 실제적인 생활과는 아무런 상관이 없는 탁상공론(Schreibtischarbeit)입니다" (Fest, 1998 : 473).

판하고 있다.

> 만약 노동자가 공공의 복지나 국민 경제의 존속을 고려하지 않고 자신의 힘에 의지해서 불합리한 요구를 한다면 그들은 진정한 민족공동체의 정신을 범하는 것이 확실하다. 또한 기업가가 비인간적이고 착취적인 경영관리를 하고 국민의 노동력을 낭비하고 그 땀의 결정에서 수백만의 돈을 폭리로 취한다면 그들 역시 민족공동체를 심하게 파괴하는 셈이다. 그럴 경우 그들은 자기가 국민적이라고 행동할 권리도, 민족공동체에 대해 발언할 권리도 없다(MK, 486).

히틀러에게 있어 노동자 대중은 '적'이 아니라 끌어안아야 할 '동지'로서의 기본적 자격을 지니고 있다. 이 대중을 제대로 포섭하지 못한다면 국가사회주의 지배체제의 담론은 하나의 허구에 불과할 뿐이다. 그리하여 민족공동체가 해야 할 당위적인 과업으로서 노동자 대중을 국제주의적 환상에서 각성시키고 사회적 곤궁에서 해방시킴과 동시에 문화적 비참함에서 구해주어야 하는 정치적 수사학이 필요하게 된다. 결국 노동자 대중들이 자신을 국민으로 느끼고 국민적이기를 바라는 단결된 구성요소임을 인식함으로써 민족공동체의 구현, 즉 국가사회주의는 그 목표를 이루게 된다(MK, 486). 요컨대 히틀러는 사회구성원을 '계급'이라는 언표로써보다는 '민족'이라는 언표로써 결집시키려 했다.

4. 지도자 원칙과 계몽 절대군주

비록 국가사회주의 운동이 노동자 대중을 끌어안아야 한다는 점을 강조하고 있기는 하지만, 그렇다고 해서 이 운동이 노동자 대중의 다수의 득표를 기반으로 해서 이루어지는 구조적 특성을 지니는 것은 아니다. 이 운동은 그 내용 및 내부조직에 있어 의회주의를 철폐하고 있다. 다시 말해 이 운동은 민주주의의 표결원리인 다수결 원리를 절대적으로 거부하는 문법을 사용하고 있다. 히틀러가 보기에 다수결 원리에서 지도자는 자신의 의지를 관철시키는 것이 아니라 단지 다른 사람들의 의지를 집행하는 자에 불과할 뿐이다(MK, 490-491). 대신에 그는 게르만 민주주의의 원리를 적극적으로 도입하고 있는데, 이 원리는 다름 아닌 최고의 책임 및 권한과 결합된 지도자(Führer) 권위원칙에 대한 무조건적인 수용을 전면에 내세우고 있다. 즉 히틀러 혹은 나치 체제는 "철인"에 의한 정치지배 형태를 지지하고 있다고 하겠다.

한 지도자가 단지 다른 사람들의 의지를 집행하는 사람이라고 한다면 '지도자'라는 용법은 결코 큰 역할과 의미를 부여받을 수 없다. 지도자에게 전지전능한 힘을 무조건적으로 부여해 줄 때 비로소 지도자는 그 의미를 지니게 되며, '지도자'라는 단어가 지니는 내연과 외연은 '위기로부터의 독일의 구원자(Retter Deutschlands aus der Not)'로 표현될 수 있을 것이다. 동시에 지도자는 "기계적으로 훈련된 것이 아니라 신의 은총에 의해 타고나는 것"(MK, 502)이며, 그러한 것으로서 모든 사람들이 거리낌 없이 받아들여야 할 운명의 문제였다. 요컨대 나치 언어에 있어 '지도자'는 '신의 섭리에 의해 부여된 전체 독일 운명을 책임지는 주인'을 지시하는 문법이다. 히틀러가 대중의 중요성을 잘 인식하고는 있지만 잘 조직된 소수가 존재할 때 비로소 다수 또한 그 의미를 지니게 되며, 이러한 점에서 히틀러의 지도자 원칙 문법은 소수 정예에 의한 엘리트 지배체제라는 권력구조를 정당화하는 기능을 창출해내고 있다. 르봉(Le Bon)의 생각을 이어받으면서 히틀러는 『나의 투쟁』에서 대중 내지는 대중의 심리상태를 다음과 같이 예단하고 있다.

> 대중의 심리는 어중간하고 연약한 것에 대해선 감수성이 둔하다. 마치 여성과 같다. 그 여성들의 정신적 감각은 추상적인 이성의 근거 따위에 의해 정해진다기보다는 오히려 부족함을 보충해 주는 힘에 대한 정의하기 어려운 감정적 동경에 의해 결정된다. 그러므로 약한 자를 지배하는 것보다 강한 자에게 굴복하는 것을 훨씬 더 즐겨한다. 대중 역시 복종하는 자보다 지배하는 자를 훨씬 더 좋아하고, 해방적인 자유를 누리는 것보다 적을 용서하지 않는 교설로 인해 훨씬 더 만족감을 느낀다 … 그들은 파렴치한 정신적 테러에도 무감각하며, 인간적인 자유가 몹시 학대받고 있다는 사실조차 느끼지 못한다(MK, 79).

히틀러의 언술구조에서 볼 때 현실정치에서 구현하기 위해 대중동원이 필요하게 되고, 대중이 힘을 발휘하기 위해서는 지도자 내지 소수의 엘리트에 의한 지도 및 지배가 필요하다. 요컨대 "작은 집단의 광신자들이 대중을 이끌어 간다 … . 강력한 소수를 가진 다음에야 비로소 다수를 위한 투쟁을 하였다." 하지만 대중에 대한 호소는 논증에 의한 언어를 사용하는 것이 아니라 언제나 감성에 의한 호소, 즉 파토스에 의한 호소를 원칙으로 하고 있다. 왜냐하면 "대중은 단순한 사고와 감정"이라는 범위 내에서 움직이며, 대중은 "자신들이 정리할 수 없는 일에 대해서는 두려움과 불안감"을 나타내기 때문이다. 달리 표현하면 "대중은 극도의 감정을 통해서만 자극받기 때문에 대중의 이성에 호소해야 하는 것이 아니라 감성에 호소해야 한다"는 점이다. "내가 이성적인 생각으로써 대중에게 다가가면 그들은 나를 이해하지 못합니다. 그러나 내가 그들 속에서 합당한 감정을 자극한다면 그들은 내가 던진 단순한 구호를 따릅니다"라는 말에서 볼 수 있듯이 히틀러는 "대중집회에서 사고는 차단"된다는 원칙을 철저하게 염두에 두고 연설을 하였다.

사실상 지도자 원칙 및 지도자 숭배는 공산주의자와의 싸움에서 "아돌프 히틀러가 칼 맑스를 먹어치운다(Adolf Hitler frisst Karl Marx)"라고 외쳐댔던 제3제국의 선전장관인 괴벨스(Goebells)가 연출해낸 작품이었다.[18] 히틀러에 대한 괴벨스의 평가를 인용해 보기로 하자.

> 그는 천재다. 분명히 신이 그 운명을 만들어냈다. 그의 앞에 서면 온몸이 떨린다. 그는 아이처럼 사랑스럽고 선량하다. 고양이처럼 영리하고 기민하며, 사자처럼 육중하고 포효한다. 사나이자 남자다(Knopp, 1996 : 36-37 재

18. 1931년 괴벨스가 '지도자'라는 칭호와 '히틀러 만세(Heil Hitler)'라는 단어를 사용하였다. 1933년 3월 선거 후에 히틀러는 괴벨스를 '선전 및 민족계몽을 위한 제국장관(Reichsminister für Propaganda und Volksaufklärung)'으로 임명하였다.

인용).

천재는 신에게서 독일을 구할 운명을 부여받았다. 이 운명을 부여받은 인간은 마키아벨리가 내세우고 있는 지배자의 자질, 즉 '사랑', '선량함', '지혜로움', '용기' 그 모두를 갖추고 있다. 히틀러는 독일이고, 독일이 곧 히틀러가 된다. 독일은 하나의 운명공동체 혹은 민족공동체로서 민족공동체에 대한 담론은 곧 계몽 군주인 지도자에 대한 담론과 히틀러에 대한 숭배로 이어진다. 민족의 구세주로서 말이다. "하늘의 섭리에 의해 전체 독일의 운명에 관한 주인"인 지도자의 명령은 신의 섭리로서 그 누구도 거부할 수 없고, 단지 무조건적인 충성과 헌신만이 존재한다. 이것이 곧 '피와 대지(Blut und Boden)'에 토대를 둔 민족공동체의 구현을 위해 절대적으로 필요한 대전제이다. 즉 "민족적 세계관은 인류의 의미를 인종적 근본 요소에서 인식"하며, 그러한 의미에서 "피와 대지의 불가분(unlösbar)의 결속은 한 민족의 건강한 생활을 위한 필수적인(unerlässlich) 전제조건"이다. 히틀러의 언어 사용에 있어 '피'는 '우리 모두', '인종'으로, '대지'는 "민족문화의 원천"으로서 이 두 단어는 '민족'이라는 단어와 함께 등장한다. 나아가 민족 혹은 민족공동체와 함께 '생활공간(Lebensraum)'이라는 단어가 강조되고 있는데, 이 단어는 히틀러의 언표에서 인종주의와 함께 상당히 중요한 히틀러의 정책으로 간주된다. 즉 '생활공간'은 민족의 자립경제를 위해 필요한 공간을 의미하는 것으로 전쟁을 정당화하는 하나의 이데올로기적인 전략적 개념으로 해석할 수 있겠다.

히틀러의 진술에 따르면 오로지 영웅만이 지도자에 적합하며,

어떤 특정한 이념은 다수 대중의 머리에서 비롯되는 것이 아니라 단지 한 개인의 머리에서 비롯된다(MK, 493). 게다가 인류문화의 진보와 문화는 다수결의 산물이 아니라 전적으로 개인의 독창력과 행동력에서 비롯되었다는 것이다(MK, 492). 이러한 점에서 그는 "모든 인간적인 것의 가치는 인물의 가치에 있다는 점, 또한 모든 이념과 성과는 인간의 창조력의 산물이라는 점", 그리고 "위인에 대한 숭배는 단지 이 인물에 대한 감사의 뜻을 표시하는 데 그치지 않고 연대감으로 칭송하는 자들을 결합시킨다는 점"을 주장하고 있다(MK, 501). 물론 이러한 생각은 '인류를 초월한 사랑', '인간 중에서 가장 위대하신 분', '진리 그 자체' 등과 같은 은유로 표현되는 '지도자'에 대한 절대적 충성과 헌신으로 이어진다. 적어도 나치 체제 밑에서 히틀러에 대해 사용되고 있는 '지도자'라는 언어는 한 인간에 대한 신격화를 의미하는 것으로 구체성을 의미하는 명사에서 추상적인 대명사로의 은유적 표현으로 옮겨간다.

> 인간의 의지가 좌절하고 정신이 절망할 경우 과거의 황혼 속에서 곤궁과 불안, 불명예와 비참, 정신적 예속과 육체적 강요 등을 정복한 위인이 그들을 내려다 보며, 절망하고 있는 인간에게 자신의 영원의 손을 뻗치는 것이다. 그 손을 잡는 것을 부끄러워하는 민족에게 재앙이 있으라!(MK, 502)

그런 까닭에 지도자에 대한 불신을 담고 있는 다수결 원리에 의해 작동하는 의회주의는 국가사회주의 운동에 대한 하나의 장애물일 뿐이며, 그래서 민족공동체, 즉 국가란 단일인종과 영토의 기반 위에서만 오로지 실현 가능하다는 국가사회주의 정치담론은 곧 "인류의 가장 심각한 쇠퇴현상의 하나로 간주되어야 하는 제도를 제거하기 위한 활동"을 지시한다고 할 수 있겠다(MK, 492). 간단히 말해 국가사회주의 정치담론은 '철인왕' 에 의한 정치를 지시하며, 지도자가 곧 이념이며 이념이 곧 지도자인 것이다. 히틀러는 이념을 지도자의 상위 개념으로 놓고자 하는 오토 슈트라서(Otto Strasser)[19]에 대해 "위로는 책임을, 아래로는 권위를"이라는 구호 아래 지도자에 대한 절대적 권위를 주장하고 있다.

> 모든 당 동지들에게 이념을 결정할 권리를 주고 심지어 지도자가 이념에 충실한지 않은지에 대한 권리까지도 주려고 한다. 그것은 우리 당에서는 아무런 의미도 없는 가장 나쁜 민주주의이다. 우리 당에서는 지도자와 이념은 동일한 것이고, 당의 동지들은 당의 최종 목적을 유일하게 알고 이념을 스스로 구현하려 하는 지도자가 명령하는 것을 따라야 한다(Fest, 1998 : 472-473 재인용).

IV. 결론

히틀러는 분명히 세계사의 정치지형 형성에 있어 상당한 영

19. 이들의 논쟁은 1930년 5월 21일-22일 그 당시에 히틀러의 본부(Quartier)였던 링크가(Linkstrasse)의 상수시(Sanssouci)에서 벌어졌다. Fest, Hitler, 472쪽.

향력을 행사했다. 하지만 그가 정치권력을 장악하고 막강한 영향력을 행사했다는 결과론적 입장에 치우쳐 그를 평가하려 하는 점은 그다지 온당한 행위는 아닐 것이다. 그는 베버적 의미에서 카리스마적 인성이나 특별한 자기만의 사상을 가진 인물은 아니었다. 인간들이 단지 이성 혹은 합리성에 근거하여 특정한 인물을 추종하고 지지하는 존재라면 분명히 히틀러의 정치 이데올로기는 결코 지지를 받지 못했을 것이다. 하지만 그는 무엇보다도 그 시대에 대중이 가지고 있었던 감성적 분위기를 잘 파악했고, 이를 최대한 이용했다.

그는 대중의 지지를 받아야 했고, 이를 위한 가장 효과적인 방법, 즉 감성의 신비로운 힘에 무방비상태인 군중의 심리를 적극적으로 활용했다. "대중에게 인상을 주려고 하는 연사들은 대중의 감성에 호소해야 하며, 결코 이성에 호소해서는 안 된다." "대중은 단지 극도의 감정을 통해서만 자극을 받기 때문에 그들을 열광시키려는 연사는 강렬한 표현들을 사용해야 한다." 다시 말해 대중은 단지 로고스(Logos)에 따라 강렬한 행동을 하는 것이 아니라 일정한 분위기와 이성의 인지도의 존재 여부에 따라, 파토스(Pathos)에 따라 행동하는 존재이기에 대중의 열광적인 지지를 획득하고자 한다면 이 점을 적극적으로 이용해야 할 필요성이 있다. 그리하여 그는 "폐쇄적 언어" 사용과 이의 정치화를 통해 대중의 감정을 사로잡았던 것이다. 그에게서 나타나는 정치적 언어의 목표는 언어가 인간에게 가할 수 있는 폭력성을 효율화하는 것에 있었으며, 나아가 그의 언어는 타나토스(thanathos)를 향해 나아가는 행진곡이었다. 언어의 폭력성은 인간으로 하여금 다양한 유형의 사고와 행위를 하지 못하게끔 차단함으로써 오로지 특정한 사고와 행위양식에 순응하게 하였다.

히틀러와 나치 체제의 핵심적인 이데올로기적 언어이자 접근 불가능한 배타적 언어는 '피와 대지'에 기반한 '민족공동체'였다. 이 정치 이데올로기에 따르면 국가와 권력은 오로지 순수성을 의미하는 단일인종과 영토라고 하는 토대 위에서만 가능하다는 것이며, "피와 대지의 불가분의 결속"이야말로 "민족의 건강한 삶을 위한 필수조건"이라는 점이다. '대지'는 "민족문화의 원천"이고 "후손들의 배양소이자 뿌리가 되는 토양"이며, '피와 대지'에 근거하여 "민족공동체"가 확립될 때 비로소 민족은 "평화와 평온"을 누릴 것이라는 점이다. 하지만 '피와 대지'라는 정치신념은 독일 민족에게만 한정된 것이고, "식민지 정치선전에서 국가사회주의의 피와 대지에 대한 사상이 도입되어서는 안 된다는 사실은 자명"한 것이다. 또한 히틀러는 언어에 절대성을 부여함으로써 언어의 상대성을 용인하고 있는 의회민주주의는 민족공동체의 확립과 발전을 위해서 부정되어야 할 대상이었다.

앞서 언급했던 것처럼 인간이 합리성 혹은 이성에 입각해서만 행동한다고 가정할 경우 언어가 가지는 정치적 위력은 그렇게 대단하지 않을 것이다. 그러나 인간의 합리성에는 분명히 한계가 있는 까닭에 언어의 정치화 혹은 정치적 언어가 인간의 행위와 사고를 구성하는 데 상당한 힘을 발휘할 수 있을 것이다. 히틀러는 집권기간 동안 위기의식과 공포감에 기반한 파괴와 폭력의 언표를 통한 언어의 정치화를 통해 사회구성원과 체제의 정체성, 정당성 및 리더십을 이어나갔다고 하겠다.

참·고·문·헌

김종영. 2003.『파시즘 언어』. 서울 : 한국문화사.

Arendt, Hannah. 1968. *The Origins of Totalitarianism*. New York : Harcourt Brace, Yovanowich.

Auerbach, Hellmuth. "Hitlers politische Lehrjahre und die Münchner Gesellschaft 1919–1923." *VfZ*. 25(1977), 1–45쪽.

______. 1986. "Führungspersonen und Weltanschauungen des Nationalsozialismus." Martin Broszat und Horst Möller(편집). *Das Dritte Reich. Herrschafisstruktur und Geschichte*. München, 127–151.

Berning, Cornelia. 1961. "Die Sprache des Nationalsozialismus." *Zeitschrift für deutsche Wortforschung* 17, 171–182.

______. 1962. "Die Sprache des Nationalsozialismus." *Zeitschrift für deutsche Wortforschung* 18, 108–118 ; 160–182.

______. 1963. "Die Sprache des Nationalsozialismus." *Zeitschrift für deutsche Wortforschung* 19, 92–112.

David, Claude. *Hitler Et Nazisme. Collection Que Sais-Je?* No. 624. 정성진 역. 1986.『히틀러와 나치즘』. 서울 : 탐구당.

Baumann, Zygmunt. 1989. *Modernity and the Holocaust*. Oxford.

Broszat, Martin. 1969. *Der Staat Hitlers. Grundlegung und Entwicklung seiner inneren Verfassung*. München : Beck.

Broszat, Martin/Möller, Horst. 1986. *Das Dritte Reich*. München : Beck.

Bullock, Alan. 1991. *Hitler und Stalin*. Berlin : Siedler Verlag.

Collins, Jeff. 2000. *Heidegger and the Nazis*. London : Icon Books. 이경현 옮김. 2004.

『하이데거와 나치』. 서울 : 이제이북스.

Deuerlein, Ernst. 1959. "Hitlers Eintritt in die Politik und die Reichswehr." *Vierteljahrshefte für Zeitgeschichte* 7, 177–227.

Domarus, Max(편집). 1973. *Hitler. Reden und Proklamationen*. 1933–1945. 2 Bände in 4 Teilbänden, Wiesbaden.

Fest, Joachim. 1998. *Hitler. Eine Biographie*. Berlin : Ullstein. 안인희 옮김. 2004. 『히틀러 평전』. 파주 : 푸른숲.

Haffner, Sebastian. 1978. *Anmerkungen zu Hitler*. München : Kindler Verlag.

Herbst, L. 2000. "Der Fall Hilter–Inszenierungskunst und Charismapolitik." Nippel, W. (hrg.) *Virtuosen der Macht : Herrschaft und Charisma von Perikles bis Mao*. München : Beck, 171–191.

Hildebrand, Klaus. 1977. "Der Fall Hitler." *Neue politische Literatur* 14(1969), 375–386쪽.

______. "Nationalismus oder Hitlerismus?" in : Michael Bosch(편집). *Persönlichkeit und Struktur in der Geschichte*, Düsseldorf, 55–71쪽.

Hitler, Adolf. *Mein Kampf*. 서석연 옮김. 1998. 『나의 투쟁』 상, 하. 서울 : 범우사.

______. 1927. *Der Weg zum Wiederaufstieg*. München.

______. 1980. *Samtliche Aufzeichnungen* 1905–1924. Eberhard Jäckel/Axel Kuhn(편집). Stuttgart.

______. 1980. *Monologe im Führerhauptquartier* 1941–1944. Die Aufzeichnungen Heinrich Heims. Werner Jochmann(편집). Hamburg.

______. 1992–1998.*Reden Schriften Anordnungen. Februar 1925 bis Januar 1933*. Institut für Zeitgeschichte(편집). 5 Bände in 12 Teilbänden. München/London/New York/ Paris.

Kershaw, Ian. 1998. *Hitler(1889–1936)*. Stuttgart : Deutschen Verlags–Anstalt.

Knopp, Guido. 1996. *Hitlers Helfer*. München : Bertelsmann. 신철식 옮김. 2003. 『히틀러의 뜻대로』. 서울 : 울력.

Lebert, Norbert/Lebert, Stephan. 2000. *Denn du trägst deinen Namen*. München : Karl Blessing. 이영희 옮김. 2001. 『나치의 자식들. 아버지의 이름을 물려받았기에 짊어진 유산과 운명』. 서울 : 사람과 사람.

Mass, Utz. 1984. "Als der Geist der Gemeinschaft eine Sprache fand." Sprache des Nationalsozialismus. Versuch einer historischen Argumentationsanalyse. Opladen.

Maser, Werner. 1973. *Adolf Hitler. legende, Mythos, Wirklichkeit*, 3판. München.

______. 1980. *Adolf Hitler. Das Ende der Führer-Legende*. Düsseldorf/Wien.

Peukert, Detlev. 1982. *Volksgenossen und Gemeinschaftsfremde. Anpassung, Ausmerze und Aufbegehren unter dem Nationalismus*. 김학이 옮김. 2003. 『나치 시대의 일상사. 순응, 저항, 인종주의』. 서울 : 개미고원.

Rauschning, H. 1940. *Gespräche mit Hitler*. Zürich/Wien/New York.

Reich, Wilhelm. 1997. *Die Massenpsychologie des Faschismus*. Infant Trust Fund. 황선길 옮김. 2006. 『파시즘의 대중심리』. 서울 : 그린비.

Reuth, Ralf Georg. 1990. *Goebbels*. Munich : Piper. 김태희 옮김. 2006. 『괴벨스, 대중 선동의 심리학』. 서울 : 교양인.

Thamer, Hans-Ulrich. 1992. *Die Deutschen und ihre Nation : Verführung und Gewalt*. Berlin : Siedler Verlag.

Tuner, Henry Ashby. 1976. "Hitlers Einstellung zu Wirtschaft und Gesellschaft vor 1933." *Geschichte und Gesellschaft* 2, 89-117쪽.

Wippermann, Wolfgang(편집). 1986. *Kontroversen um Hitler*. Frankfurt am Main.

Wistrich, Robert S. 2004. *Hitler and The Holocaust*. 송충기 옮김. 2004. 『히틀러와 홀로코스트』. 서울 : 을유문화사.

Zentner, Christian. 2006. 18 Aufl. *Mein Kampf. Eine kommentierte Auswahl*. Berlin : Ullstein Buchverlag.

6

트루먼의 정책 개념과 정치담론

"The Buck stops here" 내가 책임진다. 내가 결정한다.

이향만 | 가톨릭대학교

I. 서론

코피 아난 전 유엔사무총장은 2006년 12월 11일 퇴임식 연설에서 "인권과 법의 지배는 전 세계 안전과 번영에 중요하다"고 하면서 "집단적 책임의식과 법의 지배, 다원주의, 상호 책임성을 인정해야 한다"고 강조했다. 이어서 그는 "트루먼 대통령이 말했듯이 위대한 국가의 책임이란 봉사하는 것이지 세계인들을 지배하는 것이 아니었다"고 하면서 무모하게 이라크 전쟁을 일으킨 부시 대통령을 비난했다. 코피 아난 총장은 "트루먼 대통령은 북한이 한국을 남침했을 때 그 문제를 유엔으로 가져왔다"면서 "이제 안보란 집단적이어야 하며, 어떤 나라도 다른 나라들을 업신여기면서 자체 방어를 할 수 없다"고 말해 부시 행정부의 일방주의적 외교정책에 일침을 놓았다.

아난 전 총장의 퇴임발언을 통해 우리는 유엔을 설립한 트루먼의 국제정치의 이상과 부시의 외교정책 사이에 큰 간극이 있음을 확인할 수 있다. 또한 미국 국제정치의 실상이 과연 어떠하였는지 밝혀지고 있다. 트루먼은 유엔의 설립을 통해 미국 국제정치의 방향을 모색하고 구체화시킨 정치지도자라고 할 수 있다. 하지만 아난 총장이 인용하는 것처럼 트루먼의 정책을 순수한 평화적 의미로만 평가할 수는 없다. 자유진영과 공산진영의 유엔 설립 합의의 이면에는 제2차 세계대전 후의 제국주의적인 새로운 헤게모니의 재편과 세력확장의 기도가 숨어 있었다. 그것은 제2차 세계대전 직후 수상직에서 물러난 처칠이 미국에서 행한 연설에서 "철의 장막"에 대하여 언급함으로써 예고되었다고 할 수 있다. 중동과 그리스 문제 해결에 대한 트루먼의 이중적인 태도는 그의 정책이념을 사실대로 나타낸 것이라고 할 수 있다.

사이드가 말하는 대로 "제1차 세계대전 중에 미국이 참전하게 된 것은 그것이 시오니즘이나 팔레스타인 식민에 관한 정책상 커다란 이익에 연관되는 것이라고 하는 사정이 크게 작용한 것이다. 벨푸어 선언(1917년 11월)[1] 전후에 영국에서 이루어진 논의는 그것이 미국에서 얼마나 중대한 문제로 받아들여졌는가를 잘 반영하고 있다. 제2차 세계대전 중과 그 전후에 미국의 중동 이권에 대한 확대는 현저하게 나타났다. 카이로, 테헤란, 북아프리카는 전쟁의 중요한 무대가 되었고, 그러한 배경 속에서 미국은 본래 영국과 프랑스에 의해

1. 제1차 세계대전이 한창이던 1915년 당시 중동지역에서 세력을 뻗어나가고 있던 영국은 독일과 동맹을 맺은 오스만 투르크 내 아랍 반란군을 지원하기 위해 전쟁 후 팔레스타인을 아랍인들에게 양도하겠다고 요르단 왕과 비밀 약속을 하였다. 이것이 '맥마흔 서한' 이다. 그런데 1917년 영국은 정반대로 미국 내 거주하는 유태인들을 움직여서 미국을 참전시키기 위해 팔레스타인에 유태인 국가를 수립하겠다는 '벨푸어 선언' 을 하게 된다.

개척된 석유와 전략상의 자원, 인적 자원을 이용하면서 전후의 새로운 제국적 역할을 수행하기 위한 준비를 진행시켰다."[2]

이러한 역할을 수행하기 위한 정책이 바로 트루먼 집권시에 나타난 "문화관계정책"이다. 이 정책의 주된 목적은 "의회에 의해 국가안전보장의 한 수단으로" 1900년 이후에 발간된 근동의 여러 언어로 된 저작을 수집하는 것이었다. 왜냐하면 미국의 의도를 근동에 설득시키기 위해서 대립하고 있는 여러 세력을 미국이 잘 이해해야 할 필요가 있었고, 이 세력의 필두는 물론 공산주의와 이슬람이기 때문이었다. 이로부터 중동연구를 위한 기구가 생겨난 것은 전략적인 태도를 취하고 공공의 안전보장과 공공정책을 위한 민감한 반응으로부터 나타난 것이었다.[3] 그러므로 문화관계정책은 구체적으로 "봉쇄정책"과 "경제자립정책"의 기반이 되었다.

본 연구에서는 이러한 일련의 트루먼의 정책 개념들과 정치담론의 자기 변증성을 주목하고자 한다. 이들 개념들은 정치담론과 정치적 삶에 관계하는 방식에 있어서 중요하기 때문이다. 정치담론에 있어 개념들은 우선 단어의 의미와 지시하는 사건이나 행동에 부합하는지를 말하기 전에 해당 단어를 사용하는 데 있어 만족되어야 할 기준을 설정함으로써 지시대상에 대한 규정력을 발휘할 수 있을 뿐만 아니라, 개념의 의미에 체현된 가치판단을 그 자체로서 내포하고 있기 때문이다. 예컨대 정치영역에서 이루어지는 행위를 묘사하기 위해 트루먼에 의하여 사용된 개념들은 행위나 실천에 대한 어떤

2. 사이드(Edward W. Said), 박홍규 역, 『오리엔탈리즘』(교보문고, 1991), 513쪽.
3. 사이드, 앞의 책, 513쪽.

도덕적 개입을 수반하게 되고, 그 개념들이 내포하고 있는 가치판단을 전제하고 있다. 보다 일반적으로 말해서 어떤 언어를 공유한다는 것은 그 언어에 체현된 일련의 가치판단과 정서적 개입을 공유한다는 것을 의미한다.

이는 결국 해당 개념을 지배하고 있는 의미구조와 관습을 밝혀내는 작업이고, 더 나아가 특정한 사유방식과 행위를 유인 혹은 배제하는 일이기 때문에 일종의 정치적 행위가 되는 것이다. 우리의 정치적 삶과 개념과의 연관성과 그에 관련된 쟁점을 탐색하기 위해 기존 사회과학의 주요한 인식론적 전제를 비판적으로 재평가하는 것이 필요하다. 본 논의는 바로 이러한 작업의 일환으로 트루먼의 실용주의적 '정책' 개념의 인식론적 전제와 그것이 자기 변증성을 통하여 정치행위에 미치는 효과에 대해 담론 구성과 관련하여 비판적으로 고찰하고자 한다.

II. 미국 사회담론의 배경

20세기 후반에 이르면서 담론기능이 사고와 추론의 과정과 불가분의 관계를 맺고 있음을 재인식하기 시작했다. 즉 언어는 정보 전달을 위한 단순한 부호가 아니라 인간의 사고과정에 작용하는 사용자의 사회적 · 문화적 속성, 정체성, 가치와 이념, 심리상태, 태도나 신념 등을 나타내는 다양한 인지적 요인을 반영하는 지시기능(indexicality)을 가지고 있음을 인식하게 되었다. 이러한 사고 전환에 크게 기여한 학문적인 경향이 유럽을 중심으로 발전한 기호학과 미국을 중심으로 발전한 사회언어학이다. 이 두 경향으로부터 언어 사용자의 성격을 새롭게 규정하게 되었다. 즉 언어 사용자는 수동적인 존재가 아니라, 능동적으로 언어를 이용하고 필요에 따라 언어를 변화시켜 나가는 능동적인 존재라는 것이다. 따라서 문장의 의미는 무엇을 지시하느냐가 아니라 그 문장이 어떤 의도를 갖고 있느냐가 중시된다. 담론을 구성하는 데 있어서도 적절하고 유효한 규칙을 중시하는 것이 아니라 규칙 자체를 담론자들의 구성물로 보고 담론적 장치를 이용하여 자신의 목적을 달성하고자 하는 것이다.[4)]

언어행위를 통하여 "사회적 현실"을 반영하고 재창출해 나가는 과정은 그 수행주체가 누구이든 의미가 풍부한 담론현상을 제공하기 마련이며, 이를 분석함으로써 우리는 담론의 구조와 기능에 대한 통찰력을 얻을 수 있을 것이다. 특별히 정치담론 분석은 인간의 정치활동이 낳은 모든 유형의 언어적 산물을 대상으로 하여 그 속에서 언어 사용자들이 의도를 관철하고 의미를 창출하며 목적을 달성해 가는 과정을 분석하는 것이다. 이 분석과정에서 정치담론 또는 텍스트를 분석하여 그 속에서 사회적 · 문화적 · 이념적 · 심리적으로 구성된 정치현실을 찾아내는 것이 가능할 것이다. 정치담론 생산자를 언어과정의 능동적인 주체로 보고 그들이 일상적인 정치활동 속에

4. T. A. van Dijk, "Introduction : Discourse Analysis as a New Cross-Discipline" in T. A. van Dijk(Ed.), *Handbook of Discourse Analysis*, Vol. 1 (London : Academic Press. 1985). http://www.uwm.edu/People/tslim/lecture/da_history.htm에서 재인용.

서 언어규칙을 이용하여 자신의 의도를 관철하고 의미를 창출하며 목적을 달성하는 과정을 이해하기 위해서 그들이 생산한 담론을 전체적 맥락 속에서 해석학적 · 현상학적으로 접근할 필요가 있다.[5)]

사회언어학은 여러 주제를 다루지만 그 중에서도 특히 언어 변이, 말하기의 민족지학, 그리고 국가적인 언어정책 등을 다룬다. '화용론'과 '담론분석'도 사회과학적 지향성을 가진 언어연구의 두 분야인데, 대인관계의 맥락 속에서 언어가 어떻게 사용되는가를 기술한다. 화용론이 화자가 간접적인 요구를 하는 데 있어서 유효한 다양한 표현에 관심을 두고 있다면 담론분석가들은 대화에서 말을 주고받는 것을 지배하는 관습이 무엇인가 하는 것과 같은 문제에 관심을 기울이고 있다.[6)] 정치담론을 분석하는 데 있어서 이 두 가지 연구방향을 함께 고려해야 할 것이다. 즉 사회언어학의 연구방향이 정치담론에서 종합되는 경향을 보이기 때문이다. 이러한 접근은 국가의 언어정책과 의도적인 정치담론의 구성이 동일한 사회적 관점에서 이루어질 것이 기대되기 때문이다.

사회언어학에서 중시되는 구조주의 언어학은 평등주의적 견해 때문에 독일과 이탈리아에서 비난의 대상이 되었고, 한편 1950년 이전 소련에서는 부르주아 이데올로기의 산물로 간주되었다. 독일에서 나치 집권기간 동안 독일 언어학 잡지들의 모든 지면은 독일 정신

5. Gillian Brown, & G. Yule, Chapter 1. The nature of reference intext and in Discourse. *Discourse analysis*(Cambridge : Cambridge University Press, 1983). http://www.uwm.edu/People/tslim/lecture/da_history.htm에서 재인용.
6. 프레드릭 뉴마이어, 한동완 역, 『언어학과 정치』(도서출판 역락, 2000), 22쪽 참조.

이 독일 국민의 당당한 언어 안에서 어떻게 명백히 드러나는가에 대한 연구로 채워졌다. 이탈리아에서는 언어가 미학과 국가 숭배의 독특한 혼합으로 구성되었는데, 언어의 특성을 언어 사용자들의 가상적인 정신적 기질들과 동일시하였다. 소련에서 구조주의 언어학은 구체적인 계급관계가 아닌 추상적인 구조관계를 그 체계의 중심부에 놓고 있어 내용적으로 반동적일 수밖에 없었다. 반면에 구조언어학이 제2차 세계대전 기간 동안과 그 이후에 실제적으로 영향을 얻은 것은 오직 미국과 영국에서였다.[7]

미국에서의 성공요인은 첫째, 구조주의자들이 그들을 규합할 수 있는 가시적인 문제를 발견한 데 있었다. '평등주의' 라고 할 수 있는 미국 구조주의 언어학의 원리는 모든 언어가 하나의 근원을 갖고 있다는 가설에서 비롯된다. 이 원리에 의하면 모든 언어들과 방언은 동일한 방식에 의하여 분석될 수 있으며, 언어의 속성을 자율적인 구조체계의 용어로 적절히 기술할 수 없는 것은 하나도 없다는 것을 의미한다.[8] 이렇게 영어와 다른 문자의 방언들이 언어학적으로 동일하다는 주장은 전통적인 문어의 1차적 가치에 대한 강한 도전이 되어 서로 충돌하게 되었다. 평등주의의 입장은 올바른 발화형식은 규범적으로 규정되어야 한다는 전통적인 규범문법과의 관계를 끊어버렸기 때문이다.

7. 프레드릭 뉴마이어, 앞의 책, 60쪽 참조.
8. 언어학에서 평등주의를 옹호한 가장 영향력 있는 인물은 프란츠 보아스이다. 그는 비서구언어의 소리가 모호하고 일정치 않아서 옮겨적기가 어렵고 그러한 언어들의 문법구조가 추상적 개념을 표현할 수 없다는 주장에 대하여 강력한 반대입장을 표명하였다. 프레드릭 뉴마이어, 앞의 책, 62-63쪽 참조.

둘째, 자신들의 언어에 대하여 과학적인 지향성을 가지고 있다는 이미지를 줄 수 있었기 때문이다. 구조주의 언어학이 자연과학의 업적에 비견할 만한 인문과학의 한 분야가 될 수 있었던 것은 경험주의적 가정을 그들의 이론에 통합시켜 나갔기 때문이다. 하지만 이들은 언어의 음소 분석과 형태소 분석에서 고안될 수 있는 일련의 기계적 절차를 고안하는 데 주력했다. 이러한 연구경향은 전통적으로 아리스토텔레스 이후 의미론에 주안점을 두고 있었던 유럽의 언어연구의 경향과는 거리를 두고 있었다.

셋째, 재정적으로 그들을 도와줄 후원자가 있었다는 것이다. 미국에서의 구조주의 언어학의 발전은 정치담론과 밀접한 연관성을 갖는 데서 그 특성이 나타난다. 제2차 세계대전 직전부터 시작된 정부와 학자들 간의 특별한 관계는 이 분야에서 아주 주요한 역할을 했다. 미국 정부는 직간접적으로 구조주의적 연구를 후원해 줄 때 얻는 이익을 일찍부터 깨달았다.[9]

"미국 구조주의는 인류학을 지향한 것이 아니라 미합중국의 국제적 간섭을 지향한 현장답사 경험에 의해 종전 이후에 형성된 것"[10] 이라고 할 수 있다. 전쟁 이후 1947년에 창립된 국무성의 IFS(외무 연수원)의 언어 훈련 프로그램은 ILP(1941년에 록펠러 재단의 후원으로 조직된 집중 언어 프로그램)를 대신하였고, "미국이 세계적 사태에서 담당하게 될 새로운 역할은 외교관계의 수행에 참여하는 이들에게 최고로 높은 사회능력을 요구"[11]하고 있었다. 이 프로그램의 궁극적

9. 프레드릭 뉴마이어, 59–76쪽 참조.
10. D. Hymes and J. Fought, *American Structuralism*, p. 119. 프레드릭 뉴마이어, 『언어학과 정치』, 76쪽에서 재인용.

인 목표는 그들이 국가정책을 수행하는 데 있어서 효과적인 방법을 발전시키는 데 있었다. 이러한 취지에 따라 여기에 개설된 중요한 과목으로는 '외국에서의 공적 여론 형성', '저개발국가의 경제발전', '석유와 중동' 같은 구체적인 국제정치의 현안을 주제로 전략을 짜는 데 있었다. 이러한 교육 언어 프로그램은 새로운 제국주의적 동기로 이해할 수 있으며, 냉전과 더불어 더욱 전략적인 의미를 갖게 되었다. 그레이브스는 언어가 이러한 전략적 입장에 놓여 있음을 더욱 분명히 하였다.

> 이데올로기적 제3차 세계대전은 이미 시작되었으나 아직까지 이길 확실성은 없다. 이 대전은 인간정신들의 전쟁이라는 사실에도 불구하고 이런 종류의 전쟁을 기획하는 어떤 합동참모본부도 없고 이런 종류의 전쟁에 필요한 물자를 담당하는 어떤 군수당국도 없다. 이런 문제들은 대체로 우리 사회에서, 조지타운 대학교 언어와 언어학 연구소에서 확인하는 유형의 사적인 주도로 남아 있을 뿐이다. 이러한 인간정신의 전쟁에서 우리 무기 가운데 가장 중요한 층은 언어와 언어학에 대한 능력이다.[12]

이러한 정부와 언어학 집단과의 연계는 영국의 제국주의 전

11. *FSI Catalog*(Washington, D.C, 1949), p. 2. 프레드릭 뉴마이어, 『언어학과 정치』, 80쪽에서 재인용.
12. M. Graves, comments in the session entitled "meeting the Government's Need in Languages," in report on the Second Annual Round Table Meeting on Linguistics and Language Teaching, ed. J. De Francis (Washington, D.C. : Georgetown University Press, 1951), p. 1. 프레드릭 뉴마이어, 『언어학과 정치』, 82쪽에서 재인용.

통에서 이미 오랜 역사를 갖고 있었고, 이를 계승하는 것이었다. 1798년 인도 총독이었던 웰즐리 후작은 제국의 언어와 문화를 연구하는 연구소를 제안했는데, 이 프로젝트에 의해서 1917년 런던에 설립된 것이 동방연구센터(SOAS)[13]이다. 이 센터의 본래 설립취지는 토속문화에 영향력을 행사하고, 통상(通商)적인 목적에 부응하며, 제국의 수도에 동방학자들의 연구 중심을 마련하기 위한 것이었다.

III. 트루먼의 정치담론

1. 정치담론의 자기 변증성과 수행성

국제정치적 문제는 국가지도자들과 정치인, 그리고 이들의 설득에 의한 시민들 간의 상호작용에 의해 형성·변화하는 것이라고 볼 수 있다. 행위자들의 정치적 사유와 행위의 변화를 정치담론에 내장되어 있는 담론의 인식론적 전제들을 분석하는 것이 무엇보다 필요

13. SOAS는 대영제국의 중요한 언어센터가 되었다. 언어뿐만이 아니고 인문적이고 사회학적인 지향을 가진 연구가 진행되었다. 여기서 또한 구조주의언어학에 대한 상당한 지원이 이루어졌다. 미국과 영국에서 구조주의 언어학을 지원하는 힘은 정부 다음으로 교회에서 나왔다. 예수회를 비롯한 선교회는 16세기에 이미 유럽의 식민제국 내 피정복민의 언어에 대한 단어 목록과 문법기술을 준비하는 활동을 해왔다. 선교회의 선교방침은 토착민들을 그리스도교의 믿음에 귀의시키기 위한 교회의 정책적인 방법이었다.

하다. 인식론적 전제를 분석하는 것은 정치담론에서 사용되는 언어에 내장된 암묵적인 규범과 가치판단을 파악하고 행위자의 사유방식과 행태에 미치는 영향을 비판적으로 성찰하는 것을 의미한다. 정치담론화 과정에서 사용되는 언어는 단순히 생각을 전달하는 중립적인 매개체로 머무는 것이 아니라, 특정 방향으로 정치적 사유와 행동을 중재하고 야기하는 일종의 '제도화된 의미구조(institutionalized structure of meanings)'를 수행하고 있음을 전제하고 있다.[14)]

언어와 담론의 수행적 기능을 인식한다면 정치개혁에 대한 논의도 이 과정에서 출발할 수밖에 없다. 아마도 그러한 작업의 순서는 기존의 담론과 언어구조를 비판적으로 성찰하는 일이 되어야 한다고 생각한다. 기존 정치담론에서 사용하는 개념들이 변화와 개혁의 담론으로 안착할 수 있는 인식론적 기반을 구축해 가는 과정을 담론화 과정이라 할 수 있다. 인식론적 전제의 속성에 대한 비판적 검토는 기존 정치적 사유와 행위의 심층적 기원을 밝힐 수 있을 것이다.

트루먼이 제기한 정치적 개념과 정치적 변화 사이의 연관성을 고려한다면 정책 개념에 대한 논의에 있어 이러한 개념 정의가 해당 개념의 지배적인 사용을 올바르게 지시하고 있는지를 묻지 않을 수 없다. 이는 더 나아가 개념적 변화가 정치인식과 행위양식에 미치는 영향을 파악하고자 하는 것이다. '트루먼 독트린'이라는 언론의 명시는 트루먼의 정치적 행위에 대한 해석이며 이해해야 할 새롭게 던져진 정치적 개념이다. 이 개념이 내외국 정치가들과 정책과 정치

14. Willam E. Connolly, *The Terms of Political Discourse*(Princeton University, 1983), p. 9 참조.

인식에 어떤 영향을 미칠 것인가에 대해 관심을 갖지 않을 수 없다. 어떤 부류의 사람들은 새롭게 제안된 정치적 개념의 변화를 통해 사실상 그들의 정책이 보장된 것처럼 행동하기 시작할 수 있고, 그 영향을 최소화하기 위하여 수정이나 저항을 시도할 것이다. 따라서 개념적 수정이나 저항이 정치적 변화에 미치는 영향을 파악하는 것이 중요할 수 있다.

정치 개념의 변화에 따른 정치이념의 새로운 지지와 수정을 둘러싼 논쟁을 유발시키게 될 것이며, 이는 담론의 경쟁을 낳는 결과를 가져올 것이다. 또 다른 견해가 도전하면서 새로운 정치의 가능성을 확장해 가는 것이 본질적으로 경쟁적인 상황에서 나타난다. 여기에서 사회과학자가 개념적 경쟁에 특정 입장에 대한 지지와 비판을 표명하면서 개입한다는 것이 어떤 하나의 합의를 이끌어내어 경쟁을 종식시켜야 한다는 것을 의미하지 않는다. 오히려 그러한 개념적 논쟁과정에서 특정 입장을 표명하는 것은 개념의 명료화 과정에 진입하는 것이고, 정치적 책임을 분명하게 하는 데 도움이 될 수 있다.

개념적 논쟁에 사회과학자들이 개입할 수밖에 없는 또 다른 실질적인 이유는 주요 정치적 개념에 대한 자신의 입장을 드러내지 않고서는 사회과학적 연구가 문제 수립 단계에서부터 심각한 곤란에 봉착할 수 있기 때문이다. 우리가 어떤 정치적 개념에 대하여 새롭게 언급한다는 것은 기존의 정치적 개념의 구조에 충격을 주는 일이고, 이 일로 인하여 새로운 넷츠를 구성하기를 요구하는 것이다. 여기에서는 엄격한 의미의 참과 거짓이 성립될 수 없으며 타당성의 여부가 언명 그 자체를 이루게 될 것이다. 정치적 개념의 외부의 기준에 의존하지 않고 부단히 자기 척도를 변모시켜 정당성을 확보하고

자 한다. 이것이 정치담론과 지배담론의 과정에서 중요한 실행기능으로 작동한다.

따라서 개념적 논쟁을 둘러싼 일련의 지적 노력 또한 정치적 행위에 속하며, 사유방식과 행위양식을 담론화 과정 안에서 수정하게 하는 자기 변증적인 기능을 갖추게 되는 것이다. 개념의 의미 수정은 인식론적 변화와 행위의 변화를 규제하는 것을 기대한다. 이것은 담론의 중요한 언어수행적 역할이며, 정책 개념은 정치가들뿐만이 아니라 사회과학자들의 검증을 내재적으로 요구하고 있다.

2. 미디어와 담론의 장 구성

트루먼은 대통령에 취임하여 첫 출근 하는 날 취재를 위해 길모퉁이에 서 있는 기자를 승용차에 동승하게 하여 백악관으로 향하는 차 안에서 “나는 역사상 나의 선임자에 비길 만한 인물이 거의 없다는 것과 내가 물려받은 엄청난 임무를 손색 없이 수행할 수 있게 해달라고 하느님께 기도하고 있다”[15]고 말할 정도로 언론을 적극적으로 정치에 이용할 줄 알았다. 이러한 그의 언론관은 다음과 같은 그의 언급에서 확인할 수 있다.

> 대통령과 신문과의 관계는 지극히 중요한 것이었다. 그것은 신문을

15. 트루먼, 박관숙 역, 『회고록』, 세계의 대회고록 전집 제17권(한림출판사, 1975), 21쪽.

통해서 국민과 직접적인 접촉을 유지하는 것이다. … 대통령은 기자들이 그에게 던지는 질문을 통하여 국민들이 마음 가운데 무엇을 생각하고 있는지를 알아내기에 도움이 되는 경우가 많다. 유능한 기자는 언제나 사태의 귀추를 예의 주시하고 국민이 알고 싶어하는 것을 찾아나선다.[16)]

그는 통치자의 사적 생활과 사적인 언어가 지배담론 구성에 어떤 영향을 미치며 얼마나 중요한 요소임을 인식하고 있었다. 기존의 정치적 현안과 가치에 적응하는 의사소통의 경향을 보이며 자신만의 '의사소통 스타일'을 발전시킴으로써 사적 언어가 공적인 매체 안에서 공적언어의 조건을 채워가게 하였다. 그는 늘 거창한 웅변이 아니라 사람들에게 직접 솔직하게 말하는 방법을 취했다. 이것은 그가 행정부와 상원에서의 부통령의 역할을 중시한 것에서도 드러난다. 그의 견해에 따르면 "부통령은 토론의 중재자로서 기초적인 권한을 행사할 뿐이다. 그는 토론의 질서나 예절을 바로 잡아야 하며, 이때 부통령의 재치 유무가 결정적으로 작용한다"[17)]고 보았다.

또한 트루먼은 스스로 담론의 중재자이자 담론형식의 지배자가 되고자 하였다. 그는 담론기능이 갖고 있는 자체적인 조정과 해결능력에 의존하기보다는 역사적인 관점에서 담론을 바라보았다. 개인적으로 트루먼은 역사에 깊은 관심을 가지고 있었다. 그는 역사로부터 지도력과 정치 원칙을 이끌어낼 수 있다는 생각을 가졌다. 역사는 주기적으로 "병적 흥분의 물결"이 닥쳐온다는 것을 확신했다.[18)] 그는

16. 트루먼, 앞의 책, 41쪽.
17. 트루먼, 앞의 책, 99쪽.
18. 트루먼 앞의 책, 73쪽.

역사로부터 사회심리의 변화를 읽을 수 있었고, 그에게 있어서 정치적인 난관을 해결하는 데 매우 중요하게 작용했다. 그의 순환적 역사관에서 새로운 정치적 문제는 결코 새로운 것이 아니었으며, 또한 해결방안을 과거의 경험으로부터 유추해내려고 했다. 그는 문제를 단순화하였고, 역사적인 선례를 통하여 문제해결을 낙관하였다.

이 과정에서 트루먼이 중시한 것은 담론의 장을 구성하는 것이었다. 그것은 트루먼이 담론의 장이 가지고 있는 자율적인 조정능력과 담론화 과정에 의존해서가 아니었다. 트루먼은 전후 냉전의 국제 정치담론을 주도했는데, 이러한 정치담론은 내부적으로는 자신의 지배담론을 정당화하는 데 기여했고, 외부적으로는 힘의 균형을 위한 정책 개념의 선택과 의미의 내연에 변화를 주었다. 더불어 트루먼 정책의 영향권 아래 있는 나라에서는 정치척도의 기준으로 작용했으며, 이에 따른 정책운용과 정치적 발언이 정당성을 부여받게 되었다.

트루먼은 내부적으로 여러 위원회를 가동시켜 정치현안에 대한 내적 담론의 장을 마련했다. 내적 담론의 장에서 구상 중인 정책의 가능성과 타당성을 논의하였고, 정책의 사유실험을 할 수 있었다. 내적 담론을 거친 정책 개념은 다시금 외적 담론의 장으로 나와 정책으로 입안되기에 이르는 것이었다. 트루먼은 국내문제와 관련해서는 의회를, 국제문제와 관련해서는 UN을 외적 정치담론의 장으로 십분 이용했다. 트루먼 스스로가 담론에 적극적으로 개입하고 참여하기보다는 내적 · 외적 정치담론의 장을 지배하는 통치자로서 지배담론을 구성하고 사적인 담론을 공론화하여 다양한 정치적 견해를 수렴하고 소통을 가능하게 하는 방식을 취했다.

그가 취한 담론구성 방식은 개방적이고 민주적인 외견을 보이고 있지만 사실 부통령으로서 정치적 현안에서 소외되었고 인식에 한계를 느꼈던 내적 담론의 장에서 부정적인 경험으로부터 두 담론의 장을 잇는 축으로서의 자신의 통치영역과 조절권한을 확보하려는 구체적인 방안이었다. 정책입안 과정에서 다양한 내적 담론은 서로 경쟁상태에 놓이게 되었으며, 자율적이고 상호 보완적인 담론구성을 기대하기 어렵게 되었다. 최종적인 트루먼의 정치적 결단은 정치담론의 진행과정에 의존하지 않았으며, 자신의 개인적인 판단에 따라 정치적 결단을 내린 후에 담화과정은 지배담론을 정당화하고 여론화하는 담론의 장으로 퇴색되었다.

3. 내적 담론과 외적 담론

정치담론의 형식은 일반적으로 두 가지 형태로 발전되는 경향이 있다고 할 수 있다. 하나는 내적 담론으로 정책의 절충과 입안과정인 소위원회와 내각에서 이루어지는 것이고, 다른 하나는 외적 담론으로 의회에 제출되어 여론화되고 결정된 정책이 구체적으로 시행되는 과정에서 여론과 외부에서 지속적으로 담론화되어 정책의 타당성과 실효성을 검증받게 되는 과정에서 일어나는 담론과정이다. 그러나 내적 담론과 외적 담론의 경계는 분명하지 않으며 상대적인 의미를 갖고 있을 뿐이다. 내적 담론과 외적 담론은 상호 영향력을 갖고 있으므로 상호 의존적이다. 정치가들이 담론의 성격과 과정을 잘 파악하고 이용한다면 정책을 효과적으로 입안하고 시행할 수 있을 것이다. 담론의 과정이 개방적이고 창의적이고 신중할 때 시의 적절한 정책입안이 가능할 것이며, 시행과정에서 착오를 최소화할 수 있게 된다.

루즈벨트는 미·영·소·중 4개국이 각기 '개방된 세력권'[19]을 가지면서 세계를 공동 관리하며 자유무역을 추구한 방식을 취하였고, 이러한 현상유지가 미국과 소련 간에 장기적인 안정을 제공할 수 있다는 리가 원칙(Riga Axiom)[20]에 따라 1933년 소련과 국교를 수립하기에 이른다. 하지만 트루먼 정부가 들어서면서 루즈벨트의 미국의 전후 구상은 '비현실적인 것'으로 드러났다. 루즈벨트 사후 그리고 처칠의 퇴각 이후 더욱 파악하기 어려운 소련의 입장과 유럽의 경제위기, 민족주의와 공산주의 세력의 대두는 세계정세를 더욱 가늠하기 힘들게 하였다. 이에 트루먼은 루즈벨트가 추구한 대외정책을 수정하지 않을 수 없었다. 이 대외정책 수정과정에서 트루먼 정권은 자신의 독자적인 정치적 결단을 중시했던 루즈벨트와는 달리 정치적 내적 담론기능을 중시했다. 이를 통하여 정책의 방향을 타진하고 정책지원과 타당성을 확보하려 했다.

트루먼은 자신의 미흡한 국제적 감각을 보완하기 위해 동부

19. 김정배, 「트루먼 독트린의 냉전사적 의미」, 『미국학연구』(제1집 1998), 67쪽 참조.
20. '리가'는 미국 외무성 관리가 1917년 러시아 혁명을 냉철하게 바라보았던 발트 연안 도시에서 유래한다. 이때 미국 관리들은 지속적으로 위급한 상황의 자본주의를 위협하는 공산주의의 위험에 대하여 경고하였다. 따라서 미국과 러시아가 열악한 관계를 유지하는 기간 동안에 냉전의 깊게 얼어붙어 가는 상황을 반영하는 "리가 원칙"이라는 이름이 붙여졌다. http://ppl.nhmccd.edu/~craigl/27.html 참조.

기득권층의 자문에 다분히 의존하지 않을 수 없었다. 그러나 트루먼은 각료들의 도움이 전횡으로 치닫고 있다고 판단되거나(제임스 번즈 국무장관) 현실적 타당성이 없다고 판단될 경우(헨리 월리스 상공장관) 대통령으로서의 인사권을 통해 충분한 지도력을 발휘했다. 따라서 미국 냉전정책의 상당부분이 애치슨, 해리만, 맥클로이, 니체 등으로 대표되는 동부 기득권층에 의해 구상되고 수립되었던 것은 사실이지만 트루먼 개인의 정치적 판단이 항상 개입되었던 것이다. 트루먼은 참모들의 의견에 귀 기울이고 최종적인 결정은 스스로 내림으로써 정책입안의 효과를 극대화시켰다.[21)]

내적 담론이 어떻게 구성되고 외적 담론으로 발전되어 갔는지는 트루먼 행정부의 냉전정책 수립과 결정에 지대한 영향을 미친 조지 캐넌의 정책입안 관여 과정에서 살펴볼 수 있다. 그는 실로 트루먼 정부의 외교정책의 골격을 이루는 트루먼 독트린, 마샬 플랜, 나토와 일본 점령정책에 깊이 관여했다. 이 과정에서 중요한 정책 개념이 새로 나타났으며, 이 정책 개념들을 중심으로 내적 담론이 형성되어 갔다. 트루먼의 봉쇄 개념이 나타나는 트루먼 독트린 안에서 봉쇄 개념의 본래적 의미와 이에 따른 담론구성 과정은 내적 담론의 한 예를 보여준다.

소련 주재 미국 대사관에서 근무하던 조지 캐넌은 1946년 2월 소련의 동향을 분석한 '장문의 전문'을 통해 소련의 팽창주의를 경

21. [한국전쟁의 회고와 과제] 탈냉전기 한국전쟁 연구의 동향(전기(傳記)적 연구물과 자전적 기록 III. 전기(傳記)적 연구물과 자전적 기록물의 증대 http://www.koreascope.org/gnuboard/bbs/board.php?bo_table=resource_kor_studies&wr_id=14&page=17 참조.

고하는 보고서를 워싱턴으로 발송한다. 이 보고서는 대소 강경론자들에게 관심을 끌면서 트루먼 행정부의 소련정책이 강경노선으로 선회하는 데 중요한 이론적 근거가 되었다. 캐넌은 포리스탈 해군장관으로부터 소련에 대한 보고서 작성을 요청받고 "미국 정책의 주안점은 소련의 팽창주의적 경향들에 대한 장기적이고 인내력 있는, 하지만 단호하고 방심하지 않는 봉쇄정책이어야 한다"는 입장이 담긴 보고서를 제출한다. 이 보고서는 『포린 어페어스(*Foreign Affairs*)』에 X라는 익명의 저자에 의해 논문 형태로 발표된다. 하지만 캐넌은 구체적인 봉쇄수단을 밝히지 않았다. 오히려 봉쇄정책은 소련의 팽창주의에 위협을 받고 있는 지역에서 세력균형을 회복시키고 공산권 내부에 적대감을 조장하여 소련의 영향력을 약화시킬 수 있다는 현실적인 목적에 더 많은 관심을 가지고 있었다. 이 보고서는 향후 미국의 대외정책에 중요한 좌표를 설정하는 역할을 하였다.[22]

1947년 2월 영국 정부가 그리스 터키 지역 철군을 미국에 통보했을 때 트루먼은 3월 12일 의회에서 "세계의 자유 국민들은 자유를 유지하기 위해 우리의 지원을 바라고 있습니다. 우리가 만일 영도력을 발휘하지 못한다면 세계평화는 위협을 받을 것이며, 우리나라의 복지 자체도 위협을 받을 것입니다"라고 자유주의 전선 수호의 의지를 천명했다. 트루먼 독트린으로 명명된 이 선언으로 트루먼은 새로운 전체주의에 대응하는 미국의 대외정책의 일대 전환점이 되기를 기대했다.[23] 트루먼 독트린에는 본래 캐넌이 의도했던 경제적·심

22. 나충렬, 「조지 캐넌(George Frost Kennan)과 트루먼 행정부의 외교정책(1946-1949)」, 『충남사학』(제7집, 1995), 135-137쪽 참조.
23. 트루먼, 앞의 책, 305쪽.

리적 · 외교적인 방안뿐만 아니라 정책입안에 깊이 관여했던 로이 핸더슨에 의해 군사적인 측면의 지원이 중요하게 고려되었다.[24)]

트루먼 행정부는 4월 장기적인 정책의 전개와 수립, 국무성이 담당할 문제들의 예측, 3성정책조정위원회(SWNCC) 등의 논의에서 이용될 광범위한 정치군사적인 문제점들에 대한 국무성의 입장정리 및 보고서의 준비, 현재의 정책 적합성에 대한 검토와 국무성 내 정책 이견의 조정을 담당할 정책기획국 설립을 추진했고, 그 책임자에 캐넌을 임명했다. 따라서 캐넌이 정책담론의 실질적인 주체가 되어 정책기획국을 설립하고 조정하는 역할을 담당하게 되었다. 5월에 캐넌은 '서유럽에 관한 미국의 원조에 관련한 정책' 이라는 보고서를 통해 서유럽의 위기상황을 해결하기 위한 재정지원 방안을 제시하였다. 6월 마샬 국무장관은 하버드 대학 졸업식 연설에서 트루먼 행정부가 유럽원조 계획을 준비하고 있음을 공식적으로 천명했다 : "미국의 정책목표는 자유주의적인 제도들이 존재할 수 있는 정치적 · 사회적 여건의 출현을 가능하게 하기 위하여 세계경제가 원활하게 운영될 수 있게끔 다시 소생시키는 데 있다."[25)]

마샬의 제안에 따라 영국, 프랑스, 소련 외무장관이 미국의 원조제의에 대해 토의했으나 몰로토프가 유럽자원의 이용을 반대하고 주권침해의 우려가 있다는 것을 구실로 삼아 회의에서 퇴장함으로써 유럽 22개국을 파리로 초청했으나 단지 16개국의 참석으로 이루어진 유럽경제협력위원회(CEEC)를 구성하기에 이른다. 유럽경제위

24. 나충렬, 앞의 논문, 138쪽.
25. 나충렬 앞의 논문, 130-140쪽 참조.

원회가 중요한 것은 트루먼 행정부의 외교정책을 다루게 되는 외적 담론의 장으로 작용하기 때문이다. 또한 국무차관 레베트는 유럽 재건계획에 관련된 행정부 내 부서들 간의 정책을 심의하기 위한 새로운 기구를 요청했다. 레베트의 제안이 받아들여져 세운 것이 자문조정위원회(ASC)이다. 이 내적 담론의 장은 캐넌의 정책기획국보다 구체적인 정책담론 구성의 실질적인 역할을 담당하게 되었다.

트루먼은 내적 담론구성의 경우에 몇몇 측근에게 지나치게 의존했다. 캐넌이 트루먼 행정부에서 지속적인 영향력을 행사한 경우를 보듯 내적 담론은 다양한 의견을 수렴하기보다는 몇몇 전문가들의 의견으로 제한되었다. 따라서 트루먼은 선택의 폭이 그리 넓지 못했고, 캐넌과 로이 핸더슨의 경우가 보여주듯 참모들 간에 대립적인 양상을 보이기까지 하였다. 내적 담론이 원활하지 못하여 일어난 갈등이 바로 일본 점령정책과 관련된 트루먼과 맥아더 사이의 서로 다른 개혁안이었다. 맥아더는 일본의 민주화와 경제개혁 그리고 무장해제를 설정하고 사회구조를 개혁하기 위한 적극적인 개혁정책을 통해 평화조약을 추진했다. 한편, 고위 정책수립가들을 중심으로 일본을 중국을 대신할 아시아 태평양 지역의 대리인으로 인식하려는 움직임이 일어났다. 이에 따른 경제적인 안정과 재무장이 요구되었다. 캐넌과 정책기획국은 일본 문제에 대하여 검토에 착수하고 맥아더의 일본 점령정책에 대한 전반적인 재검토를 요구했다. 이로 말미암아 맥아더가 제기했던 평화조약 체결에 대한 논의는 트루먼 행정부에서 외면당하고 정책기획국을 중심으로 재검토가 이루어지게 되었다.

이것은 미국이 일본을 떠난 후에 일본이 공산주의를 저지할 수 있는 정치경제적 능력을 갖추는 데 있었다. 문제는 캐넌 보고서가 국무성에서 일방적으로 수용되어 일본과의 평화조약을 관망하거나 유보하는 단계에까지 이르게 했다는 사실이다. 캐넌은 최종보고서에서 평화조약의 포기, 정화의 완화와 공직 복귀, 전범처리 문제의 신속하고 관용적인 해결을 촉구했다. 또한 일본 점령정책의 수정에 대한 지지를 얻기 위하여 외무관리들과의 회담에서 '개혁이 아닌 재건, 그리고 불확실이 아닌 안정'이 필요함을 강조했다.[26] 이러한 캐넌의 일방적인 정책기획이 트루먼과 맥아더 사이에 갈등을 심화시키는 계기가 되었음은 분명하다. 맥아더는 일본의 통할에 대한 정책이 대부분 워싱턴이 아닌 도쿄에서 결정되어야 한다는 견해를 밝혔고, 자기와 상의 없이 워싱턴에서 정책이 발표되는 것에 우려를 나타냈다. 그러나 워싱턴에서는 자기 상관의 허락도 없이 정책을 발표한다고 불만을 가지고 있었다.

북대서양조약기구 창설과 관련해서는 영국의 외무장관 베빈(Ernest Bevin)이 서유럽연방(a Western Union) 결성을 발의하였고, 서유럽 국가들이 주도적으로 계획을 수립하였으며, 이에 대해 트루먼 행정부에서는 유럽담당국이 입장을 정리했다. 체코의 공산화와 독일에 대한 미소의 갈등은 미국이 북대서양-지중해 지역 안보동맹체 설립을 제안하기에 이르렀다. 이에 대해 베빈은 대서양 지역의 안보체제와 지중해 지역의 안보체제를 순차적으로 구축하는 것이 합당하다고 제안했다.

1948년부터 나타나기 시작한 독일의 동부지역과 서부지역의

26. 나충렬, 앞의 논문, 144-146쪽 참조.

분할은 미국, 영국, 프랑스가 서독 정부의 창설을 요구하는 '런던계획'을 발표하고 소련은 베를린 봉쇄로 대응하면서 서방 국가와 소련 사이에 심각한 위기가 고조되었다. 독일 문제 해결방안에 대하여 캐넌에게 의뢰했을 때 캐넌은 의외로 독일 대부분 지역으로부터의 연합군의 철수, 군정의 종식, 실질적인 권력과 독립이 보장된 하나의 독일 정부의 건설이 유럽 분단의 고착화를 막을 수 있고, 베를린의 위기상황을 해결할 수 있으며, 소련 병력의 철수를 이끌어낼 수 있다는 보고서를 내놓았다.[27] 일본에 대한 대응방식과는 전혀 다른 일관성 없는 캐넌의 입장은 고위 정책입안자들에게 외면당하게 되었다. 이때 서유럽 국가들은 긴밀한 군사적 제휴를 하지 않으면 안 된다는 생각을 갖게 되었고, 미국의 지원을 필요로 하여 결국 그의 의지와는 달리 이듬해 4월 4일 북대서양조약기구 나토를 설립하기에 이른다.

캐넌의 경우에서 나타나듯 담론화의 과정은 정책입안자들이 국제정세의 평화와 안정을 추구함에 있어서 정의와 공정성에 따라 식민지 국가의 입장을 고려함을 보여주고 있지 않다. 오히려 세력균형과 미국의 국익과 관련지어 패전국의 경제를 재건시켜 군사능력을 재이용하여 전후 국제관계의 주도권을 선취하는 데 심혈을 기울였다. 이 외적 담화과정에서 트루먼은 소신 있는 문제해결의 원칙을 따로 제시하지 않았고, 국내외 정세에 따라 현안문제를 해결하려는 실용주의 정치노선으로 담론을 이끌어 갔다.

27. 나충렬, 앞의 논문, 152참조.

IV. 트루먼의 정책 개념

1. 자유와 평화정책

1945년 4월 12일 루즈벨트의 대통령직을 승계한 트루먼의 초기 정책 개념은 전체적으로 루즈벨트의 정책 개념을 따르고 있었다. 집권 초기 그는 루즈벨트의 국내 및 대외정책을 전적으로 지지했다. 다만 루즈벨트의 정책에서 행정상의 취약점이 있음을 인식하고 루즈벨트 자신이 행정가가 아님을 밝혔던 것을 상기시켰다. 트루먼은 자신이 행정가적인 대통령이 될 것을 자임하며 루즈벨트와 차별성을 나타냈다. 하지만 그의 첫 공무가 유엔에 관한 계획으로부터 시작하였듯이 그는 국제 문제에 특별한 관심을 갖고 있었다. 그는 집권 직전에 루즈벨트, 처칠, 스탈린에 의하여 비밀리에 체결된 얄타협정[28)] 에서의 주도권을 잃지 않으려고 노력했다. 누구보다 그는 처칠을 의식했으며, 처칠은 루즈벨트 사후 영국의 지위를 굳히기를 갈망하고 있었다. 트루먼은 이러한 정황을 충분히 파악하고 있었고, 오히려 유럽에서의 주도권을 유지하기 위하여 프랑스 재건을 적극 지원함으

28. 1945년 2월 연합국인 미국, 영국, 소련의 수뇌 루즈벨트 대통령, 처칠 수상, 스탈린 원수가 소련령 크리미아 반도에 있는 얄타에서 회합하여 독일의 전후처리와 그 밖의 유럽 문제, 국제연합 문제 등을 협의하고 협정을 맺을 때, 일본에 관하여 체결된 비밀협정(1945. 2. 11)으로 전후 1946년 2월 11일에 처음으로 발표되었다.

로써 유럽에서의 프랑스의 위상을 회복시키고 인도차이나 문제에 대한 의혹을 불식시키고자 하였다. 그는 또한 드골과의 협력관계를 통하여 미국, 영국, 프랑스 삼국의 긴밀한 협조체제를 이끌어내려고 하였다. 무엇보다 그는 얄타 비밀협정의 내용을 파악하는 것이 급선무였다. 트루먼은 소련의 태도에 의혹을 품고 있었고, 이는 폴란드 문제를 통하여 구체적으로 드러나게 되었다.

트루먼은 또한 의회를 통해 국민들에게 자신이 루즈벨트의 정책을 계속 이행하고자 함을 확인시키고 초당적으로 지속적인 지원을 이끌어내 자신의 정책을 무리 없이 수행하려 하였다. 그의 첫 담화문은 루즈벨트에 대한 애도와 그의 "자유"와 "평화"의 정책을 계승한다는 감정이 풍부한 내용으로 일관되어 있었다. 그가 어떻게 루즈벨트의 "전쟁정책"과 "평화정책"을 계승해 갔는가는 루즈벨트가 1941년에 행한 '네 가지 자유' 에 관한 연설에서 행한 중요한 정책 개념이 트루먼의 초기 성명에서 어떻게 재현되고 있는지를 살펴보면 알 수 있다. 루즈벨트는 '본질적이고 인간적인 자유' 로서 '언론 및 발표의 자유', '종교신앙의 자유', '가난으로부터의 자유', '공포로부터의 자유' 를 실현하기 위하여 '세계적인 군축' 과 '신질서에 대한 대의-도덕적 질서' 를 가지고 항구적인 평화혁명을 이루고 우호적인 문명사회 안에서 '자유란 어디에 있어서나 인권의 최고선' 이 되도록 투쟁하는 데 있었다.

인간은 빵으로만 사는 것이 아닌 것처럼 인간은 또한 군비로써만 싸우는 것이 아닙니다. 우리가 요구하는 세계질서는 자유로운 국가들이 우호적인 문명사회를 형성해 가며 같이 일하는 행동관계인 것입니다. 이 나라는

> 그 운명을 그 수백만의 자애로운 남녀의 손과 머리와 가슴에 맡기는 것입니다. 그리고 그 자유에 대한 신념을 신의 인도에 의지하였습니다.
>
> 자유란 어디에 있어서나 인권의 최고선인 것입니다. 우리의 지지는 그 인권을 획득하고 유지하기 위해 싸우는 사람들에게 주어지는 것입니다. 우리의 강인함은 우리의 목적이 하나로 통일되는 데 있습니다. 그 숭고한 이념에는 오직 승리 말고는 다른 결과가 있을 수 없습니다.[29]

트루먼의 첫 의회 교서 내용은 루즈벨트 대통령의 전쟁정책과 평화정책 계승, 세계의 평화와 안정을 위한 노력, 강력하고 영속적인 국제연합 기구에 대한 국민의 지지 요청, 루즈벨트에 의해 선언된 이상을 지지하기 위한 국가적 단결을 계속하기 위한 협력, 무조건 항복, 미국과 연합국의 대전략에 대한 전면적인 신뢰표명이었다.[30] 그러면서도 트루먼은 유럽의 재건을 통하여 국가이익을 보호하는 구체적인 방안을 모색하면서 과잉 군수생산을 고민하면서 경제 대통령으로서의 면모를 보이기 시작했다.

군인들에게 보내는 담화에서 루즈벨트에 대한 조의와 선임자가 남긴 임무를 수행하는 군인들의 처지를 자신에 비유하며 노고를 위로하면서 말미에 "아무에게도 원한을 품지 말고, 모든 사람에게 자선심을 갖고, 신이 우리에게 보여주시는 정의에 대한 굳은 결의로써 우리가 맡은 과업을 끝까지 수행해 나갑시다"[31]라고 호소했다.

유럽전선의 급격한 진전을 검토하며 마샬과 함께 마련한 담

29. http://info-pedia.americancorners.or.kr/KOR/_f_0206.html 참조.
30. 트루먼, 앞의 책, 40쪽.
31. 트루먼, 앞의 책, 43쪽.

화문 가운데 중요한 내용은 다음과 같다.

> 독일 심장부에서 우리들 군대의 결합은 큰 의미를 가지고 있습니다. 첫째 히틀러와 그의 부하들의 가냘픈 마지막 희망이 사라졌음을 의미합니다. 포악과 비인도적 행위에 대항하여 이 전쟁에서 결속한 연합군의 공동전선과 목표는 그들이 오랫동안 표명해 온 결의를 행동으로 입증했습니다. … 둘째, 이 순간에 이른 연합군의 합류는 우리 자신과 세계에 대해서 평화와 자유의 대의를 위한 우리 여러 나라의 협력이 군사사상 최대 규모, 작전상 최악의 곤경을 극복하고 성공시키는 효과적인 협력임을 입증해 준 것입니다. 우리가 극복한 바와 같은 거리와 언어와 통신의 장벽에 직면하여 어깨를 맞대고 같이 계획하고 싸울 수 있는 나라들은 평화를 위한 세계기구를 창설하는 공동과업도 함께 추진할 수 있을 것입니다. 마지막으로 이 위대한 승리는 루즈벨트의 용기와 결의에 대한 언어로 표현할 수 없는 하나의 찬사이며, 연합군 전사와 수병들의 인내와 용기만으로써 달성될 수 있는 것입니다.[32)]

이 담화에서 주목해야 할 내용은 승전과 국제연합의 가능성을 연계시킨 것과 루즈벨트에 대한 찬사를 빼놓지 않은 것이다. 그러나 폴란드 문제가 크리미아 결정에 따라 해결될 기미가 보이지 않자 트루먼은 소련에 대한 정책결정에 어려움을 겪었다. 주로 소련주재 미국대사 해리만의 의견에 의존하였고, 소련이 참여하는 국제연합의 설립에 지장을 초래하는 것을 우려하였다. 스탈린은 폴란드 문제가 직접적으로 소련의 안보와 직결되는 문제임을 나타냈고 포기하지

32. 트루먼, 앞의 책, 50쪽 참조.

않으려 했기 때문이었다. 스탈린은 삼국관계에 있어서 미국과 영국의 밀착에 대해 의혹을 갖고 있었으며, 전쟁이 끝나가는 시점에서 루즈벨트 이후의 강대국의 주도권을 장악하려는 속셈이 있었다. 반면에 트루먼은 국제연합을 통하여 힘을 규합하고, 국제연합을 통해 국제 정치담론을 공론화하고 국제정세의 안정을 꾀했다. 트루먼은 샌프란시스코 국제연합 개막회의의 지사에서 자신의 입장을 구체적으로 밝히게 된다.

> 역사상 오늘 여러분이 개막하는 샌프란시스코 회의보다 더 중요하고 더 필요한 회의는 일찍이 없었습니다. 본인은 미국 국민을 대표하여 여러분을 열렬히 환영하는 바입니다. 이 회의의 의미는 낡은 의미의 평화조약을 기초 하는 데 있지 않습니다. 우리의 과업은 영토 문제, 시민권 문제, 배상 문제 등 특정한 문제를 해결하는 것이 아닙니다. 이 회의는 그 권력과 노력을 단 하나의 기본적인 평화유지기구를 창설하는 문제에 바쳐야 할 것입니다. 여러분은 기본적인 헌장을 작성해야 합니다.
>
> 우리들의 문제 핵심은 국가 간의 분쟁을 해결하는 합리적인 기구를 만들어내는 데 있습니다. 우리는 새로운 세계를, 인간의 영원한 존엄성이 존중되는 지금보다 훨씬 나은 세계를 만들어내는 데 있습니다. 우리는 우리의 무거운 의무를 수행하는 데 있어서 이 순간이 오기까지 생명을 바친 사람들에게 영원한 기념물을 세워주는 데 전능하신 신께서 우리를 인도해 주시길 간절히 비는 바입니다. 우리가 그의 정의로운 평화의 길을 걸어가는 데 있어서 신이 우리를 인도해 주시기를 기도합니다.[33)]

33. 트루먼, 앞의 책, 62쪽 참조.

트루먼은 6월 25일 유엔 헌장에 서명하는 자리에서 행한 연설에서 다음과 같은 정치적 수사를 사용했다 : '보다 좋은 세계를 구축할 수 있는 굳건한 구조', '전쟁 자체에 대한 승리', '항구적인 평화의 첫걸음', '모든 주장과 분규, 그리고 각기 상이한 모든 의견에서 결합할 수 있는 방도', '공평한 조건으로서의 교환정신과 타인의 견해와 이익을 위한 관용정신의 소산', '세계평화와 안전과 인류발전을 위한 위대한 문서', '국제적 정의의 길을 인도해 나가야 할 강대국의 의무와 구체적인 수행의 책임', '경제적인 각축과 사회적 불의로 말미암은 전쟁의 씨', '국제적인 인권선언의 작성에 대한 기대', '반동과 독재세력의 저항', '이성의 규율 확립', '항구적인 평화창조.' 이러한 트루먼의 수사는 영원한 존엄성이 존중되는 새로운 세계, 생명을 바친 이들에게 영원한 기념물과 정의로운 평화의 길이 될 것을 기약하고 있다.

2. 강화와 원폭 사용

패전국 독일과의 강화조약 문서 작성에서 미국이 가장 심혈을 기울인 부분은 지나친 피해 변상으로 또 하나의 히틀러로 하여금 권력을 장악하게 할 자멸적인 조항을 포함시키지 않는 데 있었다. 독일 국민에게는 전쟁으로 피폐된 국가에 대한 대규모의 원조가 절실했다. 트루먼은 이미 전후 유럽 복구와 관련된 존 J. 매크로이의 보고서에 특별한 관심을 보인 바 있었다.

> 중부유럽에서는 경제, 정치, 사회 각 분야에서 궤멸상태가 … 유래가 없는 것이었다. … 이러한 혼란과 와해, 잔혹과 격동의 상황 속에서 우리는 소련과 현실적인 관계를 맺지 않을 수 없게 되어가고 있다. 우리의 목적을 달성하려면 최고의 재능과 아량과 식견이 필요하다.[34]

이 최고의 재능과 아량과 식견은 바로 트루먼이 추구하는 것이었다. 하지만 트루먼과 스탈린과의 관계는 처칠의 중재에도 불구하고 독일의 패전과 함께 더욱 악화되었다. 루즈벨트의 갑작스런 죽음으로 보류되었던 연합군 측에 대한 성급한 무기대여법의 중지는 소련 및 유럽 여러 나라에 대한 식량, 의류, 무기와 탄약에 대한 원조를 중지하는 것이었다. 사태는 심각하게 발전했다. 영국은 경제적인 타격이 컸고, 소련은 독일 패망 이후 미국의 태도가 점점 냉담해진다고 서운해했다. 트루먼은 결국 명령을 취소했지만 시간이 흐르면 점진적으로 그렇게 할 수밖에 없는 사정이었고, 예전과 같이 우호적인 사태로 돌아가기 힘들게 되었다. 트루먼은 얄타에서의 대일본전 참전의 약속이 차질이 없기를 바랐다. 그러나 일본의 항복조건에 대해서 소련은 무조건 항복을 요구한 반면 미국은 항복을 이끌어내기 위한 조건을 조율하고 있었다. 대일본전에 있어서 소련의 참전이 트루먼에게는 무엇보다 중요했다. 그것은 희생자를 줄이고 전쟁의 부담을 더는 유일한 방법이었다.

트루먼은 포츠담 회의의 일정을 7월 중순으로 연기했다. 소련

34. 트루먼, 앞의 책, 63쪽 참조.

의 일본전 개입에 대한 확고한 답변을 얻어내기 위해서 비밀리에 진행된 원폭실험을 뒤로 미룬 것이었다. 트루먼은 원폭 보유가 스탈린이 대일본전에 참여하도록 끌어내는 데 충분한 유인책이 될 수 있다고 보았다. 포츠담의 의제는 전후 유럽의 미래였다. 구체적으로 이태리의 유엔 가입과 불가리아, 루마니아, 헝가리, 핀란드의 미국과 영국의 외교적 인준과 독일의 전후 배상과 함대 처리 문제, 독일과 폴란드 간의 국경 문제 등이 산적해 있었다. 트루먼은 핵실험의 성공으로 이 회담을 주도적으로 이끌어 가고자 하였다. 7월 16일에 뉴멕시코 앨라모고라도에서 예정된 핵실험은 더 이상 연기될 수 없었다. 핵폭탄 연구프로젝트의 책임자인 그로브즈는 오펜하이머에게 가능한 한 빨리 실시하라고 독려했고, 연구자들은 압박감에 시달렸다. 핵실험은 예정대로 성공적으로 끝나 육군장관 스팀슨이 직접 보고를 위해 포츠담에 도착했다. 트루먼은 번즈 국무장관, 레이히 제독, 마샬 장군, 아놀드 장군, 킹 제독 등과 원폭개발에 따른 미 군사전략을 검토했다. 그러나 일본에 원폭을 투하한다는 것은 고려하지 않고 있었다.[35)]

포츠담 회의에서 세 정상의 견해는 전후 유럽의 패권을 누가 쥐느냐에 대한 첨예한 대립으로 나타났다. 트루먼의 관심은 일본의 무조건 항복과 전쟁재발 방지, 그리고 패전국의 자립경제에 있었다. 미국이 무한정 이들 국가를 도울 수 없으므로 3대국은 회담을 통해서 유럽의 여러 국가들이 자립할 수 있는 공동의 대처방안을 모색하

35. 트루먼, 앞의 책, 186쪽 ; J. Samuel Walker, *prompt& utter destruction*(the University of North Carolina Press, 2004), p. 54–55.

고자 하였다. 그러나 스탈린에게 가장 큰 쟁점이 된 것은 독일의 배상액 문제였다. 이것은 궁극적으로 패전국의 자립경제의 틀을 해치는 것이었다. 포츠담 회담을 뒤로 하고 처칠의 정치무대에서의 퇴장은 트루먼이 스탈린을 직접 상대해야 하는 정치적인 막중한 임무를 부여받은 것이나 마찬가지였다. 트루먼은 국제 문제에 있어서 처칠의 의견을 존중하고 의존하였다. 이제 독자적인 결단을 내릴 시기가 온 것이다.

루즈벨트와 처칠의 협의로 막대한 비용과 인력을 들여 시작된 원폭개발은 트루먼에게 사용의 결정권이 주어졌다. 그는 원폭을 단지 무기로 생각했고, 그것을 군사적 목적으로 사용하는 데 주저함이 없었다. 트루먼은 스탈린과의 갈등을 해소하고자 번즈 장관의 반대에도 무릅쓰고 심사숙고한 끝에 7월 24일 스탈린에게 "놀라운 파괴력을 지닌" 새로운 무기개발에 대하여 언급하였다. 스탈린은 덤덤하게 그 소식을 들은 것을 기뻐했고, 대통령이 일본에 대한 좋은 목적으로 사용하기를 바란다고 말하였다. 번즈와 처칠은 스탈린이 별 관심을 갖고 있지 않는 태도에 놀랐지만 사실 스탈린은 그 무기가 원자탄이라는 것을 알았고, 숙소로 돌아가자마자 비밀경찰국장 베리아에게 그러한 사실을 그때까지 모르고 있었음을 추궁했다. 스탈린은 만일 소련이 만주에 진군하기 전에 아시아 전쟁이 끝난다면 얄타협정에서의 소련이 요구한 사항을 보장받을 수 없을 것을 염려하였다.[36)]

번즈 국무장관은 원폭이 개발된 이상 소련의 개입이 불필요

36. Walker, 앞의 책, p. 65–67.

하다고 생각했다. 따라서 가능한 한 전쟁의 참여를 지연시키는 것이 필요하다고 생각했다. 그런데 마샬은 스탈린이 나름대로 일본에 대해서 선전포고하기를 갈망하고 있다고 판단했다.[37] 앞서 마샬은 원자폭탄이 민간에게 사용되어서는 안 되며, 단지 해군기지 같은 곳이 대상이 될 수 있다는 의견을 피력했다. 또한 잘못 고려된 원폭의 사용으로부터 야기되는 비난을 벗어나기를 제안하였다. 그러나 그러한 제안은 스팀슨과 맥클로이에게 결코 다시 관심을 끌지 못하였다. 원폭 사용에 대한 논의는 내부 위원회에서 간단하고 비공식적으로 이루어졌다.[38]

원폭 사용과 관련하여 번즈와 스팀슨은 강경한 내부 담론을 이끌었고, 마샬의 의견은 고려되지 않았다. 트루먼은 그의 가장 신뢰할 만한 보좌관들에게 원폭을 사용하는 데에 따른 이점과 문제점을 제시하라고 요청하지 않음으로써[39] 내심 원폭 사용에 대해 결심하고 있었다. 이러한 결정은 그가 국무장관 번즈의 강경노선에 절대적으로 의존하고 있었기 때문이었다. 트루먼은 7월 24일 해군제독 자카리아스를 통해 간접적으로 천황제를 유지하는 무조건 항복 조건을 제시했다.[40] 그것은 일본이 전후에 소련을 견제하는 데 있어서 유익하고 미국의 희생을 줄일 수 있는 방안이었기 때문이었다. 트루먼의 결정은 내부의 저항을 가지고 있었고, 소련과의 관계를 깊이 고려하지 않고 내린 최종적인 결정이었다. 포츠담 회담을 끝내고 돌아오는

37. Walker. 앞의 책, p. 68.
38. Walker. 앞의 책, p. 50.
39. Walker. 앞의 책, p. 60.
40. Walker 앞의 책, p. 70.

선상에서 트루먼은 8월 6일 히로시마에 군사적 목표를 위해 성공적으로 수행된 원폭의 보고를 받는다. 히로시마에 원자탄을 투하한 후에 발표한 성명서는 다음과 같다.

> 7월 26일 포츠담에서 대일 최후통첩을 보낸 것은 일본 시민들을 참담한 파멸의 길에서 구하기 위한 것이었습니다. 그러나 일본 지도자들은 이 최후통첩을 일축하여 버렸습니다. 그들이 우리의 조건을 수락하지 않는다면 그들은 일찍이 지구상에서 볼 수 없었던 파멸의 폭풍우를 받게 될 것입니다. … 우리나라와 전 세계를 급격한 파멸의 세계로부터 보호할 방법이 강구될 때까지 원자력 생산의 기술과장이나 군사적인 응용방법을 공개하지 않을 것입니다. … 나는 원자력이 세계평화의 유지를 위한 강력한 영향력을 끼칠 수 있도록 그 방법을 계속 강구하고 또한 이를 의회에 권고할 것입니다.[41]

8월 14일, 일본 정부는 연합군 정부의 항복 요구를 수락했다. 트루먼은 전쟁의 승리를 기뻐했고, 독일과 같이 일본 국민들이 점령하에서 복구되기를 희망했다. 그는 영토도 배상도 원하지 않았다. 모든 나라의 평화와 행복이라는 목표를 위해 싸웠으므로 완전한 승리를 거두고 적에게 관대해지고 우방에 도움을 주고 싶었다. 예수의 산상수훈을 실천하는 듯한 느낌을 가졌다.[42] 그는 8월 19일을 기도의 날로 선포하며 다음과 같이 포고문을 내었다.

41. 트루먼, 앞의 책, 190쪽.
42. 트루먼, 앞의 책, 200쪽.

> 일본 군벌과 일본군은 이제 항복했습니다. 유럽에서 승리한 지 3개월 만에 일본에서 승리했습니다. 8년 전 일본이 태평양 전역에 악의 세력을 확장시키기 시작한 잔인한 침략전쟁은 일본의 완전한 패배로 끝났습니다. 이로써 세계 국민을 노예화하고 문명을 파괴하여 새로운 암흑과 타락의 시대로 만들려던 독재자의 엄청난 계획은 종말을 고했습니다. 오늘 이 지구 위에 자유의 역사가 새로 시작되는 날입니다. … 이 승리는 평화애호 국민들이 승리하지 못하면 이 세계의 품위는 끝장을 보리라는 것을 깨닫고 창조해낸 막강한 무기와 물자 때문에 이루어진 것입니다. 이 승리는 신의 가호가 있어서 이루어진 것입니다. 신은 역경과 재난에 처했던 전쟁초기에 우리를 보살펴주셨고 이제 이 영광스러운 승리의 날을 우리에게 주셨습니다.[43)]

악의 세력에 사용할 수밖에 없었던 원폭의 불가피성을 신의 뜻으로 받아들이는 포고문이었다. 미국 주도의 자유의 새 역사가 시작됨을 선포하는 것이었고, 팍스 아메리카나를 선포하는 것이었다. 9월 2일 미주리 호에서의 천왕의 항복 조인식에 맞추어 발표한 담화문에서 트루먼의 고유한 자유의 레토릭을 듣게 된다.

> 우리에게 무력을 주고 우리의 군대를 무적의 군대로 만들어 준 것은 자유의 정신입니다. 우리는 이제 자유의 정신과 개인의 자유 및 인간의 존엄성이 세계에서 가장 강력하고 가장 끈기 있는 힘이라는 것을 알았습니다. … 이 원칙들은 인간에게 자신의 운명을 향상시키도록 도와주는 신념, 희망 및

43. 트루먼, 앞의 책, 210쪽.

기회를 줍니다. 자유는 모든 인간을 완전하게 만드는 것도 아니며 모든 사회를 안정시키는 것도 아닙니다. 그러나 자유는 역사상의 어느 정치철학보다도 더 굳건한 진보와 행복과 예의규범을 보다 많은 사람에게 가져다 주었습니다. 오늘 다시 이 자유는 인간이 차지해 본 일이 없는 최대의 힘을 준다는 것을 입증했습니다. … 승리는 항상 기쁨을 주는 한편 의무와 책임을 지우는 것입니다. 미국은 스스로를 위해 발전하고 일할 수 있는 장래를 세울 수 있습니다. 연합국과 함께 미국은 정의와 공평과 관용을 토대로 하는 평화의 세계를 건설할 수 있습니다.[44)]

3. 트루먼 독트린과 봉쇄정책

해리 S. 트루먼은 현대 미국 외교정책 형성에 가장 영향력을 많이 행사한 정치지도자라 할 수 있다. 루즈벨트의 급서로 말미암아 대통령으로 취임하여 원폭투하를 통한 태평양전쟁의 종전, 트루먼 독트린, 마샬 플랜, 북대서양조약기구(NATO)의 창설을 통하여 새로운 제국주의의 지형을 짜게 된다. 제2차 세계대전의 전후 처리 문제를 둘러싼 소련과의 갈등, 원자력 시대의 도래와 프랑스와 영국의 쇠퇴는 전후 유럽에서 가장 먼저 힘의 균형을 요구받게 되었다. 비잔틴 문화를 계승하는 소련과 라틴 문화를 계승한 미국의 두 제국 간의 갈등은 냉전사고로 발전하게 되었다. 외교적 목표는 소련 공산주의 확산을 방지하는 것이었다. 새로운 세계질서에 대한 미국의 역할은 세

44. 트루먼, 앞의 책, 218쪽.

계경찰국가의 역할을 자임하는 것이었고, 세계 문제에 개입하고 경제적 지원을 통하여 정치적 유대와 안정을 도모하는 것이었다. 따라서 미국의 임무는 전후 세계 패권국으로서 계속적인 리더십을 발휘해야 한다는 것에 있었다.

이러한 제국주의적 관심사는 이미 국내적으로 산업화 성공에 따른 해외 진출의 필요성으로 말미암아 제기되었고, 제1차 세계대전 이후 국제정치의 다원화 구조로 변했다는 점에 기인한다. 이로 인해 루즈벨트는 제국주의 정책을 표방하였고 하와이 합병, 미서전쟁과 필리핀 점유, 중국에 대한 문호개방을 천명하게 되었다. 트루먼은 루즈벨트의 정책을 계승하면서도 적극적 국제주의를 통해 국익을 확대하는 정책으로 전환했다. 대표적인 예가 1947년 3월 12일 상하원 합동회의에서 발표한 트루먼 독트린으로, 여기서 전 세계의 각 전선에 소련의 팽창주의를 저지하고 국제 공산주의의 확산을 제어하겠다는 의사표시를 분명히 하였다.

> 세계는 정적이지 않다. 그래서 현상유지(status quo)란 신성한 것이 아니다. 그러나 강압과 같은 방법으로 혹은 정치적 침투와 같은 속임수로 유엔 헌장을 위배하면서 기존 상태를 깨는 행동은 용납할 수 없다."[45]

트루먼 독트린은 세계의 모든 나라가 민주주의와 전체주의라는 "두 가지 생활방식" 가운데 하나를 선택해야 한다고 암시했다. 미

45. "The Truman Doctrine" in *The Dynamics of World Power*, II (Chelsea House Publishers 1973), p. 312 ; 김정배, 앞의 논문, 103쪽 참조.

국의 이상과 전통은 그리스와 터키에 원조할 것을 자각하였으며, 위협받는 곳이 어디든지 자유주의 전선을 옹호하겠다는 의지를 나타낸 것이었다. 하지만 각국에 선택의 여지를 남겨놓고 있지는 않았다. 그 결정은 자율적인 것이 될 수 없음을 분명히 했다. 트루먼은 소련과의 상호 공존을 모색하며, 미국 세력권의 재건과 통제에 따른 양분화는 현실적이고 정당한 정책임을 확신하고 있었다. 또한 유럽의 정치경제적 불안정은 이러한 결정을 확고하게 하였고, 미국은 그 책임을 자임하였다. 트루먼의 그리스와 터키 원조의 정당성에 대한 논조는 공산주의와의 싸움에서 미국이 취해야 할 자세에 초점이 맞추어져 있었다. 이 원조의 핵심은 그리스와 터키의 정치경제적 고려에서보다는 소련과의 새로운 헤게모니를 둘러싼 경쟁에서 자원확보의 교두보로 삼는 것이었다. 트루먼 독트린은 새로운 형식의 선전포고였으며, 이를 통해 트루먼의 자신의 강력한 지도력을 내외적으로 표방하고자 하였다.

위대한 대통령으로 불렸던 루즈벨트가 특정한 문제에 있어 자신의 결단력에 의존한 것과는 달리 트루먼은 결론에 도달하기까지 가능한 많은 사람들의 의견을 들은 후에 판단을 내리는 신중함을 보였다. 농민의 아들로 태어나 실직자에서 대통령에 이르는 일련의 인격과 정치적 성취과정은 트루먼을 대화와 대중적인 정치가로 만들었으며, 정치담론의 형성과정을 중시하게 했다. 트루먼이 대통령으로 취임한 후 첫 번째 내린 명령은 UN 창설의 촉진이었다. 트루먼은 UN을 국제 정치담론의 형성과 성취의 장으로 삼고자 했다. 트루먼의 정치담론의 중요성에 대한 인식은 전후 국제정치의 헤게모니를 장악하는 데 있어서 담론의 실용성을 파악한 데 있다.

그러나 선임자와는 달리 문관 출신인 트루먼이 루즈벨트가 비워놓은 정치적 공백을 메우고, 위기를 처리하는 데에는 때때로 조급함과 단호함이 나타나지 않을 수 없었다. 그의 정치적 담론 구성방식에 이러한 일방성이 내재해 있음을 알 수 있다. 협조자와 보좌관들과의 담론과정에서 실제로 트루먼은 논의를 심화시키고 일반화시키기보다는 자신의 결정을 확인하고 이에 따른 구체적인 시행전략을 모색하는 방향으로 나아갔다.

트루먼의 지배담론 형성과정은 부통령으로서의 정치담론의 보조자에서 주도자로 바뀌어 가면서 일련의 변화를 보여준다고 할 수 있다. 국가를 민족과 영토 개념으로부터 자원의 분배에 따른 지배 이데올로기의 관심대상으로 변화시켜 갔다고 할 수 있다. 자원은 영토국가에 속한 것이 아니라, 정치 이데올로기를 보존해 주는 대가로 지배 이데올로기의 주도적인 국가에 언제든지 양도될 수 있다는 종속 개념의 확산을 의미하고 있었다. 이러한 과정이 역사적으로 필연성을 갖고 있다 하더라도 트루먼은 전체적인 지배담론을 가속화시키고 단순화시켰다. 이것은 다름 아닌 이데올로기적 식민주의였다. 아시아 아프리카와 중남미의 제3세계는 냉전체제 안에서 정치 식민지이자 자원 식민지로서의 역할을 담당하게 된다.

트루먼이 그어놓은 이데올로기적 경계는 그리스 내전을 가속화시켰고 소련의 개입을 촉구하게 되었다. 이로 인하여 양국은 각국에서 일어난 이데올로기적 논쟁과 투쟁에 개입하기 시작했다. 트루먼은 소련과 새로운 대결구도에 자신감을 피력했고 자유진영의 일체감에 확신을 갖고 있었다. 트루먼은 스스로 루즈벨트 아래서 자유로운 담화 형성과정을 경험하지 못하고 일방적인 지배담론의 형성과정에 익숙해 있었으므로 심리적으로 자유로울 수 없었다. 부통령으로 있을 당시에는 보좌관들과 자유로운 관계를 유지했으나 맥아더의 해임과정에서 나타나듯 군인 아래 있는 문관이 더 군인정신에 투철할 수 있음을 보여주었다. 냉전상태에서의 새로운 무기는 이데올로기와 자원이었다.

트루먼 독트린은 간접적인 내정간섭의 형태를 띠고 새로운 국가 이데올로기를 위한 필연적 정초과정을 방해했다. 자율적인 정치담론의 형성과 식민지배와 제국주의의 협조에 따른 내부적인 청산과 정지작업을 간과하고 지연시킨 것이다. 이는 미국의 정책에 동조하는 정치세력이 집권할 수 있는 빌미를 주었으며, 실질적으로 미국에 동조하는 군부들이 집권하게 되었다. 이데올로기는 속성상 단순화될 수 없다. 중동에서 나타나듯 정치 이데올로기는 종교와 자원 분쟁과 더불어 더욱 복잡한 양상을 띠게 되었다.

마샬 정책에서 나타난 "자립경제"와 "개발"의 정책 개념은 트루먼의 고유의 정책 개념에 속하며 지속적인 미국의 대외정책으로 자리 잡게 되었지만 "자립경제"는 단지 독일에서만 성공했다고 할 수 있다. 미국은 독일의 제국적 마인드를 재정적 지원을 통하여 최종적으로 굴복시키고 미국에 종속시켰다. 프랑스가 독일과 손잡고 유럽을 재건할 때까지 군사적으로나 경제적으로 독일의 절대적 우호와 의존을 이끌어냈다. 이것은 (로마)제국의 패권이 완전히 미국으로 넘어갔음을 의미했다. 새로운 제국의 지도자는 트루먼이었고, 이 위상을 확고히 하기 위하여 이데올로기적 경계를 분명히 할 필요가 있었다.

V. 결론

"나는 종종 '데자뷰(旣視感 : 과거 언젠가 본 적이 있는 것 같은 착각현상)'를 느끼곤 한다."

해리 트루먼 집권기의 기억을 안고 있는 미국 프린스턴 대학의 역사학자 프레드 그린스타인이 워싱턴포스트(WP)와 가진 이메일 인터뷰에서 시대상황과 통치 스타일 측면에서 조지 부시 대통령이 트루먼 전(前) 대통령과 많은 유사점을 가지고 있다면서 한 말이다. 워싱턴포스트 인터넷 판은 2006년 12월 15일 기사에서 실체를 파악하기 힘든 이념을 적으로 삼아 전쟁을 일으키고 그 대가로 인기도가 나락으로 떨어진 점에서 부시 대통령이 트루먼과 비슷한 길을 가고 있다면서 특히 부시 대통령이 트루먼을 '롤 모델'로 삼고 있는 듯하다고 지적했다.[46)]

리처드 더빈(민주. 일리노이) 상원의원은 부시 대통령이 최근 의회지도자들과 가진 한 모임에서 "냉전에 대처한 트루먼의 접근법이 처음에는 인기를 얻지 못했지만 결국 역사에 의해 정당성을 입증받았다"고 말했다고 전했다. 이라크전쟁의 정당성을 결국은 역사가 평가해 줄 것이라는 부시 대통령의 속내를 쉽게 읽을 수 있는 대목이다.

46. http://donga.com [뉴스]-「부시의 '롤 모델'은 트루먼(?)」(동아일보 국제 이메일, 2006.12.15).

부시 대통령이 역사와 전기에 매료된 인물이라는 점은 널리 알려진 사실인데, 최근에는 아이러니하게도 민주당 대통령인 트루먼을 '롤 모델'로 삼고 있는 것으로 보인다고 신문은 분석했다. 그는 지난 5월 미 육군사관학교 졸업식 연설에서 "그가 취한 행동, 그가 구축한 제도, 그가 다져놓은 동맹 및 그가 설정한 외교정책은 미국이 냉전에서 승리하는 데 토대가 됐다"고 칭송하는 등 상당히 긴 시간을 트루먼에 대해 언급했다. 그는 더 거슬러올라가 2004년 대통령 선거운동 중에도 여러 차례 트루먼의 업적을 찬양한 바 있다.

그린스타인 교수는 부시, 트루먼 두 대통령은 혈기왕성하고 단호한 성격을 가졌다는 점, 집권 초기에는 자질이 부족해 보였으나 위기에 대처하면서 대통령다워졌다는 점, 그리고 전쟁이라는 족쇄로 인해 지지도가 급락했다는 점에서 공통점을 갖는다고 해석했다. 그러나 '마샬 플랜'의 경우 폭넓은 외교적 노력의 결과였고, 공화당이 의회를 장악한 상황에서 트루먼이 초당적 지도력을 발휘해 마샬 플랜을 시행했다는 점은 높이 사고 있다.

이보다 앞선 조선일보 강석천 칼럼에서는 트루먼 대통령이 위대한 다섯 대통령에 속한다는 까닭을 소개하며, 부질없이 한국의 트루먼을 기다리는 미련을 갖고 있다고 찬사로 대신하였다.[47] 실로 그는 원폭투하, 마샬 플랜, 한국전 참전, 전쟁영웅 맥아더 해임, 군(軍)에서의 흑백차별 철폐, 베를린 공수(空輸), 트루먼 독트린, 유엔 창립 등 그의 잇단 결단은 세계의 구도를 바꿔놓았다. 하지만 지속적으로 새롭게 공개되는 문서에 따르면 트루먼의 정책은 그의 결단과

47. [강천석 칼럼] 「미국 트루먼 한국 트루먼」(조선일보 2005. 08. 19).

능력이라기보다는 루즈벨트에게 등용되었지만 그의 통치 스타일 아래서 기능할 수 없었던 보좌관들의 내부 담론구성에 힘입은 바가 크다고 할 수 있다. 그의 정치적 결단은 원폭투하의 결정에서와 같이 국제 정세의 흐름에 대한 정확한 판단이 따르지 못하였고, 처칠과 스탈린 사이에서 정치력의 열등감이 외적으로 표출되는 방식을 취하곤 하였다. 그의 세계를 양분하는 통치 스타일은 소련에 성급한 정치 반응을 불러일으켰고, 국제정치가 소통되는 외적 담론의 장을 협소하게 만들어 갔다.

트루먼의 담론 규제방식은 두 가지로 나누어 볼 수 있다. 그것은 위원회(Committee) 설치와 정보정치이다. 위원회를 통하여 내적인 담론을 유발시키고 필요한 정보를 청취할 수 있기 때문이다. 특정 정보에 정통하지 않은 경우에 한시적으로 설치된 위원회에서 다루는 내용은 정책입안과 결정에 많은 효과를 주기 때문이다. 또한 위원회의 결정이 강제적이지 않기 때문에 트루먼은 내적 담론을 즐겨 이용하였다. 포츠담 회담에서 사회를 맡았을 때 가장 먼저 제의한 것이 위원회 설치였음을 보면 잘 알 수 있다. 그는 또한 정보수집을 위해 제2차 세계대전 중 활약하던 대적첩보기관인 전략사무국(The Office of Strategic Services : OSS)을 해산하고 국방부 · 국가안전보장회의 등과 함께 1947년 국가안전보장법에 의해 중앙정보국을 설립하였다. 중앙정보국은 제2차 세계대전 직후 동서냉전 상황에서 당시 국무, 육해군 각 부가 맡고 있던 정보수집, 정부 내 기관들의 정보활동 조정, 첩보활동 등을 통합, 대통령 직속기관으로서 대외정책 결정에 필요한 비밀정보를 제공하는 일을 담당하게 되었다. 정보를 선점하는 것이 국제정치에서 얼마나 중요한 것인지 두 차례의 세계대전에서 그는 익히 경험했다. 이것은 또한 정보를 조작하고 조절할 수 있다는 것을 의미했다.

외적 담론의 장을 조절하고 지배하기 위해서 설립한 것이 바로 유엔과 나토라고 할 수 있다. 외적 담론의 장에서 언급되는 의제는 국제사회의 흐름을 좀 더 명확히 파악할 수 있게 해주었고 그가 선택할 수 있는 폭을 넓혀주었다. 그것은 미국의 위상을 국세사회에서 새롭게 견고하게 하는 것이었고, 적어도 자유세계의 실질적인 지배자의 역할을 담당하는 것을 의미했다. 그러기 위해서 트루먼은 내적·외적 담론의 중간에 위치하며 드러나지 않게 담론을 조절하고 국내외 정치를 간접적으로 장악해야 했다. 이러한 위치에서 그의 정치담론이 이중적 의미를 갖고 있는 것은 당연하다. 상대에게 다양한 해석의 가능성이 있는 정치적 언술은 새로운 의미를 담지할 수 있기 때문이다. 이러한 담론전략은 자유경제체제를 통한 새로운 세계질서를 지배하는 데 있어서 미국의 이익을 대변하는 데 유효하게 작용한다. 결론적으로 트루먼 정치담론의 한계와 전통은 상호 모순된 개념을 사용하는 데 있다. '자유' 와 '봉쇄', '강화' 와 '원폭' 처럼 양분된 가치체계 안에서 미국에 유익한 정책을 저울질하며 수행한다는 것이다.

참·고·문·헌

김경만. 2005. 『담론과 해방』, 궁리.

다니안 맥도넬, 임상훈 역. 1992. 『담론이란 무엇인가』. 한울.

미셸 푸코, 이정우 역. 1998. 『담론의 질서』. 서강대학교출판부.

윤평중 외. 2002. 『탈근대의 담론과 권력비판』. 한양대학교출판부.

트루먼, 박관숙 역. 1975. 『회고록』. 세계의 대회고록 전집 중 17권. 한림출판사.

프레드릭 뉴마이어, 한동완 역. 2000. 『언어학과 정치』. 도서출판 역락.

Brown, Gillian, & Yule, G. 1983. "Chapter 1. The nature of reference intext and Discourse" in *Discourse analysis*. Cambridge University Press.

Connolly, Willam E. 1983. *The Terms of Political Discourse*. Priceton University.

Donovan, Rovert J. 1984. *The Word of Harry S. Truman*. New Market Press.

Ferrell, Robert H. (Ed.). 2002. *The Autobiography of Harry S. Truman*. University of Missouri Press.

Gardner, Michal R. 2002. *Harry Truman and Civil Rights*. Southern Illinois University Press.

Poen Monte M. (Ed.). 1999. *Strictly Personal and Confidential*. University of Missouri Press.

Said, Edward W. 박홍규 역. 1991. 『오리엔탈리즘』. 교보문고.

Samuel, Walker J. 2004. *Prompt & Utter Destruction*. The University of North Carolina Press.

van Dijk, T. A. 1985. "Introduction : Discourse Analysis as a New Cross-Discipline" in T. A. van Dijk (Ed.). *Handbook of Discourse Analysis*. Vol. 1, Academic Press.

논문

김정배. 1998.「트루먼 독트린의 냉전사적 의미」.『미국학연구』제1집.

나충렬. 1995.「조지 캐넌(George Frost Kennan)과 트루먼 행정부의 외교정책(1946-1949)」.『충남사학』제7집(충남대학교사학회).

인터넷 사이트

http://info-pedia.americancorners.or.kr/KOR/_f_0206.html

http://ppl.nhmccd.edu/~craigl/27.html

http://www.koreascope.org/gnuboard/bbs/board.php?bo_table=resource_kor_studies&wr_id=14&age=17

http://donga.com[뉴스]-"부시의 '롤 모델'은 트루먼(?)" (동아일보 국제 이메일, 2006.12.15).

http://chosun.com/[강천석 칼럼] "미국 트루먼 한국 트루먼" (조선일보 2005.08.19).

지은이 소개

• 이종은

서울대학교 정치학과 졸업

동 대학원 석사, 미국 켄트주립대학교 정치학박사

현재 국민대학교 교수

저 · 역서

– 『정치철학』(저) 외 다수의 공저

– 『현대정치이론』(역)

주요 논문

– "홉스의 언어와 이성국가"

– "유길준의 국가건설사상"

– "일본에서의 개인"

• 홍원표

한국외국어대학교 정치외교학과 졸업

동 대학원 정치학박사

현재 한국외국어대학교 자유전공학부 교수

저 · 역서

– 『현대 정치철학의 지형』, 『정치의 대전환』 외 다수의 공저

– 『혁명론』, 『정신의 삶 : 사유』, 『한나 아렌트 전기』 외 다수의 역서

주요 논문

– "언어행위와 공공영역 : 대화, 논쟁, 이야기하기를 중심으로"

– "한나 아렌트 정치철학에서 선악의 문제"

– "정치적 책임과 용서에 대한 한나 아렌트의 이해" 외 다수의 논문

• **이승현**

연세대학교 정치외교학과 졸업

동 대학원 정치학박사

현재 국회입법조사처 조사관

저서

–『국가건설사상 1, 2, 3』(공저)

–『북한의 정치 』(공저)

주요 논문

– "동북아 지자체 간 국제협력의 가능성"

– "Impacts of Korus FTA on Inter Korean Relations"

– "미국의 북한인권법과 영향" 외 다수의 논문

• **박동천**

미국 일리노이대학(UIUC) 정치학박사(정치철학, 서양정치사상사)

뉴질랜드 와이카토 대학 방문교수

현재 전북대학교 정치외교학과 부교수

저 · 역서

–『선거제도와 정치적 상상력』,『이상국가론』(공저)

–『근대 정치사상의 토대』(역), 이사야 벌린의『자유론』(역) 외 다수의 역서

주요 논문

– "소크라테스의 의무"

– "시몬느 베이유의 삶과 철학"

– "사회적 규칙과 사회연대, 올리버 크롬웰과 자유주의" 외 다수의 논문

• **이완종**

성균관대학교 정치외교학과 졸업

성균관대학교 대학원 정치외교학과 석사, 박사 과정 수료

러시아과학아카데미 러시아역사연구소 수학(정치학 박사)

현재 국민대학교 사회과학연구소 연구교수

저서

–『От Ленина к сталинизму : 1917–1939』

–『10월혁명사』

주요 논문

- “백남운의 국가건설사상 : 연합성 신민주주의론의 전략과 전술”
- “사회주의와 민족문제 : 소련의 민족정책을 중심으로”
- “스탈린의 언어와 정치 : 일국사회주의론의 이론과 전술” 외 다수의 논문

• **조현수**

성균관대학교 정치외교학과 졸업
독일 마부르크대학 정치학박사(정치사상)
현재 국민대학교 사회과학연구소 연구교수

저 · 역서

- 『맑스와 사귀기』, 『국가건설사상 1, 3』 외 다수의 공저
- 『정치학 : 현대정치의 이론과 실천』, 『현대정치이론』 외 다수의 역서

주요 논문

- “『도덕감정론』과 『국부론』에 나타난 아담 스미스의 정치이론적 의미에 관한 소고”
- “‘노동’과 ‘잉여가치’ 생산의 관점에서 본 Karl Marx의 ‘권력’ 개념
- “‘가치형태분석’의 사회적 의미” 외 다수의 논문

• **이향만**

성균관대학교 한국철학과 졸업
동 대학원 석사, 프라이부르크대학교(Albert-Ludwigs Universität Freiburg) 철학박사
현재 가톨릭대학교 인간학 교육원 교수

저서

- 『한국철학사상가연구』(공저)
- 『다산경학의 현대적 이해』(공저)
- 『동아시아와 근대 : 여성의 발견』(공저)

주요 논문

- “다산 중용주석의 인간학적 이해”
- “述而不作의 해석학”
- “토마스 아퀴나스의 정치철학에 나타난 언어와 정치의 상관성” 외 다수의 논문

언어와 정치

초판1쇄 / 2009년 12월 15일

지은이 **이종은 홍원표 이승현 박동천**
이완종 조현수 이향만
펴낸이 **여국동**
펴낸곳 **도서출판 인간사랑**
인 쇄 **백왕인쇄**
제 본 **은정제책사**

출판등록 1983. 1. 26. / 제일 3호

정가 20,000원

ISBN 978-89-7418-297-7 93340

※ 잘못된 책은 교환해 드립니다.

(411-815) 경기도 고양시 일산구 백석동 1178-1
TEL (031)901-8144, 907-2003
FAX (031)905-5815
e-mail/igsr@yahoo.co.kr / igsr@naver.com